내면이 아름다운 사람 만들기

당신이 하나님을 더 깊이 알아 가고 더 널리 알리는 사람이 되는 것, 이 책에 담긴 예수전도단의 마음입니다. 말씀을 통해 저자가 깨닫고, 원고를 통해 저희가 누릴 수 있었던 그 감동이 책을 통해 당신에게도 전해지기 원합니다. 그리고 당신을 통해 그 기쁨과 은혜가 더 많은 이들에게 계속해서 흘러가기를 기도하겠습니다. 이 책을 통해 당신이 받은 은혜를 다른 분들에게도 나눠주십시오. 사랑하고 축복합니다.

ⓒ 김요나단, 2016

본 저작물의 한국어판 저작권은 도서출판 예수전도단에 있습니다.
저작권법에 의해 보호받는 저작물이므로 무단 전재와 복제를 금합니다.

마음이 아픈 사람들에게 들려주는
치유와 회복이야기

내면이
아름다운
사람 만들기

김요나단 지음

예수전도단

추천사

🕊 현대인의 삶은 학대와 외상, 그리고 갖가지 중독으로 얼룩져 있다. 상처받은 마음은 날로 증가하는 우울증과 자살, 그리고 이혼으로 그 추한 모습을 드러내고 있다. 성경은 예수님이 우리를 구원하기 위해 오셨을 뿐 아니라 마음이 상한 자를 고치기 위해 오셨다고 말씀하고 있다(사 61:1). 또한 주님은 우리에게 풍성한 삶을 누리게 하기 위해 오셨다고 말씀하셨다. 그러나 우리 주변에는 구원을 받고도 갖가지 상처 때문에 풍성한 삶을 누리지 못하는 이들, 치유와 회복이 필요한 이들로 가득하다. 이 책의 저자 김요나단 목사님은 본인의 치유경험과 풍성한 상담사역 경험을 배경으로 독자들이 스스로를 진단하고 치유받을 수 있도록 세심하게 안내하고 있다.

마음은 어떻게 상처를 입는가? 우리는 어떻게 치유받고 변화된 삶을 살 수 있는가? 저자는 분노와 두려움, 상실감, 수치심, 죄책감 등 핵심 감정에 비추어 아픈 마음의 뿌리를 진단한 후에 회개와 용서를 통해 어떻게 인격이 변화되어 풍성한 삶을 누릴 수 있는지를 성서 심리학적으로 명쾌하게 제시하고 있다. 풍성한 삶을 누리기를 원하는 모든 이들에게 이 책을 적극 추천한다.

정동섭 가족관계연구소장, 침례신학대학교 외래교수(Ph. D.)

🐦 가족치료학자 버지니아 사티어는 가정을 "사람을 만드는 공장"이라고 부른 적이 있다. 한 사람이 태어나서 만나는 최초의 양육 환경인 가정의 영향력이 그만큼 크고 중요하다는 의미일 것이다. 그러나 이 세상에는 수많은 역기능 가정들이 생겨나고 있고, 그리스도인들 중에도 그런 가정에서 자라면서 안게 된 마음의 상처 때문에 고통을 호소하는 경우가 많다.

치유와 회복사역을 섬기면서, 직접 프로그램에 참여할 수 없는 그리스도인들이나 교회의 프로그램을 진행할 때 도움이 되는 쉽고 간결하면서도 잘 정리된 책이 있었으면 좋겠다는 생각을 했었는데, 김요나단 형제가 『내면이 아름다운 사람 만들기』라는 책을 출간한다는 소식을 듣고 얼마나 기뻤는지 모른다.

이 책은 성경말씀과 우리 신앙의 전통을 바탕으로 기독교 심리 상담과 치유 그리고 회복의 이론들을 잘 종합하여 사람들의 마음의 문제를 다루고 있다. 신앙 안에서 상처의 치유와 회복을 경험하기 원하는 사람들과 그 일에 종사하고 있는 사역자들에게 큰 도움이 될 것이라 생각한다.

노용찬 목사 빛고을나눔교회 담임, 제주 열방대학 FMS 강사, 목회상담 전문가

🕊 내면이 아름다워지는 것은 하나님을 믿는 모든 사람들의 소망일 것이다. 그래서 그동안 내면에 대해서 다룬 많은 책들이 출간되었고, 그것이 이런 저런 모습으로 도움이 되기도 했다.

그러나 마음의 문제에 대해 죄로 인한 영적 질병과 이로 인한 정신적 어려움을 함께 다뤄서 실질적이고 이해하기 쉽게 자기를 점검할 수 있도록 한 내용들은 많이 부족함을 느꼈었다.

이런 간절한 필요에 때맞추어 출간되는 『내면이 아름다운 사람 만들기』는 진리의 말씀 안에서 영적 질병에 대한 이해와 심리적인 치료과정 그리고 시간적인 훈련의 필요성을 잘 설명해주고 있다.

이것은 저자가 예수전도단 가정사역자로서 마음이 아픈 사람들을 오랜 시간 동안 상담하고 주님과 씨름하며 얻어진 소중한 내용들이라 생각한다.

마음의 회복에 대해 영적으로, 심리적으로 균형 있게 조언해주는 이 책을 읽으므로 많은 사람들이 주님의 놀라우신 치유와 회복의 손길을 경험하기를 바란다.

백성민 예수전도단 독수리사역 리더

서문

1993년 함께 사역을 하는 후배를 구타하면서 절망 가운데 사역을 내려놓고 호주에 가서 쉬면서 공부를 하면 좋겠다는 주변의 권유로 도망치듯 한국을 떠났습니다.

신학 공부도 하고 훈련을 받아 사역자가 되었음에도 난 왜 이렇게 엉망일까? 왜 나는 늘 낙심과 좌절, 분노와 열등감, 수치심으로 살고 있을까? 많은 세월 고민하고 해결책을 찾으려 애썼습니다. 남이 알면 더 비참할 것 같아 겉으로는 내색하지 않고 꼭꼭 숨기고 열심히 기도하고, 성경을 읽으며 묵상도 했습니다. 누구보다 열심히 사역했고, 좋은 사역자란 소리를 들으면서 그마마 조금의 위안을 삼았습니다. 그러나 그 위안도 잠시 또다시 마음은 낙심과 혼란 속에 사로잡히고 여전히 '난 별 수 없는 존재구나'라는 인식만 새롭게 할 뿐이었습니다. 그러다가 성경연구학교(SBS)와 상담학교(IBC, FMS)를 공부하면서 나를 발견하고 회복으로 나아가기 시작했습니다.

어느 날 주님께서 깊이 나를 만지시며 말씀하셨습니다. '네가 열심히 사역을 해도 사랑한단다. 그러나 네가 실수하고 낙심해도 난 여전히 너를 사랑한단다. 너는 내 사랑하는 아들이란다.' 이 말씀은 성경을 읽고 연구하면서, 목사님들의 설교를 통해서 수없이 들었던 말씀이었습니다. 하지만 주님께서 직접 저에게 확실히 말씀하셨을 때, 나의 정체성과 인식을 바꾸기 시작했고, 그때를 기점으로 나와 같은 사람들의 회복을 돕는 사역을 시작하게 되었습니다. 물론 그 시간을 통해 스스로가 더 많은 변화와 성장을 경험했습니다.

하나님이 원하시는 성숙한 성화로의 회복은 그리 쉽지 않습니다. 열심히 기도하고, 성경을 많이 알며, 신앙생활이나 사역의 연수가 차면 그냥 이뤄지는 것도 아닙니다. 상담의 이론을 많이 알고 있다고 되는 것도 아닙니다. 전적인 하나님의 은혜로만 되는 것입니다. 분명한 것은 회복을 위한 과정과 어떻게 해야 하는지를 아는 것은 매우 중요합니다. 회복은 반드시 그 과정을 거치는 시간이 필요하기 때문입니다.

사실 내가 책을 출판하리라고는 기대하지 않았습니다. 책을 쓸 생각이 없었기 때문입니다. 그런데 나 자신을 회복하기 위해 강의를 듣고, 책을 읽으면서 깨달은 것은 받은 상처마다 행동하는 패턴이 다르고 느끼는 감정과 생각하는 핵심 사고 구조가 다르다는 것이었습니다. 뿐만 아니라 우리가 믿는 하나님이 아닌 다른 영적인 대상(그들이 믿고 따르는 하나님)을 추구하는 것도 다르다는 것을 알게 되었습니다. 상처마다 어느 정도 일정한 행동규칙(상처는 자신의 견해와 생각 그리고 감정과 행동을 하는 패턴)을 보이며 이것을 회복하기 위해서는 각기 다른 회복의 과정이 필요한 것도 알게 되었습니다.

이 행동규칙(패턴)은 강의와 상담을 통해서 많은 부분 확인이 되었지만 완벽하고 유일한 것이라고 말할 수는 없었습니다. 그래서 상처 있는 분들에게 조금이나마 자신을 찾아가는 회복의 도구로 쓰임받기 바라는 마음이 생겼습니다. 간절히 바라는 것은 나와 같은 아픔과 상처로 내면의 문제를 정리해야 할 필요가 있는 분들에게 이 책이 길잡이가 되어주는 것입니다. 그래서 문제를 해결받고 주님 앞에서 삶이 새로워지기를 간절히 바랍니다. 사역을 하는 모든 사역자들에게 사람들이 가지고 있는 문제에 어떤 도움을 주고 어떤 과정을 거쳐야 하는지에 대한 이해와 도움이 되기를 소망합니다.

한 가지 덧붙이는 것은 저 자신의 회복을 위해 출발했기에 어떤 책에서 인용했는지 혹은 어떤 강사에게 들었던 내용인지, 기도하면서 개인적으로 주님께서 깨달음을 주신 것인지 마구 뒤섞여 있어서 정확한 인용을 하지 못하는 점을 송구스럽게 생각하며 책으로, 강의로, 여러 모로 도움을 주신 모든 분들께 감사드립니다.

마지막으로 마음을 상하게 하고 아프게 해서 눈물로 밤을 보내시면서 기도해주신 부모님과 형제들에게 감사드립니다. 그리고 함께 사역하면서 조언과 격려를 준 아내와 사역자 아빠를 두어 이리저리 옮겨다니는 아픔이 있음에도 말없이 따라주고 존중해준 두 아들에게 감사와 사랑을 전합니다.

책을 쓰도록 격려해주고 도움과 용기를 준 출판사 믿음의 형제들과 열방대학 가정상담학교 간사와 대전지부 간사들 그리고 가정과 사역을 위해 기도와 물질로 섬겨주신 모든 후원자들께 깊이 감사드립니다.

대전에서 김오나딴

차례

❶ 영향력과 선택 – 책임의 원리 ··· 013

❷ 내 마음이 아픈 이유 ··· 045

❸ 마음이 아플 때 나는 ··· 061

❹ 마음 이해하기 ··· 091

❺ 결핍으로 인한 감정 – 분노 ··· 109

❻ 학대와 외상으로 인한 감정 – 두려움 ··· 139

❼ 거절로 인한 감정 – 상실감 ··· 171

❽ 모든 상처로 인한 감정 – 수치심 ··· 199

❾ 치유의 열쇠 – 용서 ··· 227

❿ 변화와 성숙의 출발 – 회개 ··· 257

⓫ 치유와 회복의 완성 – 내가 누구인지 확증하기 ··· 291

회복 과정 한 눈에 보기

상처의 원인	상처로 인한				회복 훈련 과정
	행동 증상	핵심 감정	내적 생각	영적 문제	

자가 진단 과정

상처의 원인	행동 증상	핵심 감정	내적 생각	영적 문제	회복 훈련 과정
결핍	보상행동	분노	필요, 욕구 채워져야 해 기대, 생각대로 돼야 해 가치, 존재 높아져야 해	내가 하나님	하나님께 받기 훈련 받은 것 나누기 훈련 스스로 자족하는 훈련
학대와 외상	보호행동	두려움	넘 고통스러워…. 보호해줄 사람이 아무도 없어 힘, 권위가 없어	당신이 하나님	하나님의 보호 사랑의 위로 받기 권위 찾아오기 안전한 장소 사람에게 보호와 사랑
거절	거절행동	상실, 거절	난 버려졌어 함께하는 자가 없어 또 버림당할 거야	관계가 하나님	떠난 자를 떠나보냄 하나님과 만남, 관계 회복 자신과 관계 회복 타인 관계 회복
원인, 행동, 감정, 생각 등 모든 것이 수치심			누가 날 알면… 난 쓸모 없는 존재야 괜찮은 존재가 되려면.	세상 모든 것이 하나님	위에 언급한 프로세스와 함께 정체성 훈련 믿음으로 살기

하나님과 하는 회복 과정

용서와 치유	회개와 변화(마음, 생활)		하나님 안에서 신분 확증, 선포	
과거 직면 타인과 만남	현재 직면 자신과 자신과의 만남		미래 소망, 확신 하나님과 만남	
기억의 그림 직면하기 상처 말하기 용서하기 풀어줌, 놓아줌	행동과 감정 생각으로 지은 죄 고백하기 부모의 죄 대신 고백하기 내적 다짐과 맹세, 거짓신념 찾기 거짓신념 십자가에서 파하기(악한 영 대적) 현 삶을 돌이키기		기억의 그림에서 주님 발견하기 주님의 행하심 보고, 음성듣기 말씀의 진리 선포하기 진리의 말씀으로 확증하며 살기	

사람과 하는 회복 과정

상처를 말함	상처로 인한 행동과 내적 증상들을 나눔	주 안에서 내가 누구인지 나눔
나눔, 경청 무비판적 수용 무조건적인 사랑	자각하기 시인, 직면하기 회개 실행 과정으로 나가기	주님 재 경험하기 재 양육받기 새로운 삶 재 구조화하기
은혜를 체험	진리를 체험	회복, 성화
거짓신념 찾기	새로운 진리 찾기	새로운 진리 선포 확증

❶ 영향력과 선택 — 책임의 원리

세대적(부모) 영향력의 원리

- 구약성경 출애굽기 20장과 신명기 5장에는 다음의 말씀이 동일하게 기록되어 있다.

그것들에게 절하지 말며 그것들을 섬기지 말라 나 네 하나님 여호와는 질투하는 하나님인즉 나를 미워하는 자의 죄를 갚되 아버지로부터 아들에게로 삼사 대까지 이르게 하거니와 나를 사랑하고 내 계명을 지키는 자에게는 천 대까지 은혜를 베푸느니라(출 20:5-6, 신 5:9).

대부분 이 구절을 '부모가 하나님을 사랑하지 않고 우상을 섬길 때, 그 가정에 저주가 3, 4대까지 흘러간다'는 의미로 해석하곤 한다. 하지만 이것은 저주가 아니라 부모(혹은 권위자)의 영향력이 얼마나 크고 중요한지를 보여주는 말씀이다. 성경은 예수 그리스도가 이천 년 전에 모든 저주를 십자가 위에서 해결하셨다고 선언한다.

그리스도께서 우리를 위하여 저주를 받은바 되사 율법의 저주에서 우리를 속량하셨으니 기록된바 나무에 달린 자마다 저주 아래에 있는 자라 하였음이라(갈 3:13).

이제 그리스도 예수 안에 있는 자에게는 결코 정죄함이 없나니 이는 그리스도 예수 안에 있는 생명의 성령의 법이 죄와 사망의 법에서 너를 해방하였음이라(롬 8:1-2).

그리스도인에게 저주는 없다. 예수 그리스도의 십자가 대속 사건으로 인해 그분을 구원자와 주인으로 믿고 고백하는 사람은 모든 저주로부터 자유케 된다. 하지만 우상숭배와 거짓 신을 섬기는 사람은 당사자는 물론 그 자녀(혹은 그의 권위 아래 있는 사람)에게 파괴적인 열매를 남긴다. 왜냐하면 하나님을 대적하는 가치관을 추구하기 때문에 그 결과로 동일한 언어적·신체적·정신적 학대를 답습하고, 건강하게 사랑하는 방법을 몰라 애정 결핍을 남기고, 거절당한 것(버림받음, 편애) 때문에 상처와 아픔을 남겨 이것은 세대에서 세대로 흘러간다. 개인과 한 세대의 부정적인 모습과 행동이 다른 사람(자녀 혹은 그의 권위 아래 있는 사람)들에게까지 부정적인 영향을 미쳐 어려움과 고통을 가져온다.

부모는 자녀에게 영향을 주고 자녀는 부모의 영향을 받는다. 그래서 부모는 (자녀에게 좋은 영향을 주기 위해서라도) 하나님을 사랑하고 그분의 계명을 지키기 위해 최선을 다해야 한다. 하지만 이것은 결코 쉽지 않은, 아니 불가능하게 느껴질 만큼 힘든 일이다. 열심히 배우고 공부해서 많은 지식을 가진다고 되는 것이 아니라 아는 대로 살아내야 하는 문제이며, 종교적인 영역만이 아니라 삶 전체가 변화되어야 가능한 일이기 때문이다.

안타깝게도 대부분의 부모가 이 지점에서 실패를 거듭하는 것 같다. 자녀들에게 건강하고 아름다운 것보다 부정적이고 잘못된 것을 더 많이 주고 있기 때문이다.

당신은 어떠한가? 영적·정서적으로 건강해지고 더 나아가 좋은 부모가 되고 싶은가? 그렇다면 반드시 당신의 부모와 권위자로부터 받은 부정적 영향(생각하고 느끼며 행동하는 방식)을 끄집어내어 하나님의 방법으로 다루고 해결해야 한다. 쉬운 일은 아니지만 우리는 그렇게 할 수 있다. 당신이 어떤 부모 밑에서 자랐고, 지금 어떤 모습으로 살고 있든 상관없이 그렇게 할 수 있다.

출애굽기 20장 5-6절과 신명기 5장 9절이 절망적인 결론으로 끝나지 않았음을 기억하라. 하나님은 우리가 그분을 사랑하고 그분의 법대로 살려고 애쓸 때, 우리의 자녀와 후손 천 대에 이르기까지 은혜의 혜택을 베풀겠다고 약속하셨다.

부정적 경험이 사람에게 미치는 영향

자녀는 어떻게 부모에게 부정적인 영향을 받게 될까? 그리고 그 부정적인 영향은 자녀의 삶에 어떤 형태로 나타날까?

내가 아주 어렸을 때 어머니가 '대형사고'를 내신 적이 있다. 무턱대고 남에게 큰돈을 빌려줬다가 몽땅 떼인 것이다. 급한 일이라고 매달려 사정하는 통에 순진하고 사람 좋은 어머니가 "우선 필요한 데 쓰고 천천히 갚으라"며 당시 전 재산이 들어있는 통장과 도장을 그냥 건네주신 것이다. 물론 그 사람은 바로 사라져버렸다. 평생 열심히 일해서 모은 재산을 한순간에 잃어버린 아버지는 분노가 폭발했고 어머니에게 폭력을 휘두르기 시작했다. 코피가 나고 입술이 찢어진채 쓰러져 오열하는 어머니에게 아버지는 욕설과 입에 담지 말아야 할 말들을 쏟아냈다. 아버지가 무슨 말을 했는지 정확하게 기억할 수 없지만, 한 장면만큼은 오랜 시간이 지난 지금도 눈에 선하다. 분노에 사로잡힌 아버지의 얼굴 표정과 그 앞에 널브러져 있던 어머니의 모습이 마치 사진처럼 머리와 마음에 박혀있다.

당신에게는 나와 같은 경험이 없을 수도 있다. 하지만 중요한 것은 자신의 내면의 이야기와 마주하는 것이다. 당신의 과거와 내면을 깊이 들여다보라. 그것이 바로 부모로부터 흘러온 부정적인 영향을 마음과 삶에서 떠나보내는 첫걸음이기 때문이다.

그 당시 어머니의 실수를 몰랐던 나는 무조건 아버지가 나쁘고 잘못한다고 생각했다. 아버지에게 화가 났고 무척이나 미웠다. '저런 아버지는 없는 게 낫다'고 생각하면서도 한편으로는 아버지가 어머니나 나를 또 때리지 않을까 하는 두려움에 사로잡히곤 했다. 이 사건이 일어난 후 나는 아버지와의 관계를 포함해 삶의 전반적인 영역에서 여러 가지 문제들을 경험하기 시작했다.

우리 삶에서 이렇게 부정적 사건이 일어날 때 우리가 경험하게 되는 감정은 어떤 것일까? 아마도 당신은 두려움과 염려, 슬픔과 절망 같은 부정적 감정들을 떠올렸을 것이다. 당연하다. 그런 상황을 무덤덤하게 받아들일 수 있는 사람은 없다. 상황은 사람의 내면에 이런저런 감정들을 불러일으킨다. 어떤 경우에는 자신이 경험한 것과 비슷한 상황만 봐도 (자신과 아무 상관없는 일인데도) 두려움이나 분노, 불안, 슬픔을 느끼는 정서적 문제가 발생한다. 이렇듯 특정 사건이 내면화되는 과정을 체계적으로 살펴보면, 부정적 경험이 단순한 감정의 차원을 넘어 한 사람의 인생 전체에 영향을 미친다는 사실을 알 수 있다.

부정적 경험이 생각에 미치는 영향

부정적인 사건이 일어날 때 제일 먼저 나타나는 반응은 무엇일까? 대부분의 경우는 '도대체 이게 어떻게 된 일이지?'라고 질문하며 상황을 판단하고 이해하려고 노력할 것이다.
'도대체 아버지가 왜 엄마를 때리는 거지? 저러면 안 되는데…'
'엄마는 왜 맞고 있는 거지? 저러다 정말 엄마가 죽으면…'
눈앞의 상황을 보며 여러 가지 생각이 순식간에 머릿속을 가득 채운다. 올바른 상황 판단과 분별이 어려운 어린아이에게도 이와 같은 사고 작용은 동일하게 일어나며, 어떤 경우에는 언어적 메시지가 아니라 이미지나 느낌으로 상황 자체를 인식하기도 한다. 이것이 바로 '내적 인식' 혹은 '내적 자기대화(self-talk)'이다.

'그런 일이 있었구나. 어린아이가 충격이 컸겠다.'
'그래. 나한테도 그런 기억이 있어. 옛날에 우리 엄마도 술취한 아버지한테 맞았었어.'
'정말 안타깝다. 하지만 우리 집에서는 그런 일이 없었는데….'

그것이 어떤 내용이든 상관없이 모든 사람은 내적 대화를 계속 한다는 것이다.

우리는 왜 내적 대화를 하는 것일까? 내적 대화는 알지 못하거나 궁금한 대상을 파악하고 이해하기 위해 스스로 질문하고 답하며 자신만의 판단과 관점을 정리하는 과정으로, 동일한 이야기라도 듣는 사람의 형편과 상황에 따라 다른 이해와 인식을 갖게 되는 것이다.

이와 같은 내적 자기대화의 과정에서 우리가 주목해야 할 요소가 있다. 예를 들어 나와 같이 가정 폭력을 경험한 자녀들은 이런 생각을 하게 된다.

'아버지가 왜 저러지? 엄마를 때리면 안 되는데!'
'아버지가 너무 무서워. 저런 아버지는 차라리 없는 게 나아.'

그리고 이런 생각은 자연스럽게 다음의 결론으로 이어진다.

'나는 어른이 되어도 아버지처럼 살지 않겠어!'
'나는 결코 어머니처럼 남에게 매 맞으며 살지 않을 거야!'

심리학과 치유상담 분야에서는 이것을 내적 다짐이나 초기 결정, 혹은 내적 맹세라고 부른다.

'나는 이렇게 살 거야' 또는 '이렇게 살지 않을 거야.'

'나는 누구처럼 되지 않을 거야' 또는 '누구처럼 될 거야.'

이와 같이 무언가를 결심하는 것이다. 우리들 대부분은 중요하거나 충격적인 사건과 상황 앞에서 자기도 모르게 내적 다짐과 맹세를 한다. 생각해보면 굳이 과거 기억을 뒤져보지 않아도 최근의 경험에서도 쉽게 찾을 수 있을 것이다.

'아무도 나를 무시하지 못하게 할 거야!'

'꼭 성공해서 다들 나를 우러러 보게 할 거야!'

우리에게 그리 낯설지 않은 이런 결심들을 모두 내적 다짐과 맹세에 속하는 것들이다. 문제는 내적 맹세가 단순히 마음먹는 것에서 그치지 않고 우리의 가치관과 신념, 세계관으로 자리잡는다는 사실이다. 가치관이 된다는 말은 어떤 것에 가치를 두고 살지, 어떤 것이 가치 없는 것인지 결정하는 기준이 된다는 의미다.

학창시절 집이 가난했던 나는 학비를 제때 내본 적이 없었고 도시락도 늘 형편없었다. 툭하면 선생님에게 불려가 잔소리를 듣고 다른 친구들과 비교당하기 일쑤였다. 덕분에 나는 '어른이 되면 꼭 돈을 많이 벌 거야. 부자가 될 거야'라는 내적 결심을 하게 되었고, 돈과 성공은 그 후로 오랫동안 내 가치관의 중심에 자리잡고 있었다.

그래서 어머니가 큰 실수를 했고 그 때문에 아버지에게 폭행당했다는 사실을 알게 되었을 때, '어머니처럼 바보같이 살지 않고, 절대 어리석게 살지도 않을 거야. 사람은 지혜로워야 돼. 그리고 절대 남에게 돈을 빌려주지 말아야지'라는 생각을 갖기 시작했다. 돈과 성공에 연결되어 있던 가치관으로부터 나온 이런 생각들은 '(우리 엄마처럼) 어리석은 짓은 절대 하지 않고, (우리 엄마와는 다르게) 뭘 하든지 제대로 잘해야 한다'는 신념으로 굳어졌다. '돈이 최고이고, 사람은 반드시 성공해야 된다'는 신념 체계(Belief System)는 그와 같은 관점으로 세상을 바라보며 다른 대상과 관계하게 하는 물질주의와 완벽주의, 즉 세계관으로 내 안에 자리잡았다. 이와 같이 삶에서 경험하게 되는 다양한 사건들은 (그것이 좋은 것이든 나쁜 것이든 상관없이) 사람의 세계관에까지 중요한 영향을 미치게 된다.

부정적 경험이 영적으로 미치는 영향

성경은 이런 내적 다짐과 맹세에 관해 뭐라고 이야기하고 있는가? 내적 맹세에 대한 성경적 관점은 매우 중요한데, 그것은 우리가 기준으로 삼아야 할 절대적이고 유일한 진리이기 때문이다.

예수님은 산상수훈의 첫 대목인 마태복음 5장에서 맹세에 대해 이렇게 말씀하셨다.

또 옛 사람에게 말한 바 헛 맹세를 하지 말고 네 맹세한 것을 주께 지키라 하였다는 것을 너희가 들었으나 나는 너희에게 이르노니 도무지 맹세하지 말지니 하늘로도 하지 말라 이는 하나님의 보좌임이요 땅으로도 하지 말라 이는 하나님의 발등상임이요 예루살렘으로도 하지 말라

① 영향력과 선택, 책임의 원리

이는 큰 임금의 성임이요 네 머리로도 하지 말라 이는 네가 한 터럭도 희고 검게 할 수 없음이라 오직 너희 말은 옳다 옳다, 아니라 아니라 하라 이에서 지나는 것은 악으로부터 나느니라(마 5:33-37).

표준국어대사전에서는 맹세를 이렇게 정의하고 있다. "일정한 약속이나 목표를 꼭 실천하겠다고 다짐함." 간단한 정의지만 우리는 여기에서 맹세가 '맞거나 틀렸다고 믿거나 혹은 원하거나 원하지 않는 것'과 밀접하게 연관되어 있으며, '반드시 하거나 하지 않겠다'는 의지의 영역과도 강력하게 연결되어 있음을 알 수 있다. 즉 맹세가 우리에게 매우 중요하고 가치 있는 무언가와 깊이 관련된 행위라는 말이다. 그런데도 예수님은 "절대 맹세하지 말라"고 말씀하신다. 그것도 "하늘로도, 땅으로도, 예루살렘으로도, 자기 머리로도 하면 안 된다"고 구체적인 예까지 들면서 금지하셨다. 이것은 당시 하늘과 땅, 예루살렘, 자기 머리를 놓고 맹세(혹은 내적 맹세)하는 일이 흔히 일어났었다는 사실을 보여준다. 그런데 왜 이토록 중요하고 보편적 행위인 맹세를 단칼에 금지하신 것일까?

예수님은 "맞는 것에 대해서는 맞다고 하고 아닌 것에 대해서는 아니라고 하라"고 말씀하셨다. 그리고 그 외의 답변(맹세 혹은 내적 맹세)은 "전부 악하다"고 선언하셨다. 맹세(혹은 내적 맹세)가 악한 일, 곧 죄이며 죄로부터 나온다는 것이다. 왜 맹세(혹은 내적 맹세)가 죄라는 것일까? 그 답은 성경에 있다.

먼저 "하늘은 하나님의 보좌이고 땅은 발등상이며 예루살렘은 큰 임금의 성이다. 그리고 너희는 머리카락 단 한 올도 희게 하거나 검게 할 수 없다"는 예수님의 말씀에서 그 실마리를 찾을 수 있다.

이 말씀에 의하면 하늘을 두고 맹세하는 것은 하나님의 보좌, 즉 하나님이 앉아계신 의자를 두고 맹세하는 것이다. 하지만 의자에는 아무런 힘도, 권세도 없다. 하늘은 아무것도 할 수 없는 피조물이기 때문이다. 아무리 믿고 의지한다 해도 우리에게 도움을 주거나 능력을 주거나 역사하지 못한다. 땅(나무와 돌, 산 같은 자연)이나 예루살렘(사람의 손으로 만든, 우상처럼 종교적 의미를 갖는 물건), 그리고 우리 자신의 머리(사람의 지혜, 방법, 힘, 자원)도 마찬가지다. 이와 같이 맹세(혹은 내적 맹세)는 하나님보다 피조물을 더 많이 의지하는 악한 일이다. 아무 능력 없는 피조물을 끌어들이거나 연약한 인간적 자원을 동원해서라도 "(하나님 없이) 내가 뭔가 해 보겠다"는 악한 욕망의 표현인 것이다.

'돈을 많이 벌어서 반드시 성공할 거야. 그러니까 일류 대학에 들어가고 대기업에 취직해야 돼'라는 내적 맹세는 '돈과 성공'이 전부인 가치관을 형성하고 자신도 모르는 사이에 그것이 하나님이 되어 버린다. 하나님 대신 돈과 성공을 섬기며 그것을 위해 자신의 학벌과 배경을 의지하겠다는 것이다. 무시당한 경험 때문에 '누구에게도 무시당하며 살지 않겠어'라고 내적 맹세를 한 사람은, 하나님을 의지하기보다 자신의 자원을 의지하거나 세상의(세속적인) 방법을 붙들어 그분의 역사하심을 방해한다. 예수님이 우리에게 "맹세는 악한 것이다"라고 말씀하신 것은 바로 그 때문이다.

맹세를 통해 하나님을 거역하는 세상의 것에 집중하고 자기도 모르는 사이 하나님보다 세상의 것을 더 의지하게 되는데, 그것이 바로 출애굽기 10장에 우상숭배하지 말라는 십계명을 범하는 것이다. 그래서 만유의 주인이신 예수님이 '하나님 대신 세상과 피조물과 자기 자신을 의지하게 하는' 맹세를 하지 말라고 금하신 것이다.

이처럼 내적 맹세는 가치관과 신념, 세계관에서 부부관계나 자녀양육, 대인관계까지 한 사람의 모든 영역을 좌우하기 때문에 매우 중요한 문제다. 믿음으로 살겠다고 하지만 갈등과 유혹이 찾아오면 금세 돈과 명예를 따라가고, 무시당하지 않으려는 마음 때문에 계속해서 남의 눈치를 보며 사람을 두려워하는 것은, 자신에게 일어난 부정적 사건을 해석하고 판단하는 과정 속에서 더 이상 상처받지 않겠다는 다짐과 맹세를 했기 때문에 나타나는 모습들이다.

우리 중에는 과거의 상처로 인해 자신에게 이와 같은 문제가 생겼고 지금도 여전히 그 영향력 아래 있다는 이야기를 처음 들어본 사람도 있을 것이다. 하지만 내적 맹세는 이미 우리 내면 깊숙이 들어와 우상숭배라는 영적인 문제로 뿌리를 내렸다. 다시 말하지만 이것은 우리 내면의 생각에 대한 것이다. 당신이 따라 살고 있는 가치관과 신념, 세계관이 자신도 모르는 사이 온통 세속적인 것을 좇고 있을 수 있다는 이야기다.

예수 그리스도를 구주로 믿는 그리스도인도 예외는 아니다. 내적 맹세의 영향력과 그 결과는 그리스도인과 비그리스도인 모두에게 나타나며 그로 인한 영적 싸움도 동일하게 벌어진다. 하나님만 섬기고 그분의 말씀대로 살기 원하고, 선과 악을 분명히 알고 있는데 실제 삶에서는 세상의 방법을 좇는다. 맹세로 인해 형성된 가치 때문에 갈등하면서 믿음이 약해지고 하나님과의 관계까지 깨어진다.

물론 우리가 갖고 있는 모든 생각이 악하고 세속적인 것은 아니다. 다만 신앙과 삶의 변화를 위해 지금 자신에게 부정적인 영향을 주는 생각이 무엇이며, 그것이 어떤 이유로 생겨났는지 기억하고 떠나보내야 한다는 것이다. 그래서 자기 자신이 어떤 가치관과 신념을 갖고 있는지 아는 것은 매우 중요하다.

맹세와 관련된 또 다른 성경 본문을 살펴보자.

하나님이 아브라함에게 약속하실 때에 가리켜 맹세할 자가 자기보다 더 큰 이가 없으므로 자기를 가리켜 맹세하여 이르시되 내가 반드시 너에게 복 주고 복 주며 너를 번성하게 하고 번성하게 하리라 하셨더니 그가 이같이 오래 참아 약속을 받았느니라 사람들은 자기보다 더 큰 자를 가리켜 맹세하나니 맹세는 그들이 다투는 모든 일의 최후 확정이니라(히 6:13-16).

이 말씀에는 두 가지 맹세, 즉 하나님의 맹세와 사람의 맹세가 등장한다. 원래 맹세는 자기보다 크다고 생각하는 것에 힘입어 하는 것이다. 그런데 하나님은 그분보다 더 큰 존재가 없기 때문에 스스로를 두고 맹세하신다. 무에서 유를 창조하는 전지전능한 분이기에 하나님은 자신이 맹세한 것을 능히 이루신다. 그렇기 때문에 언제든지 맹세하실 수 있다.

하나님은 아브라함에게 "복을 주고 번성하게 해주겠다"는 약속을 맹세하셨고 그것은 시간이 흐른 뒤 이루어졌다. 하지만 그분의 약속은 시간만 흐르면 저절로 이루어지는 것이 아니다. 성경은 약속이 성취될 때까지 아브라함이 오랜 시간 동안 참았다고 이야기한다. 열정을 가지고 노력한 것이 아니라 '복 주겠다'는 하나님의 말씀을 그대로 믿고 기다렸다는 것이다. 아브라함이 선택한 믿음의 기다림과 정반대 지점에 있는 것이 바로 내적 맹세다.

맹세가 "그들이 다투는 모든 일의 최후 확정"이라는 예수님의 말씀처럼, 이런 맹세는 대부분 아프고 힘들고 고통스러운 사건과 상황 가운데서 하게 된다. 발생한 이유는 각기 다르지만 모든 갈등과 다툼은 무시와 조롱과 멸시와 천대와 아픔과 고통을 수반한다. 그렇기 때문에 '두 번 다시 ~하지 않을 거야' 혹은 '반드시 ~할 거야'라는 결심을 하게 된다는 것이다.

맹세는 기다려서 받는 대신 '내가 (하나님 아닌) 어떤 대상을 의지해서 원하는 바를 이루겠다'고 결정하는 것이다. 이런 사람은 늘 하나님보다 먼저 움직이기 때문에 그분의 방법대로 살지 않으며, 그의 삶 가운데 하나님의 뜻이 이루어질 것을 기대할 수 없다. 이것이 바로 '내 손으로 멋진 인생을 만들겠다'는 결정이 만들어내는 심각한 문제다.

"자기보다 더 큰 자를 가리켜 맹세한다"는 것을 마태복음 5장 말씀과 연결해서 생각해보자. 예수님은 사람들이 하늘과 땅, 예루살렘성을 두고 맹세한다고 말씀하셨다. 하나님이 창조하신 피조물과 사람이 만든 조형물, 건축물을 의지의 대상으로 여길 만큼 크게 생각했다는 것이다. 또한 맹세하는 자신의 힘과 지혜도 (의지해서 맹세할 만큼) 크다고 생각한 것이다(자신이 하나님이라 생각하는 것과 같음). 이것은 너무나 어리석은 생각이다. 다스리고 관리하라고 하나님이 맡겨주신 것들이 사람보다 클 수 없기 때문이다. 그럼에도 불구하고 맹세는 피조 세계와 사람의 작업물, 사람의 자원이 하나님보다 크다는 잘못된 사고 구조를 형성하고 그것을 추구하게 만든다. 이것은 하나님을 세상과 그 안에 있는 피조물 아래로 끌어내리는 것이다. 명백한 우상숭배이며 아담과 하와가 에덴동산에서 했던 것과 동일한 '하나님에 대한' 반역 행위다.

부정적 경험이 감정에 미치는 영향

내적 맹세로부터 형성된 생각은 영적인 부분과 함께 감정과도 연결되어 있다. 어릴 적 가정 폭력을 목격하고 난 후, 나는 여러 가지 감정을 느꼈다고 이야기했었다. 이런 감정들은 부모님의 행동과 상황을 판단하고 해석하는 가운데 생겨난 것들이다. 즉 감정은 생각으로부터 만들어진다는 것이다. 아침에 눈을 떴는데 기분이 나쁘고 언짢은 날이 있다. 누구에게나 있는 일이다. 하지만 아무 이유없이 그냥 부정적인 감정을 느끼는 법은 없다. 잘 생각해보라. 싫어하는 사람을 만난다거나 감당하기 어려운 일을 처리해야 하는 부담스럽고 버거운 무언가가 있기 때문에 자기도 모르게 기분이 나쁜 것이다. 이처럼 감정을 좌우하는 것은 생각이다. 어떤 생각을 갖느냐에 따라 감정도 달라진다. 그래서 성경 말씀대로 생각을 정리하면 감정의 영역도 진리에 의해 건강해진다. 기억나는 과거의 사건이 있다면 당시 어떤 감정을 느꼈었는지 그 사건에 대해 말하는 것이다.

"너무 무서웠어요."

"아버지가 너무 미웠어요."

"엄마를 어떻게 그렇게 때릴 수 있을까요?"

이런저런 말을 하다 보면 당시의 기분이 자연스럽게 되살아난다. 이렇게 기억 속에 묻혀있는 감정을 끄집어내는 것은 매우 중요하다. 지금도 과거의 사건과 비슷한 상황에 처할 때 당시에 경험한 감정을 동일하게 느낄 만큼 '현재의 나'에게 지대한 영향을 미치기 때문이다.

두려움, 분노, 미움 등 지금 우리를 힘들게 하는 부정적 감정들 대부분이 과거의 사건과 연결되어 있기 때문에 하나씩 직면하여 치유해야 한다. 물론 사람이 부정적 감정을 느끼는 것은 극히 자연스러운 일이다. 하지만 과거의 사건과 비슷한 상황에서 당시의 감정이 고스란히 올라온다면 아직 그 문제를 다루지 못했으며 여전히 영향을 받고 있다는 의미다.

누구나 대화를 하다 보면 다양한 감정을 느끼기 마련이다. 그런데 남들은 아무렇지 않게 듣고 넘기는 이야기에 민감하게 반응하고 심한 경우 폭발하는 사람이 있다. 과거에 경험했던 비슷한 사건을 정리하고 떠나보내지 못했기 때문에 나타나는 현상이다. 그러므로 이와 같은 부정적 감정들을 하나씩 직면하면서 그것과 연결되어 있는 잘못된 생각을 정리해야 한다. 감정에 영향을 준 생각을 찾고, 그 생각과 연결된 사건의 영향력을 처리하면 과거에 묶여 있는 감정의 문제를 떠나보낼 수 있다. 중요한 것은 당시 사건에서 경험한 감정들을 뽑아내는 것이다.

부정적 경험이 행동에 미치는 영향

가정 폭력을 경험하면서 아빠에 대한 미움과 함께 '나는 엄마 눈에 눈물 흘리지 않게 하겠다'는 생각을 하게 되었다. 대여섯 살짜리 꼬맹이 눈에도 엄마가 너무 불쌍해 보였던 것이다. 그래서 '이제부터 엄마를 위해 살아야지. 말썽 부리지 않는 착한 아이가 될 거야'라고 다짐했다. 그 사건 이후 통장을 들고 사라진 사람을 백방으로 찾아다니던 엄마는 결국 큰 병을 얻었고 '최선을 다해 엄마를 행복하게 해드려야겠다'는 나의 결심은 더욱 강화되었다.

이 내적 맹세 덕분에 나는 '애 어른'으로 살게 되었다. 천방지축 신나게 뛰어놀아야 하는 어린 시절에 엄마를 돌보기 시작한 것이다. 엄마가 자신의 잘못을 곱씹으며 눈물을 흘릴 때, 나는 늘 팔다리를 주무르고 웃겨드리기 위해 노력했다. 그렇게 엄마를 돌보느라 어린 시절에 받고 누려야 할 많은 것을 경험하지 못한 채 나는 어른이 되

① 영향력과 선택, 책임의 원리

어갔다. 어른이 되었지만 여전히 나의 내면에는 아직 성숙하지 않은 아이가 남아 있었다. 이런 사람을 '성인 아이'라고 부른다.

어린 시절에 받아야 하는데 충분히 받지 못한 부분이 있으면 어른이 되어서도 받고 싶고, 듣고 싶고, 누리고 싶은 것이 있다. 그런 부분을 채움받지 못하면 계속해서 불평불만이 쌓이고 결국에는 갈등과 다툼으로 번진다. 또한 이런 분들 중에는 자녀가 원하지 않는데도 자신이 어린 시절 갖고 싶었던 장난감, 옷 등을 사주며 행복을 느끼는 사람도 있다. 자신이 하지 못해 마음이 아팠기 때문에 자녀를 통해 대리만족을 느끼려고 하는 것이다. 마음에 안 들면 어린아이처럼 투정하고 삐치면서도 한편으로는 '너 괜찮은 사람이다'라는 칭찬을 듣고 싶어 과도한 선행을 베풀기도 한다.

성인 아이는 반드시 사람 의존성과 연결된다. 사람 의존성이란 사랑과 존중과 인정을 받지 못해 마음의 상처가 많은 사람이 자신의 사랑과 인정 결핍을 채움받기 위해 과도하게 사람을 의식하고 눈치 보면서 남을 도우려고 하는 것을 말한다. 이런 문제가 있는 사람은 남에게 인정과 칭찬을 받는 것이 목적이기 때문에 누가 볼 때와 안 볼 때의 행동이 다르고, 평가가 매우 중요해 그것에 따라 스스로를 괜찮은 사람으로 여기기도 하고, 낙심해서 좌절하기도 한다.

목회자들 중에도 이런 사람이 많은데, 성도들에게 "은혜 받았습니다"라는 말을 많이 들으면 행복해하고 그런 말을 듣지 못하면 실망하고 낙심한다. 한마디로 자신에 대한 회중의 반응에 지나치게 매여 있다. 이것 역시 내면의 상처로 인해 다른 사람을 과도하게 의식하고 의존해서 나타나는 '낮은 자존감' 현상인 것이다.

나는 중학생이 되어서야 비로소 엄마가 큰 실수를 했다는 사실을 알게 되었다. 처음에는 어리석은 행동을 한 엄마를 측은하게 바라봤지만 생각할수록 기가 막히고 화가 났다. '바보처럼 그게 뭐야! 정신이 나가지 않고서야 어떻게 그럴 수 있지?'라고 생각했다.

그 사건 이후 집안이 경제적으로 어려워지는 바람에 나는 소풍 날 도시락 한 번 제대로 싸가지 못했고 학비도 제때 못 내서 늘 얻어맞곤 했다. 아버지는 계속해서 열심히 경제활동을 하셨지만 수입을 직접 관리하셨고 엄마에게는 많은 재정을 절대 주지 않으셨다. 그건 자녀에게도 마찬가지였다. 아버지는 단 한 번도 내게 "옛다. 용돈 써라"라며 돈을 주신 적이 없는데 그 이유가 엄마 때문이었음을 알게 되었고 결국 나는 쌓인 울분을 엄마에게 모두 쏟아부었.

"엄마, 어떻게 그럴 수가 있어? 나 그래도 엄마가 불쌍해서 잘해주려고 했었는데 이제 보니 그럴 필요가 없었네!"

이와 같이 사람 의존성을 가진 사람은 눈치를 보며 살다가도 내면의 문제를 자극하는 상황이 되면 다른 사람을 괴롭히고 힘들게 한다. '착하게 살아야 해. 남에게 인정받아야 해. 돈을 많이 벌어야 돼. 열심히 해야 돼'라는 생각과 감정이 연결되는데, 그렇게 할 수 없는 상황이 되면 심통을 부리거나 폭력을 행사하는 것이다. 어른이 된 뒤에도 과거의 상처를 처리하지 못하면 폭력적이 되거나 알코올, 성(性), 도박 중독 같은 파괴적 행동으로 악화되어 나타난다.

부정적 경험이 신체에 미치는 영향

과거의 사건은 생각과 연결되고, 생각은 영적인 부분과 연결된다고 했다. 이것은 감정과 연결되어 관련된 행동으로 나타난다. 이렇게 과거의 부정적 경험으로부터 얻은 상처가 생각과 영, 감정과 행동으로 연결되면, 마지막 단계에서는 신체적 스트레스와 질병도 유발할 수 있다. 마음의 상처 때문에 심장이나 위, 간 같은 내부 장기에 실제로 통증을 느끼는 것이다. 성장기 아동과 청소년의 경우에는 지능이나 언어 발달, 신체적 발육이 현저히 늦어지거나, 면역력 저하로 질병에 취약한 상태가 되기도 한다.

부모의 영향력을 떠나보내라

정도의 차이가 있을 뿐, 모든 사람은 이러한 내면의 문제를 대부분을 갖고 있다. 그리고 본인은 의식하지 못하지만 그 문제들은 거부할 수 없는 영향력으로 삶의 특정 부분을 지배하고 있다. 당신뿐만 아니라 당신의 배우자와 자녀, 친구, 영적 지도자들도 동일한 문제를 안고 있다는 사실이다. 중요한 것은 먼저 자기 자신, 그리고 다른 사람들과의 관계를 위해 내적 문제를 다루어야 한다.

먼저 당신 자신의 문제를 다뤄야 하는데 배우자나 다른 사람이 어떤 말과 행동을 해도 요동하지 않을 수 있어야 한다. 대부분의 사람들은 '저 사람이 바뀌어야 합니다. 저 행동 때문에 그래요'라며 누군가를 비난하고 탓을 한다. 하지만 문제는 '내가 그 말과 행동을 어떻게 받아들였는가?'에 있고, 그것에 따라 반응이 달라지는 것이다. 그러므로 먼저 자신의 문제를 다루는 것이 중요하다.

과거의 부정적 사건이 준 영향력을 떠나보내고 정리하라. 그것이 바로 '부모를 떠나는 것'이다. 우리가 떠나야 할 대상은 부모만이 아닐 수 있다. 교사일 수도 있고 친구일 수도 있으며 특정 사건을 통해 당신에게 영향을 끼친 사람들일 수 있다. 지금 당신의 삶에서 그들의 영향력을 떠나보내야 온전한 치유와 회복이 일어날 수 있다. 사건과 생각, 감정과 행동, 신체적 증상까지 총체적으로 정리해야 한다.

반대의 경우도 있을 수 있다. 일찍 결혼해서 물리적으로 부모를 떠났다해도 과거의 영향력을 해결하지 못했다면, 건강하지 않은 사고방식과 정서적 문제로 늘 신앙과 삶 가운데 혼란과 요동함을 경험할 수밖에 없다. 독립은 빨리했지만 내면은 여전히 과거와 부모의 영향에 매여 있기 때문이다.

부모의 영향력을 떠나보내기 위해 과거의 것들을 끄집어내라

지금까지 우리는 어떤 내적 맹세를 하며 살았을까? 당신이 과거에 했던 내적 맹세는 어디에서 찾을 수 있을까? 갈등과 다툼 때문에 당신을 어렵고 힘들게 했던 과거의 사건들에서 만날 수 있다. '어떻게 살아야 하지? 이게 도대체 무슨 일이지? 난 이제 어떻게 해야 하는 거야?'라는 생각이 들 만큼 힘들고 고통스러운 상황에서 하게 되는 것이 내적 맹세이기 때문이다. 기억나는 사건이 있다면 그때로 돌아가 당신이 속으로 어떤 이야기를 하고 어떤 내적 다짐과 결정과 맹세를 했는지 찾아보라. 그 안에 잘못된 것이 있다면 회개하고 하나님의 진리로 대체해야 한다.

하지만 많은 사람들이 그렇게 하는 것을 달가워하지 않는다. 워낙 아프고 고통스러운 기억이라 다시 떠올리는 것조차 힘들기 때문이다. 그래서 대부분은 그냥 감추고 덮어둔 채 살고 싶어 한다. 안타깝지만 내면의 상처는 감춘다고 없어지는 것이 아니다. 더 이상 그 사건을 떠올리지 않게 되었다고 해서 그 영향력에서 완전히 벗어났다고 할 수도 없다. 그것을 극복하고 벗어날 수 있는 유일한 길은, 담대히 그 문제에 맞서 해결하는 것뿐이다. 그때의 상황과 사건으로 돌아가 자신이 어떤 고통과 아픔을 겪었는지, 어떤 자기 대화와 내적 맹세를 했었는지 살펴보고 주님 앞으로 가져가야 한다.

명심할 것은 내적 치유가 감정만 치유해서는 안 된다는 사실이다. 감정의 치유도 필요하지만 그보다 먼저 해야 할 것은 관점의 치유다. 생각의 문제는 반드시 영적인 것과 연결되어 있다. 그래서 신약성경 고린도후서에는 우리가 하나님 앞에서 높아진 이론과 생각을 하나님의 것으로 바꿔야 한다는 말씀이 자주 등장한다. 이것이 바로 내적 치유의 첫 단추이기 때문이다. 그런데 많은 사람들이 내적 치유를 단순히 정서적 문제들을 끄집어내는 것으로만 생각한다. 하지만 앞에서 살펴본 것처럼 정서적 문제는 생각의 영향으로 형성되기 때문에 반드시 생각의 변화와 전환이 있어야 한다. 생각(내적 다짐과 맹세)이 바뀌지 않는 한 감정과 행동, 신체적 증상들은 변함없이 동일하게 나타날 것이다.

내적 치유를 받을 때는 감정보다 생각에 더 많이 집중해야 한다. 내면의 생각을 성경의 진리로 변화시키는 것이 가장 먼저 해야 할 일이기 때문이다. 성경 말씀이 마음속(생각)에 들어오기 시작할 때, 비로소 우리는 온전히 진리 가운데로 나아갈 수 있기 때문이다. 무작정 부정적인 감정만 끄집어낸다고 해서 치유가 일어나는 것이 아니고, 감정에만 집중하면 변화된 것 같으면서도 사실은 그대로인 어처구니없는 경우를 만나게 될 수도 있다.

가장 먼저 떠오르는 기억들로부터 시작하라. 어떤 내적 다짐을 했었는지 기억할 수 있으면 좋겠지만 그런 사람은 거의 없을 것이다. 이제는 희미해진 과거의 일을 더듬어 당시 어떤 상황에서 무슨 사건이 일어났는지 생각해보는 것이 좋다. 당시 현장에 있던 사람들이 무슨 말을 했었는지, 그리고 자신은 무슨 말을 했었는지 기억나는 대로 말하라. "그중에 이런 말이 상처였고 아픔이었다"고 입을 열어 나누다 보면, 그 가운데 내적 다짐과 결정, 가치관과 신념이 모두 들어있음을 깨닫게 될 것이다. 모든 것이 상황과 연결되기 때문에 묘사하고 표현하다 보면 결국 드러날 수밖에 없다.

과거에 경험한 사건 속에서 말하고 싶은 것들을 이야기하라. 이야기하면서 느껴지는 감정들을 겉으로 표현하라.

"나는 ~하게 살고 싶었단 말이에요!"
"그때 내가 얼마나 힘들었는지 알아요?"

이렇게 쏟아져 나오는 말 속에서 숨겨진 가치관과 신념들을 찾아내고 떠나보내야 한다. 이 과정에서 상처와 아픔에 직면해야 한다. 생각을 다루는 동시에 영적인 문제를 다루는 과정이기 때문에 내적 치유의 과정에는 반드시 영적 전쟁이 수반된다.

내적 치유는 "하나님의 진리로 나아갈 것인가?" 아니면 "계속해서 상처 안에 머물러 왜곡된 삶을 살 것인가?" 사이에서 벌어지는 영적 전쟁이다. 이 책을 읽을 때마다 평소보다 피곤하거나 졸릴 수 있고, 과거의 일을 끄집어내기 싫고 회피하고 싶어질 수도 있다. 만약 지금 그렇다면 어쩌면 당신은 영적 전쟁의 한가운데 있는 것인지 모른다. 우리는 반드시 이 전쟁에서 승리해야 한다. 그런 때일수록 '지금 하나님이 역사하신다. 난 이 전쟁에서 승리하고 말 거야'라고 오히려 적극적으로 결단하면 넉넉히 통과하게 될 것이다.

생각은 그 자체가 굉장히 악한 것일 수 있고, 우리 삶에 악한 열매를 만들어내는 주범일 때도 있다. 이와 같이 내적 치유에서 핵심이 되는 생각의 문제는 힘쓰고 애써 다뤄야 한다. 각 사건마다 서로 다른 생각들을 형성하기 때문에 한 번에 한 가지씩 끄집어내야 한다. 떠올리는 것조차 힘든 예전 기억들을 일일이 드러내는 것은 분명 고통스럽고 피하고 싶은 일이다. 그래서 어떤 사람은 정신분열증이나 부분 기억상실 같은 것으로 기억 자체를 차단해버리기도 한다. 하지만 과거의 영향력으로부터 자유케 되기 원한다면 절대 피해서는 안 된다. 아무리 아프고 고통스러워도 어떻게 해서든 끄집어내야 한다.

질병인가, 죄인가

내적 치유의 과정을 본격적으로 시작하기 전에 먼저 자신의 문제가 어떤 것인지 정확하게 인정하는 것이 필요하다. 즉 내면의 상처가 죄인 동시에 질병이라는 사실이다. 내적 맹세와 다짐은 영적인 것이므로 분명히 죄의 문제다. 특정 사건의 영향으로 '이렇게 살아야지' 또는 '이렇게 살지 말아야지'라는 생각이 형성되고, 그 생각을 기준으로 감정을 느끼고 행동했다면 그것은 죄다. 죄는 당연히 하나님께 고백하고 회개해야 한다. 우리 하나님은 죄를 고백할 때 용서하시는 미쁘시고 의로운 분이시다. 그래서 "하나님, 제가 이런 생각으로 이런 죄를 지었습니다. 그 생각 때문에 느꼈던 감정들을 회개하고 그 행동들을 회개합니다"라고 낱낱이 고백해야 하는 것이다(요일 1:9). 또한 사람들 앞에서 고백해야 하는 죄도 있다.

> 너희 죄를 서로 고백하며 병이 낫기를 위하여 서로 기도하라 의인의 간구는 역사하는 힘이 큼이니라(약 5:16).

죄 된 생각과 감정과 행동으로 다른 사람들에게 상처를 주었다면 당연히 찾아가 '제가 잘못했습니다'라고 용서를 구해야 한다.

그런데 내적 치유에는 죄의 문제와 함께 질병의 문제도 있다. 심리학에서는 비합리적이고 잘못된 생각들로 이해하고 해석하는 사람들에 대해 '인지적 장애'를 갖고 있다고 이야기한다. 생각하는 데 장애가 있다는 것이다. 그래서 '인지행동치료'라는 방법을 통해 생각을 바꾸는 작업을 한다. 마찬가지로 감정의 문제도 '정서장애'라고 이야기한다. 계속해서 분노하고, 계속해서 우울증에 빠져있고, 계속해서 질투하고 미워하는 것은 질병이다. 앞에서 언급한 성인 아이와 사람 의존성도 질병이다.

성인 아이와 사람 의존성은 '하나님 내가 잘못했습니다'라고 죄를 고백하는 것만으로는 치료하기 어렵다. 반드시 사람들과의 관계 속에서 '내가 어디까지 해야 하고 어디서부터 하지 말아야 하는가? 예스(Yes)할 것인가 노(No)할 것인가?'를 훈련하고 연습하고, 교육받고 다루는 과정이 필요하다. 아무리 빨리 치료 과정을 밟는다 해도 몇 년이 걸리는 심각한 질병이다.

그러나 한국 교회는 지금까지 이런 부분들을 간과해 왔다. 목회자와 신앙이 깊은 그리스도인들 중에는 내면의 상처를 기도와 회개, 성경 읽기 같은 영적인 방법으로만 해결하려는 사람들이 많다. 이런 사람들은 성경 말씀을 해결책으로 제시하며 종교적 방법을 통해 치유받을 것을 권한다. 기도하고 금식하며 하나님께 간절히 매달리면 회복이 일어난다고 말한다. 그 조언을 따르지 않으면 믿음 없는 사람으로 몰아붙이고, 기도해도 치유가 일어나지 않으면 더 강한 믿음과 열심을 요구한다. 효과적으로 치료할 방법이 있음에도 죄의 문제에만 집중하고 질병의 관점에서는 생각하지 않는다. 결국 치유받지 못한 사람들은 믿음을 버리거나 신앙의 혼란에 빠진다. 더 심각한 것은 자기 자신도 상한 감정과 파괴적 행동의 문제 때문에 힘들어하면서도 이런 제안을 하는 목회자들이 많다는 사실이다.

그래서 반드시 필요한 치료과정과 훈련을 거쳐야 한다. 생각과 감정과 행동을 어떻게 바꿔야 하는지, 성인 아이에서 벗어나기 위해 어떤 훈련을 해야 하는지를 알고 차근차근 치유과정을 밟아가야 진정한 회복이 일어난다. 죄와 질병이라는 두 가지 관점이 모두 필요한 것이다. 특히 목회자와 사모, 선교사, 영적 지도자는 반드시 이런 부분을 이해하고 배워야 한다.

내면의 상처로 고통받고 있다면 당연히 기도해야 한다. 하지만 질병으로써의 치료도 병행해야 한다. 상처받은 사람들이 스스로의 감정을 다룰 수 있도록 돕는 방법을 배운다면 더 효과적으로 성도들을 도와줄 수 있다. 그렇게 되면 성도들도 더 이상 혼란스러워하지 않을 것이다. '열심히 기도했는데 왜 나아지지 않을까?'라는 의문을 가진 이들이 질병으로서의 치료도 병행해야 한다는 사실을 깨닫게 되면 낙심하거나 좌절하지 않고 심리적으로도 안정감이 생겨 죄와 질병의 문제를 함께 그리고 훨씬 더 빨리 치료할 수 있다.

상한 감정의 문제는 상담을 통해 치료하는 것이 효과적이다. 상처로 인해 고착화된 행동은 원인을 파악하고 처리할 때 더 효과적으로 치료할 수 있다. 물론 기도하며 성령을 의지해야 한다. 죄의 문제도 명확하게 다뤄야 한다. 하지만 내적 치유는 죄와 질병을 함께 다뤄야 하는 복잡한 작업이다.

반대로 심리학에서는 내면의 상처를 질병으로만 생각하고 영적인 부분은 무시한다. 절대 회개하라고 하지 않는다. 성 중독자나 폭력을 일삼는 사람들을 정서적 질병에 걸린 것으로 간주하고 상담으로만 치료하려고 한다. 하지만 이것은 상처준 사람이 저지른 죄의 영향이 상처받은 사람의 마음속에 또 다른 결과를 만들어낸 것이다.

내면의 상처로부터 나온 사고방식과 감정, 행동들을 자세히 들여다 보면 모두 성경에서 지적하는 죄의 영향력과 연결되어 있음을 알 수 있다. 다른 사람을 괴롭히는 파괴적 행동과 중독에서부터 하나님에 대한 오해와 왜곡에 이르기까지 모두 성경에 나타나 있는 죄의 결과들이다. 어른인데도 어린아이처럼 생각하고 느끼며 행동하는 것(성인 아이), 남의 말을 지나치게 의식하고 사람들의 평가를 두려워하며 자신이 책임과 다른 사람의 책임을 구분하지 못하는 것(사람 의존성) 역시 하나님보다 사람을 두려워하는 죄다. 그런데 이런 것을 죄로 여기지 않고 심리적 부분만 다룬다면 온전한 회복을 경험하기 어렵다. 이 두 가지 관점을 충분히 이해하고 영적 행위와 의학적 치료법을 병행해야만 온전한 치유와 회복이 일어난다.

오직 기독교 상담에서만 이 두 가지 문제를 함께 다룬다. 죄의 문제는 고백하고 회개하면 된다. 물론 회개에 대해서도 생각해봐야 할 여지가 많다. 참된 회개는 말로만 하는 것이 아니다. 생각과 감정과 행동이 변화되는 것까지 수반되어야 진정한 회개다. 또한 질병이기 때문에 관련된 약을 먹어야 하는 경우도 있다. 간절히 기도하고 지속적으로 성경을 읽으면서 하나님의 말씀에 붙들리는 은혜의 역사는 반드시 필요하다. 죄는 오직 하나님의 은혜와 예수 그리스도의 보혈을 통해 용서받고 해결할 수 있다.

선택과 책임의 원칙

지금까지 상처와 아픔이 어떻게 내재되며 어떻게 작동하는지 살펴보았다. 하지만 이런 상황을 인식하거나 자신의 문제를 평가하고 판단하는 것에서 그치면 안 된다. 마음의 상처를 준 사람이나 부모를 통해 죄와 질병의 영향력을 받았지만, 우리는 그것을 처리할 수 있고 그로부터 벗어날 수 있다. 그것은 부모나 상처를 준 사람들이 아니라 자기 자신이 감당해야 할 몫이다.

아버지는 그 자식들로 말미암아 죽임을 당하지 않을 것이요 자식들은 그 아버지로 말미암아 죽임을 당하지 않을 것이니 각 사람은 자기 죄로 말미암아 죽임을 당할 것이니라(신 24:16).
너희가 이스라엘 땅에 관한 속담에 이르기를 아버지가 신 포도를 먹었으므로 그의 아들의 이가 시다고 함은 어찌 됨이냐 주 여호와의 말씀이니라 내가 나의 삶을 두고 맹세하노니 너희가 이스라엘 가운데에서 다시는 이 속담을 쓰지 못하게 되리라 모든 영혼이 다 내게 속한지라 아버지의 영혼이 내게 속함 같이 그의 아들의 영혼도 내게 속하였나니 범죄하는 그 영혼은 죽으리라(겔 18:2-4).

옛날 이스라엘에는 "아버지가 신 포도주를 먹으면 아들의 이빨이 시다"는 속담이 있다. 말이 안 되는 소리다. 아버지가 신 포도주를 마셨는데 어떻게 아들이 신맛을 느낄 수 있는가? 그런데 하나님은 이스라엘 백성에게 이 속담을 쓰지 말라고 말씀하셨다. 그들이 이 속담을 '나를 미워하는 자의 죄를 갚되 아버지로부터 아들에게로 삼사 대까지 이르게 하겠다'는 말씀과 연결지어 사용했기 때문이다. 이스라엘 백성은 범죄하며 사는 것을 전부 조상(다른 사람) 탓으로 돌렸고 그래서 이렇게 살 수밖에 없다는 당위성만 강조하며 책임을 회피하는 오류(죄)를 범했다.

"내가 이렇게 된 것은 전부 아버지 때문입니다." "아버지가 좋은 영향은커녕 나를 학대하고 때리고 무시했고, 그래서 내가 이런 삶을 살게 되었습니다"라며 이 속담을 근거로 자신의 문제를 모두 조상 탓으로 돌렸던 것이다. 그래서 하나님은 "아버지가 잘못하면 아버지에게 죄를 묻고 아들이 잘못하면 아들에게 죄를 묻겠다'고 말씀하셨다. 나쁜 영향은 아버지가 주었지만 계속해서 그 가운데 머물러 있는 것은 아들의 책임이라는 것이다.

누군가 당신에게 나쁜 영향을 주었다. 하나님은 그 일에 대해 그에게 죄를 물으실 것이다. 하지만 당신이 "전부 그 인간 때문이야! 그 인간이 날 성추행했고, 때렸고, 더럽혔어. 그래서 내가 이렇게 된 거야. 나도 어쩔 수 없어!"라고 말하면서 계속해서 그 영향 가운데 머물러 있다면, 하나님은 그 책임을 당신에게도 물으실 것이다.

부모로부터 나쁜 영향(죄와 질병의 차원에서)을 받은 것을 인정하고, 더 이상 그 안에 살지 않기로 결단하며, 죄(고통과 상처 안에 스스로를 방치하는 것)를 회개하고 병을 치유하는 과정으로 나아가야 할 책임은 바로 당신에게 있기 때문이다.

자신의 삶을 지키고 올바르게 나아갈 책임과 의무를 스스로 감당하는 것, 이것이 바로 '선택과 책임의 원리'이다.

과거의 상처 때문에 이렇게 살 수밖에 없다고 하는 것은 당신의 마음과 인생 전체를 상처준 사람에게 넘겨버리는 행위다. 하나님이 당신에게 책임지라고 맡겨주신 전부를 포기하는 짓이다. 하나님은 바로 그 선택에 대해 책임을 물으실 것이다.

온전한 내적 치유를 위해서는 '영향력의 원리'와 '선택과 책임의 원리'를 함께 생각해야 한다. 당신이 부모라면 마땅히 자녀에게 좋은 영향을 줘야 한다. 하지만 좋은 영향을 주려고 노력했는데도 자녀가 그것을 받지 않고 제멋대로 살아간다면, 그것은 자녀의 책임이다. 당신의 책임은 최선을 다해 자녀에게 좋은 영향력을 흘려보내는 것까지다. 부모가 최선을 다했는데도 자녀에게 나쁜 영향력이 흘러가는 경우도 있다. 그러할지라도 나쁜 영향을 극복해야 할 책임은 변함없이 자녀들의 몫이다.

반대로 당신의 부모가 당신에게 나쁜 영향을 줬다면 어떻게 해야 하겠는가? 부모의 영향 가운데 머물지 말고 떠나 하나님의 율법과 계명으로 살아가는 훈련을 해야 한다. 즉 세대를 넘어 흘러가는 영향력을 끊고, 주님의 뜻대로 살 것을 선포하고 기도해야 한다.

"나는 더 이상 그런 영향 가운데 살지 않겠습니다. 부모님은 그렇게 살았지만 나는 더 이상 그렇게 살지 않겠습니다. 나는 부모님을 용서합니다. 그리고 그분들이 남긴 영향력은 내가 처리합니다."

물론 기도 몇 번으로 단번에 해결되지는 않는다. 영향력으로 인해 형성된 생각과 감정과 행동의 '패턴'을 바꾸는 과정을 차근차근 밟아가야 한다. 이것은 우리 스스로가 선택하고 책임져야 할 영역이다.

❷ 내 마음이 아픈 이유

내 마음이 아픈 이유

- 상처는 자신과 가깝거나 중요한 사람의 부정적인 말과 행동 때문에 생긴다. 예상치 않은 상황과 사건을 통해 모르는 사람이 상처를 줄 때도 있지만, 대부분의 경우는 가족이나 친구, 이웃, 직장 동료처럼 가까운 사람들로부터 받는다. 왜 그럴까? 그것은 우리가 중요하게 여기는 사람들이 우리를 평가하고 그것을 말과 행동으로 표현한다고 믿기 때문이다. 우리는 다른 사람의 말과 행동을 통해 '넌 이런 사람이야'라는 메시지를 해석하고 판단하면서 상처받고, 그것을 받아들여 자아 개념, 즉 정체성과 자아상을 형성하게 된다.

  그러면 왜 다른 사람들의 말과 행동이 우리에게 부정적인 영향을 주는가? 내적 상처의 원인은 크게 세 가지 유형으로 분류할 수 있다. 첫째는 받아야 할 것을 받지 못한 결핍이다. 둘째는 생애 과정에서 만나게 되는 학대나 상처 혹은 외상(트라우마)이다. 셋째는 가깝고 중요한 사람들과 함께하지 못해서 생기는 분리와 거절이다. 이 때문에 우리의 자아는 깨지고 상처 입는다.

자아가 손상되는 세 가지 원인

앞에서 언급한 다양한 요소들은 우리의 마음을 깨뜨리고 상처를 준다. 그것들로부터 나오는 영향력은 크게 A와 B, R의 세 가지 유형으로 정리할 수 있다.

A(Absent Abuse)유형- 결핍 : 성장 과정에서 받지 못한 것
결핍은 공급받고 누려야 할 것을 채움받지 못해 나타나는 것이다.

도둑이 오는 것은 도둑질하고 죽이고 멸망시키려는 것뿐이요 내가 온 것은 양으로 생명을 얻게 하고 더 풍성히 얻게 하려는 것이라(요 10:10).

우리 주 예수 그리스도의 은혜를 너희가 알거니와 부요하신 이로서 너희를 위하여 가난하게 되심은 그의 가난함으로 말미암아 너희를 부요하게 하려 하심이라(고후 8:9).

모든 사람은 사랑받고 인정받고 칭찬받고 싶어 하며 먹을 것, 입을 것, 잘 곳을 필요로 하고, 성취감과 소속감을 원한다. 그래서 이 기본적인 욕구가 채워지지 않으면 자괴감, 허탈감, 분노를 느끼게 된다.

사기 당한 일로 집안 형편이 어려워져 학교에 도시락을 가져가지 못하는 날이 많아졌다. 그럴 때마다 나는 친구들의 도시락을 몰래 훔쳐먹곤 했다가 들켜서 친구들과 싸우기도 하고 가난한 집 자식이라고 놀리는 친구들을 때리는 일도 자주 있었다. 또 소풍이나 수학여행을 가는 날이면 친구들과 항상 비교가 되었다. 친구들은 도시락에 간식까지 가져왔고 선생님께 먹을 것을 드렸는데 나는 그럴 수가 없었기 때문이다. 어린 마음에 자괴감이 얼마나 컸는지 친구들과 함께 사진조차도 찍을 수 없었다.

'우리 집은 왜 이렇게 가난하지?'라는 원망이 쌓이면서 나는 점점 집 밖으로 나돌기 시작했다. 지금 돌아보면 실제로 우리 집은 가난하지 않았다. 아버지가 하시는 사업은 그런대로 유지되고 있었다. 하지만 나의 기본적인 필요가 채워지지 않았기 때문에, 더 정확하게 말하면 부모님이 자녀의 필요에 대해 무관심했기 때문에 가난으로 고통받았던 것이다. 부모님에 대한 불평불만으로 더 힘들고 어려운 학창시절을 보내야 했다.

가난은 나에게 너무 큰 상처였기 때문에 '못 산다, 못 먹는다'고 놀리거나 '못난 놈'이라고 무시하는 친구가 있으면 때리고 싸우기 일쑤였다. 그렇게 내 속에 쌓인 분노와 슬픔을 친구들한테 표출했던 것이다. 또 어떤 때는 반대로 내가 원하는 것을 얻기 위해 자존심도 버리고 친구 대신 청소를 해주거나 가방을 들어주기도 했다. 그러면서도 '이렇게까지 해야 하나' 싶어 몹시 자존심이 상했고 그것은 곧 내게 상처로 남았다.

내가 공부에 흥미를 잃고 담을 쌓게 된 것도 결핍으로 인한 상처 때문이었다. 어릴 때 칭찬과 인정 대신 꾸중과 비판을 들었던 경험이 가장 큰 영향력을 미쳤다. 사기 치고 도망간 사람을 찾아다니느라 어머니가 밤늦게 집으로 돌아오시던 시기가 있었다.

하루는 어머니를 기쁘게 해드리고 싶은 마음에 공책에 정성스럽게 글씨를 그렸(?)다. 학교에 다니기 전이었지만, 한글을 다 익혔기 때문에 나는 글자를 쓸 수 있었다. 지친 몸으로 돌아오신 어머니에게 예쁘게 쓴 글씨를 보여 드리면 깜짝 놀라면서 '아이고, 우리 아들 잘했네!'라며 기뻐하며 칭찬해주리라 생각했다. 잔뜩 기대에 부푼 나는 어머니가 돌아오자마자 달려가 노트를 내밀었다.

"엄마, 이거 보세요!"

그런데 어머니는 묘한 표정으로 노트와 내 얼굴을 번갈아 바라보더니 이렇게 물었다.

"이거 누가 써준 거니?"

"누가 써준 거 아니에요. 제가 썼어요."

어머니는 어이없다는 듯이 피식 웃으며 내 뒤통수를 때렸다.

"네가 이렇게 글씨를 잘 쓴다고? 요녀석 거짓말하면 못 써!"

나는 너무 당황스러웠다. 아무리 내가 썼다고 말해도 어머니는 거짓말하지 말라며 계속 내 머리를 쥐어박았다. 이 사건으로 '엄마는 내가 공부 잘하는 것을 기뻐하지 않는구나. 그러면 앞으로는 절대 공부하지 말아야겠다'라는 생각을 갖게 되었고 그때부터 공부를 하지 않게 되었다.

나중에 어머니에게 이야기할 기회가 있었지만 어머니는 이 사건을 기억하지 못했다. 하지만 이 사건은 나에게 심각한 외상을 남겼고, 그 덕분에 공부에 대한 의욕은커녕 관심조차 잃어버렸다.

우리 시대와는 달리 요즘 학생들은 상대적으로 물질적인 결핍이 적은 편이다. 물론 그렇지 않은 사람도 있겠지만, 대부분 생활수준이 높아 의식주는 넉넉하게 채움받기 때문이다. 하지만 그것 때문에 또 다른 결핍이 발생한다. 기다리는 것을 힘들어하고 다른 사람을 배려하지 않는다. 다른 사람의 생각과 필요를 헤아릴 줄 모른다. 어처구니없게도 기다리는 것, 남을 배려하는 것, 다른 사람에 대한 칭찬을 듣는 것에 대한 결핍이 발생한 것이다. 특히 어려웠던 시절을 극복하고 자수성가한 부모들은 자신의 성공에 대비해 자녀에게 더 높은 수준을 요구하지만 상대적으로 칭찬과 인정에는 인색한 경우가 많다. 그 때문에 물질적으로 부유한 시대를 살아가는 요즘 세대는 과거의 세대와는 전혀 다른 양상의 상처를 경험하게 되는 것이다. 주는 사람과 받는 사람이 느끼는 정도의 차이가 크다. 나는 많이 준 것 같은데 상대방은 안 줬다고 생각한다. 이것이 바로 상대적 결핍이다.

우리는 이러한 여러 가지 결핍으로 인해 '나는 어떻게든 필요한 것을 소유할 거야. 나는 지금과는 다르게 살 거야'라고 마음속으로 결정한다. 이런 결정이 고스란히 상처와 아픔이 되어 우리의 자아를 깨뜨리는 결핍인 것이다.

어떤 사람에게는 부모와 같이 살지 않는 것이 결핍이 될 수 있다. 부모 중에서 한 사람이 따로 살면 그에게서 받아야 할 것을 채움받기 어렵다. 이것이 심각한 문제가 될 수 있지만 대부분의 사람들은 그렇게 여기지 않는다. "더 어렵고 힘든 사람도 있는데 그런 걸 가지고 상처라고 하니?"라며 대수롭지 않게 말하는 것이다. 하지만 권위자에게 충분한 사랑과 인정과 관심을 받지 못하면 심각한 결핍이 일어난다. 그 밖에도 부모의 비교와 편애, 상대적 박탈감, 다른 사람과 비교당하면서 겪는 자존심 손상 등 여러 형태로 결핍이 나타난다. 선생님과 친구들로부터 오는 결핍도 있는데, 이것은 하고 싶은 바를 이루지 못하고 좌절할 때 발생하는 결핍이다.

결핍은 상처이며 학대받는 것이다. 우리가 일반적으로 생각하는 학대와 다르지만 이것은 명백한 학대다. 받아야 할 것을 주지 않는 학대, 풍성하게 누릴 수 없도록 하는 학대, 발전할 수 있는 기회를 막는 학대인 것이다.

이 유형의 학대는 다양한 양상으로 나타난다. 부모와 함께하는 시간이 부족해서 겪기도 하고, 부모가 애정 어린 스킨십을 해주지 않아서 겪기도 한다. 충분한 음식과 의복과 안전한 숙소를 공급하지 않고 학교에 필요한 준비물을 제때에 가져가지 못한다. 열심히 노력해도 칭찬과 인정보다는 사람들이 비꼬거나 무시한다.

B(Bad Abuse)유형- 학대와 외상(트라우마) : 성장 과정에서 겪은 충격적 사건

이 유형은 A유형과 반대로 받아서도 안 되고, 일어나서도 안 되는 나쁜 것, 즉 안 좋은 일 때문에 받는 상처를 말한다.

가난한 사람을 학대하는 자는 그를 지으신 이를 멸시하는 자요 궁핍한 사람을 불쌍히 여기는 자는 주를 공경하는 자니라(잠 14:31).

나는 이혼하는 것과 옷으로 학대를 가리는 자를 미워하노라 만군의 여호와의 말이니라 그러므로 너희 심령을 삼가 지켜 거짓을 행하지 말지니라(말 2:16).

가장 대표적인 B유형의 상처는 신체적 학대로 발생하는 외상이다. 제주 열방대학에서 사역할 때 한 자매를 상담한 적이 있었다. 그 자매는 훈련을 받으러 왔음에도 강의 내용은 물론 환경과 공동생활에 적응하지 못해 힘들어하고 있었다. 두 번째 만났는데 뭔가 이상한 점이 느껴졌다. 마치 다른 사람처럼 첫 번째 만남에서 들려준 것과 완전히 다른 이야기를 하는 것이었다. 도무지 앞뒤가 연결되지 않았다. 세 번째로 그 자매의 이야기를 들었을 때는 더 혼란스러웠다. 앞서 두 번의 만남에서 했던 것과 또 다른 새로운 이야기를 펼쳐 놓는 것이었다. 악한 영에 사로잡힌 것이 아닌가 싶어 본인의 동의를 받아 축사 사역을 해봤지만 달라지는 것이 없었다.

그러던 어느 날, 그 자매를 위해 기도하다가 문득 해리성 장애, 즉 다중인격에 대한 것이 생각났다. 다중인격인 사람은 말할 때 목소리의 톤과 기억하는 내용이 완전히 달라지는데 그 자매가 꼭 그랬다. 한 사람 안에 여러 인격이 존재하는 다중인격은, 큰 고통과 학대를 견디다 못해 주 인격이 아닌 새로운 인격을 만들어 도피하면서 형성이 되는 것이다. 그대로 있다가는 미치거나 죽을 것 같으니까 상상 속에서 새로운 인격을 만들어 그것을 자기라고 생각하는 것이다. 대체로 상처가 많으면 많을수록 여러 개의 인격을 창조해낸다고 한다. 이런 사람은 만들어낸 인격들을 끄집어내서 치유하고 주 인격에 통합시키는 작업을 해야 하는데, 하나의 인격을 다루는 데도 엄청난 시간이 들기 때문에 치료가 아주 어렵다.

감사하게도 하나님이 주시는 아이디어를 적용하고 기도 사역을 하는 가운데 그 자매는 빠른 속도로 회복되었다. 나중에는 어느 정도 통합된 인격으로 앞뒤가 맞는 논리적 대화를 나눌 정도가 되었다. 그 자매는 부모로부터 아주 심각한 상처를 받았는데, 그 정도면 미치는 게 당연하겠다 싶을 정도였다. 따귀를 때리고 몽둥이로 구타하는 것은 기본이고 칼로 몸을 긋거나 머리를 잡아 벽에 찧고, 담뱃불로 지지고, 얼굴을 물에 집어넣었다 빼는 등 상상할 수 없는 일을 당했던 것이다. 학대가 얼마나 잔인하고 치명적일 수 있는지 깨닫게 된 사례였다.

내게도 심각한 외상이 있었다. 고등학교 때까지 탁구선수로 활동했던 나는 학창시절 내내 맞은 기억밖에 없었다. 얼마나 많이 맞았던지 엉덩이에는 피멍이 들고 밤새 끙끙 앓았으며 맞은 상처가 창피해서 대중목욕탕에도 못 갈 정도였다. 요즘은 모르겠지만 당시에 운동하던 학생들이 맞는 것은 다반사였다.

신학교 졸업 후에 입대한 공수부대에서도 3년 내내 얻어맞았다. 공수부대에 배치를 받고 보니 신학교 선배가 군목으로 사역하고 있었다. 선배는 내게 군종사관을 시켜줄 테니 조금만 기다리라고 했다. 그 말에 힘을 얻어 고된 훈련을 잘 버텼는데 선배 목사에게서 연락이 없었다. 전후 사정을 알고 보니 새로 부임한 지휘관이 전출간 사람 모두에게 복귀 명령을 내리는 바람에 나도 군종사관으로 갈 수 없게 되었던 것이었다. 그 뒤로 나는 부대에서 툭하면 고참들에게 놀림받고 얻어맞는 동네북이 됐다. 뭘 해도 꼬이기만 하는 인생이었다. 그러다 보니 조금이라도 부당한 대우를 받는다 싶으면 나도 모르게 화를 내며 대들었고 다시 얻어맞는 악순환이 반복되었다. 마음속의 응어리와 상처 때문에 그렇게 행동한다는 것을 까맣게 몰랐던 나는, 별 수 없는 인생임을 자책하며 힘겹게 견딜 수밖에 없었다.

성적 학대도 파괴적인 상처를 만드는 신체적 학대다. 청소년 쉼터에서 한 십대 여학생을 만난 적이 있는데 아버지가 이 여학생과 언니를 성추행해서 재판을 받고 있었다. 당시 그 여학생은 미성년자였기 때문에 성추행 사실이 밝혀지면 아버지는 가중처벌을 받게 되는 상황이었다. 그런데 오히려 여학생의 어머니는 딸을 학대하며 입을 다물라고 협박하고는 청소년 쉼터로 보낸 것이다. 아버지에게는 성추행을 당하고 어머니에게는 신체적인 학대를 당한 것이다. 부모로부터 완벽하게 버림받았다. 안타깝게도 이런 사람이 온전한 삶을 살아가기란 사실상 어렵다. 성적 학대는 한 사람의 영을 완전히 파괴해 버린다. 요즘 근친상간이나 데이트 성추행 같은 사건이 얼마나 많이 발생하는지 모른다. 모두 B유형에 해당되는 것들이다.

욕설을 하고, 비꼬거나 무시하고, 별명을 부르며 놀리고, 태어나지 말았어야 했다고 말하는 것은 심각한 언어 폭력으로 언어적 학대다. 협박과 위협도 그렇다. 표정 학대라는 것도 있다. '넌 아무 쓸모없는 존재야'라고 무시하는 메시지를 얼굴 표정으로 전달하는 것이다. 자신이 해야 할 일을 떠넘기는 책임 폭력도 있다. 빚쟁이가 왔는데 부모가 자녀를 내보내서 어른이 안 계시다고 말하게 하고 대신 야단맞게 하거나, 자녀에게 더 어린 자녀를 맡겨 돌보게 하는 것이 대표적인 예다. 어떤 경우에는 그 상처가 평생 동안 피해자를 따라다닐 수도 있다.

정서적 학대도 있다. 감정을 받아주지 않고 무시하고 조롱하거나 "화 내지마. 웃지 마. 울지 마"라면서 억압하는 것이다. 특히 어린 시절 부모로부터 감정에 대한 억압을 받거나 부모가 허용하는 감정만 표현할 수 있거나 부모가 신경질적이었다면 이미 정서적 학대를 경험한 것이다. 또한 감정에 대한 일반적이고 상식적인 가르침을 받지 못하거나 표현할 수 없었다면 역시 감정적인 학대를 경험한 것이다.

권총으로 위협받으면서 성적 학대를 당해 트라우마를 겪는 외국의 상담 사례도 있고, 대구 지하철 사고나 세월호 사고 같은 충격적인 사건을 겪고 후유증을 앓는 사람들도 있다. 또한 자동차 사고로 사람이 죽는 장면이나 가족이 자살하는 모습을 목격할 때도 매우 심각한 외상을 갖게 된다. 이러한 모든 것들은 삶에 심각한 영향력을 미치며 일종의 고문처럼 기억되기도 한다. 세상에는 우리가 상상하지 못하는 일들이 너무나 많다. 학대를 저지르는 대부분의 경우, 자신이 받은 외상 때문에 이런 행동을 하는 것이다.

치유 사역자인 나도 '어떻게 저런 일이 일어날 수 있을까?' 싶은 안타까운 경우들을 계속해서 접하고 있다. 하지만 분명한 것은 이와 같은 깊은 상처도 치유받을 수 있다는 사실이다.

R(Reject Abuse)유형- 거절(버림받음) : 관계 단절과 분리로 인한 상처
거절을 통해 경험하는 학대를 말한다. 예수님도 골고다 십자가에서 거절을 경험하셨다.

엘리 엘리 라마 사박다니 하시니 이를 번역하면 나의 하나님, 나의 하나님 어찌하여 나를 버리셨나이까 하는 뜻이라(막 15:34).

어떤 사람은 태어나면서부터 거절을 경험한다. 원하지 않는 임신으로 어쩔 수 없이 아이를 낳은 부모가 그를 미워하고 원망한다. "네가 태어나는 바람에 내 인생이 이렇게 됐어!"라는 메시지를 반복해서 듣게 되면 아이는 스스로를 받아들이지 못하고 거절하게 된다. 가정에서 흔히 볼 수 있는 형제간 성차별과 편애, (가족들 간에 벌어지는) 따돌림도 또 다른 형태의 거절이다. 아버지의 사랑을 받지 못한 요셉의 형들이 저지른 패륜을 생각해보라. 편애는 매우 심각한 상처를 남긴다. 부모의 이혼 때문에 보육시설로 가거나 한부모와 살게 된 아이들도 버림받았다는 생각에 자신감을 잃고 위축된다. 얼굴과 키, 체격 같은 신체조건이나 지적 능력이나 운동 능력이 소속된 집단에서 요구하는 기준에 미치지 못해서 겪게 되는 놀림과 무시, 왕따도 동일한 경우다.

초등학교 6학년 때, 운동하면서 매를 많이 맞아 늘 엉덩이에 멍이 들어 있는 아들이 불쌍해서였는지 어머니가 갑자기 전학을 보내신 적이 있었다. 사촌누님 집에 얹혀 살게 되었는데 아직은 어린 나이에 집을 떠나 식사는 물론 청소와 빨래까지 혼자 감당해야 했다. 얼마나 외롭고 가족이 그리웠는지 집으로 돌아가는 주말만 기다렸고, 다시 사촌누님 집으로 돌아올 때면 가족들과 헤어지기 싫어서 늘 울었다. 그러면서 마음속으로 '누님 집에 가기 싫어. 너무 외로워. 이 다음에 결혼하면 난 절대로 아이들을 전학 보내지 않을 거야. 절대로 떨어져 살지 않을 거야'라고 다짐했었다. 그래서인지는 몰라도 나는 지금도 혼자 있는 것도, 혼자 밥 먹는 것도 싫어한다.

이사를 자주 다니는 가정의 자녀들도 거절감을 느낄 수 있다. 내 자녀들도 그런 경우였는데, 단기훈련 프로그램이 계속 진행되는 선교단체에서 사역하다 보니 3개월마다 사는 곳을 옮겨야 했다. 이웃과 친해질 만하면 떠나고, 친근하게 잘 대해주던 훈련생 삼촌 이모들도 훈련을 마치면, 어느 날 인사도 없이 떠나곤 했다. 결국 아이들은 누구와도 친해지려고 하지 않았다. 친해졌다가 갑자기 헤어지게 되면 또 상처받으니까 더 이상 가까워지지 않고 선을 지키겠다는 것이다. 하지만 아이들은 너무 외로워했다. 다른 사람과 어떻게 관계해야 하는지 배울 기회 자체가 없었기 때문에 더 그랬던 것 같다.

엄마가 자신의 질문에 대답하지 않고 침묵하거나, 학교 다녀왔다고 이야기했는데 아무 대꾸가 없을 때 자녀는 거절감을 느낄 수 있다. 이런 경우는 교회에서도 빈번하게 발생한다. 상담을 해보면 "목사님은 일하는 사람만 사랑하고, 헌금 많이 하는 사람만 사랑하고, 나 같은 사람은 거들떠보지도 않고 뭘 해도 아는 체 안 해요"라고 불평불만을 터뜨리는 교인들이 많다. 특히 가정에서 거절감을 느낀 사람이 교회에서도 이런 경험을 하게 되면, 그렇지 않은 사람보다 몇 배 더 깊은 거절감을 경험하게 된다.

친구나 연인과 헤어지거나 버림받는 것도 거절로 이어질 수 있다. 부모님이 일찍 돌아가시고 자녀들만 남거나 부모가 가난해서 어쩔 수 없이 자녀를 다른 집에 맡길 때도 거절감을 느낄 수 있다. 이 모든 것이 거절로 인한 학대인 것이다. 거절당하는 사람은 매우 심각한 고통을 겪는데 학교에서 왕따 당하는 아이들이 약을 먹거나 옥상에서 투신하는 것도 그 이유 때문이다. 거절은 정말 심각한 문제를 일으키는 학대이다.

이와 같이 내면의 상처가 생기는 원인을 크게 세 가지로 분류할 수 있다. 왜 유형별로 구분해서 각각 이해해야 할까? 상처라고 다 똑같은 상처가 아니기 때문이다. 원인에 따라 나타나는 생각과 감정, 행동과 전반적인 삶의 패턴이 다르며 그것을 해결하는 과정이 다르다. 예수님도 위에 언급한 모든 상처를 경험하셨다. 하지만 그분은 이 모든 것을 올바로 해결하셨다.

지금 당신의 삶에 문제를 일으키고 있는 행동과 감정과 생각을 명확하게 이해하려면, 과거의 부정적 경험 가운데 들어가 다른 사람의 잘못과 실수가 미친 영향이 이 세 가지 유형 중 어떤 것에 해당되는지 알아야 한다. 모든 요소들이 놀라울 정도로 서로 친밀하게 연결되어 있음을 깨닫게 될 것이다.

 **그룹 나눔**

① 결핍, 학대, 거절 중에서 나는 어떤 종류의 영향을 받았으며 누구 때문에 그런 경험을 했는가?
② 당신에게 말하기 어렵고 수치스러운 것이 있다면, 그것은 무엇인가?
③ 결핍, 학대, 거절의 경험이 행동이나 삶에 끼친 영향력이 있었는가?
④ 지금 현재의 가정에서 어떤 행동이 나타나는가?

 자신의 외상을 글이나 그림으로 표현해보기

① 기억나는 결핍, 학대, 거절이 있다면 적어보라.
② 상처받은 상황과 상처준 사람이 했던 말, 당시 느낀 감정과 했던 행동을 적어보라.
③ 상처준 사람에게 말했거나 말하고 싶었던 것(초기 결정)을 기억나는 대로 적어보라.

❸ 마음이 아플 때 나는

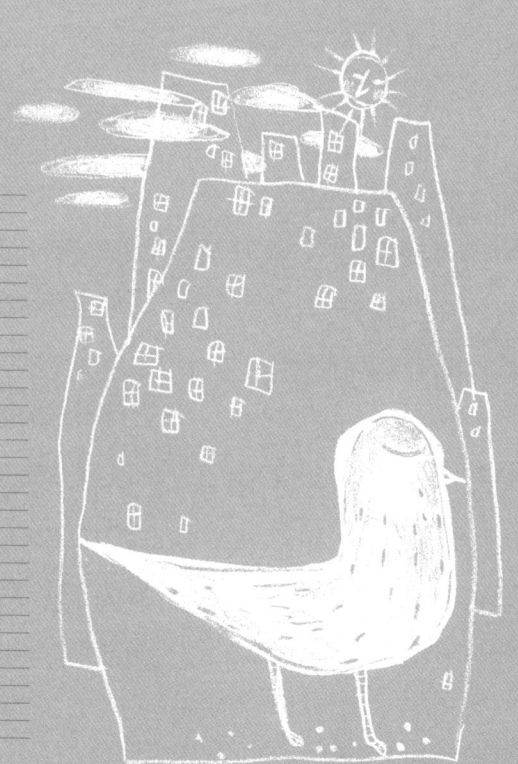

마음이 아플 때 나는

- 또 이르시되 사람에게서 나오는 그것이 사람을 더럽게 하느니라(막 7:20).

선한 사람은 그 쌓은 선에서 선한 것을 내고 악한 사람은 그 쌓은 악에서 악한 것을 내느니라(마 12:35).

자신의 행동 이해하기

사람들은 자신이 원하면 언제든지 자신의 행동을 통제하고 조절할 수 있을 거라 생각하는 경향이 있다. 마음만 먹으면 언제든지 멈출 수 있으리라 자신하는 것이다. 그래서 평소에는 자신의 행동이나 습관을 내버려두다가 문제가 생겼을 때 허겁지겁 고치려고 애를 쓰는 것이다.

그러나 하지 않으려고 아무리 노력해도 반복적(습관적)으로 하게 되는 행동이 있다. 그중에 어떤 것은 본인이 모를 수도 있는데 특정 상황이나 말이 방아쇠 역할을 해서 자동으로 하게 되거나 아예 성격처럼 의식할 수 없기 때문이다(사실 인식한다 해도 별로 달라질 것은 없다). 어느 순간, 생각대로 스스로를 통제할 수 없다는 사실을 깨닫게 되면, 남을 탓하고 핑계하거나 실패감과 죄책감으로 자포자기한다. 어쩌면 이미 돌이킬 수 없는 상황이 되기도 하고 어떤 경우에는 우울과 무기력, 침체를 반복하기도 한다. 어쨌든 이런 것들은 우리 안에 변화와 성장, 치유가 필요하다는 사실을 보여준다.

진정한 변화를 위해서는 행동을 바꾸려는 노력과 함께 다른 것이 필요하다. 즉 보이는 것만 주목해서는 안 된다는 것이다. 과거의 부정적 경험이 만들어낸 깨어진 자아와 자기 자신을 잘못 해석하는 사고부터 변화시켜야 하기 때문이다. 당신이 바꾸기 원하는 행동 대부분은 고통스러운 상황으로부터 스스로를 보호하거나 벗어나기 위해 당신이 선택한 것들이다. 그러므로 행동을 주의 깊게 살펴보면 당신이 어떤 것을 경험하고 어떤 영향을 받았는지 알 수 있다. 경험 때문에 형성된 감정과 사고를 따라 반응하는 것이 행동이기 때문이다. 우리는 과거의 부정적 경험들 때문에 자신과 타인을 오해하는데, 과거를 바꿀 수는 없지만 그것을 진리로 바르게 해석할 수는 있다.

지금부터 상처의 세 가지 원인과 그에 따르는 행동 증상을 하나씩 살펴볼 것이다. 그것을 통해 당신이 하고 있는 부정적 행동의 원인이 무엇인지 찾을 수 있을 것이다.

결핍으로 인한 보상행동(탐욕과 욕심)

채워지지 않았던 것을 채우려는 보상행동과 우월의식 공격 행동

결핍은 기본적으로 받아야 하는데 받지 못하고, 누려야 하는데 누리지 못한 것, 기대했던 것과 원했던 것이 채워지지 않아 부족함을 느껴 상처받은 것을 말한다.

사람들은 뭔가 부족함을 느낄 때 그것을 채우려고 온갖 시도를 한다. 어렸을 때 굶주림이 심했던 사람은 '먹을 수 있을 때 최대한 먹어둬야 한다'는 신념을 가지고 음식만 보면 걸신스럽게 먹을 가능성이 높다. 이런 증상은 음식 같은 필수품뿐 아니라 여러 가지 조건과 상황에 대해서도 나타난다. 과거에 늘 부족하고 아쉽게 살았던(그래서 아프고 힘들었던) 것이 억울하고 속상해서 스스로를 멋지고 괜찮은 사람으로 포장하는 것도 보상행동 증상이다. 결핍을 느끼고 부족함을 느끼면 그것을 채우려고 무언가를 하는 행동이 바로 보상행동이다.

보상행동 증상을 말하기 전에 먼저 살펴봐야 할 것이 있다. 결핍과 학대, 거절감으로 생긴 상처는 존재 자체, 즉 자아(정체성)가 깨어진 상태를 말한다. 상처를 받으면 '~이 있어야 된다. ~이 없어야 된다. ~이 되어야 한다'는 생각이 정체성의 핵심이 되기 때문에, 존재와 자아 정체성이 손상되었음에도 불구하고 자신을 괜찮은 사람으로 보이기 위해 집중하게 된다.

예전에 가난하게 살았던 사람은 당연히 잘살기 위해 노력하는 동시에 남들로부터 괜찮은 사람이라는 인정과 칭찬을 받고, 무시당하지 않기 위해 애쓴다. 부족했던 것을 채우기 위해 노력하면서도 자기를 드러내려고 애쓰는 현상이 벌어지는 것이다.

점심식사로 라면을 먹으러 일본에 다녀오는 사람을 본 적이 있다. 그 사람은 과거에 가난했다가 자수성가한 실업가였다. 비행기로 세 시간 정도면 다녀올 수 있으니까 불가능한 이야기는 아니지만, 항공료까지 계산하면 거의 사오십만 원짜리 점심식사인 셈이다. 그는 다른 사람들에게 이렇게 말하곤 했다.

"일본에서 먹는 진짜 일본 라면 정말 맛있더라. 점심 때 다녀왔는데 너무 좋아. 너도 한 번 가봐."

아마도 그는 다음과 같은 이야기를 하고 싶었을 것이다.

'나 이 정도 되는 사람이야. 그 정도 돈은 얼마든지 쓸 수 있어. 너는 그렇지 못하지?'

이것은 자기 자랑을 통해 다른 사람에게 상대적 박탈감을 주는 행동 증상으로, 부족했던 것을 채우면서 자신을 멋진 사람으로 보여주고 싶은 마음이 깔려 있는 것이다.

대부분의 보상행동 증상은 이와 같이 외형적인 것에 치중한다. 그래서 유명 브랜드의 옷을 즐겨 입는다. 늘 남과 비교하며 자신이 다른 사람보다 못났다고 생각하기 때문에, 자신의 옷차림이 사람들의 입에 오르내릴 정도가 되지 않으면 견디지 못하는 것이다.

이와 같이 보상행동 증상을 갖고 있는 사람은 좋은 차를 타고, 좋은 옷을 입고, 넓은 인맥과 중요한 사람과의 친분을 자랑한다. 또한 자신의 지위와 직업을 과대포장해서 이야기하기를 좋아한다. 모두가 사람들에게 자신을 멋진 사람, 잘 나가는 사람으로 보여주고 싶어서 하는 행동들이다. 명함에 자신의 스펙을 가득 넣어 인쇄하는 것도 마찬가지다. 겉으로 드러내는 것과 사람들에게 알려지기 원하는 것, 이 두 가지가 결핍으로 인한 보상행동 증상의 대표적 특징들이다.

어떤 그리스도인들은 비그리스도인들이 열심히 노력해서 성취하고 이루는 데 집중하는 것처럼 종교적 영역에서 자기를 드러내려고 애쓴다. 내가 처음 전도사 사역을 시작한 교회는 그렇게 크지는 않았지만 영적으로 뜨거워서 신학생을 많이 배출하기로 소문난 곳이었다. 당시 나는 저녁 8시에 교회 기도실에 들어가 새벽 서너 시가 되어야 나올 정도로 뜨겁게 기도생활을 하고 있었다. '그리스도인이라면 이 정도는 기본으로 기도해야 한다'고 생각했기 때문에, 예수님을 믿게 된 고3 때부터 5년이 넘는 시간 동안 그렇게 신앙생활을 했다. 그래서 전도사로 사역하면서도 나는 기도 좀 한다는 사람 몇 명을 모아 매일 저녁 8시에 기도회를 열었다. 어찌나 열심이었던지 밤새 기도하고도 시간이 모자라 새벽예배까지 참석한 적도 많았다.

그런데 그 교회에 우리보다 더 오랫동안 기도하는 성도가 있었다. 하루는 팀이 모여 이런저런 대화를 나누던 중에 우연히 그 성도보다 더 오래 기도해보자는 이야기가 나왔다. 한마디로 '우리 교회에서 기도로 일등을 먹어보자'는 것이었다. 그렇게 하기로 결정한 우리 팀은 새벽예배 때마다 그 '기도대장' 성도보다 더 열심히, 더 오래 기도하기 위해 노력했다. 그러던 어느 날 기도대장 성도가 오전 6시에서 7시 사이에 기도를 마치고 자리에서 일어났는데, 우리 팀원들은 그분보다 1분 정도 더 기도했다. 기도를 마치고 예배실에서 나왔는데, 기도대장 성도가 우리를 기다리고 있다가 나에게 따지기 시작했다.

"전도사님. 어떻게 그러실 수 있어요?"
"집사님. 왜 그러세요? 무슨 일 있으세요?"
"아니, 왜 저보다 더 오래 기도하세요?"

나는 그분의 황당한 질문에 당황해서 다시 물었다.

"집사님보다 오래 기도하면 안 되나요? 그것이 불편하세요?"

그 집사님의 대답이 걸작이었다.

"지금 전도사님 때문에 제가 기도대장 소리를 못 듣게 생겼잖아요!"

우리 팀도 그 성도를 이기고(?) 싶다는 잘못된 목표를 세워놓고 기도했지만, 그 성도에게는 "당신이 우리교회 기도대장입니다!"라는 소리를 듣고 싶은 숨겨진 동기가 있었던 것이다. 처음에는 그렇지 않았겠지만 계속해서 기도대장이라는 칭찬을 받으면서 점점 그런 마음이 생겨났을 것이다.

교회에서 일 욕심을 부리며 여러 가지 봉사를 맡아서 하다가 끝내 감당하지 못해 다른 성도와 공동체에 피해를 주거나 헌금을 많이 해서 목회자와 교인들에게 영향력을 행사하려는 경우도 이와 유사한 사례다.

대부분 이런 행동은 우월감과 열등감에 대한 공격, 수동 공격적 보상 증상과 연결되어 있을 가능성이 높다(물론 이런 행동을 하는 모든 사람이 그렇다는 것은 아니다). 이런 사람들은 잘난 체하는 것을 넘어 자신의 뜻이나 생각을 관철시키려고 강압적으로 의사표현을 하고, "너는 그것밖에 못하니? 그것도 생각이라고 하니?"라며 다른 사람의 연약한 부분을 무시하고 비난하기도 한다.

소형차와 고급승용차가 건널목에서 신호등이 바뀌어도 출발하지 않을 때 뒤차가 몇 초 만에 경적을 울리는지 실험한 결과를 본 적이 있다. 실험 결과는 매우 흥미로웠다. 소형차 뒤에 있을 때는 평균 3~3.5초 만에 경적을 울렸지만, 고급승용차나 외제차 뒤에서는 평균 12초나 기다린 뒤에 경적을 울린다는 것이다. 왜 그렇게 행동했는지 물어보자 운전자들은 소형차를 타고 다니는 사람들은 사회적 지위나 명예나 지식이나 학벌이 낮을 것 같아 무시해도 될 것 같고, 고급승용차를 타고 다니는 사람들은 지위가 높고 명예도 있고 잘살고 학식도 있어서 잘못 건드리면 봉변당할 것 같았다고 응답했다.

우월의식을 갖고 있는 사람들은 자기를 높이는 것이 마음대로 되지 않으면 칭찬하고 인정해주지 않는 사람들에게 무례하게 행동한다. 대놓고 무시하거나 억압하는 목소리와 상처주는 말로 공격적 대응을 하는 것이다. 칭찬해주지 않는 사람들을 향해 공격적 행동이나 수동적 공격을 한다. 이런 증상들은 계속해서 양쪽 사이를 왔다갔다 하는 스윙(그네) 패턴으로 행동한다.

당신에게도 열등감과 우월감으로 인해 나타나는 어떤 보상행동 증상이 있는가?

채워지지 않았던 것을 채우지 못해 나타나는 열등의식과 수동적 행동(수동 공격 행동)

결핍이 있는 사람들은 열등감을 갖거나 수동적이 되기 때문에 자신의 욕구가 무엇인지 이야기하지 않고, 다른 사람의 의견에 "No!"라고 말하지 못하고 다른 사람들의 의견을 따르며 비위를 맞춘다. 사람들에게 자신의 연약함과 부족한 부분을 들키고 싶지 않아서 계속 수동적으로 행동하며 자기를 드러내지 않는 것이다.

예전에 TV에서 몇 백만 원짜리 명품 가방을 사면 그걸 담는 가방을 주는데, 그것이 인터넷에서 이삼십 만원에 팔린다는 뉴스를 본 적이 있다. 명품 가방은 비싸서 살 수 없어 그 가방이라도 갖고 다니는데, 사람들은 그 가방을 보고 그 사람이 명품 가방을 산 것으로 봐준다는 것이다. 어이없는 행동처럼 보이지만 TV에 비춰진 당사자들의 모습은 너무나 진지했다. 자신을 괜찮은 사람으로 보여줄 수 있으니까 짝퉁이라도 사는 것이다.

임대아파트 주민 중에 외제차나 고급승용차를 타는 사람이 엄청나게 많아졌다는 것도 이와 비슷한 이야기다. 값비싼 차로 자기를 괜찮은 사람처럼 꾸미려는 것도 보상행동 증상인데, 바로 '누리지 못하고, 경험하지 못하고, 듣지 못하고, 인정받지 못한' 결핍에서 나온 행동들이다.

사실 보상행동 증상은 우리의 생활 속에 광범위하게 퍼져있다. 당신에게도 이런 증상이 있는지 살펴보라. 늘 자신을 다른 사람과 비교하면서 낙심하고, 사람들로부터 인정과 관심을 받으려고 노력하는데 잘 안 되면 좌절하고, 물질에 지나치게 집착하고 있다면 그것이 어디서부터 왔는지 생각해보라.

상황에 따라 여러 가지 결핍이 존재하는데 반드시 그 안에 무엇인가 연결되어 있을 것이다. 또한 우월감을 얻기 위해 계속해서 다른 사람을 누르고 무시하며, 다른 사람에게 상처를 주는 것으로 자기를 높이려 하고, 자신의 결핍을 채우기 위해 인정받고 칭찬받고 관심받으려는 욕구가 다른 사람에게 결핍을 주는 행동 증상(결핍이 있는 사람은 자기 중심적이기 때문에 다른 사람에게도 결핍을 주게 된다)으로 나타난다면 결핍으로 인한 상처가 많다는 것이다.

당연히 이런 사람은 점점 더 인색해질 수밖에 없다. 자기 것만 채우고 자기가 높아져야 하기 때문에 당연한 결과이다. 사람들이 인정과 칭찬을 안 해주고, 다른 사람이 칭찬받고 주목받는 것이 굉장히 불쾌하며, 사람들이 자기가 아닌 다른 누군가에게 관심을 줄 때 마음 아파하고 좌절하면서 '나는 뭘까?'라는 생각에 빠진다.

선교단체에서 함께 훈련받고 사역을 준비했던 동료들 거의 대부분이 사역자로 활동하고 있다. 그런데 사역 초기에 다른 동료들이 자기보다 강의 요청을 더 많이 받는다고 낙심하던 사람이 있었다(내 이야기이기도 하다). 자신을 남들과 비교하면서 좌절하고 낙망에 빠지는 것이다. 그래서 그 동료는 강사 섭외 권한을 가진 사람들을 찾아다니며 자신을 소개하고 어떤 강의를 잘하는지 설명하면서 접대하는 일로 바빴다. 우리 주변에서도 그런 사람을 쉽게 만날 수 있을 것이다. 이런 부분도 보상행동 증상의 특징 중 하나이다.

이 역시도 우월감과 열등감 사이를 왔다갔다하는 증상을 보이게 된다. 우월감을 누리고 있다가 자신보다 잘난 것 같은 사람이 있으면 바로 열등감에 빠지고, 공격적인 행동을 하다가 자기보다 잘난 사람을 만나면 수동 공격적인 행동을 취하고, 평소에 잘 대화하던 사람과 갑자기 관계를 끊고 다른 곳에 가서 그 사람에 대한 나쁜 이야기와 좋지 않은 평가를 퍼뜨린다. 이런 증상은 그네처럼 반복적으로 왔다갔다하면서 더 강하고 깊어지며 강박적인 행동이 된다. 높은 자리, 명예, 물질, 사람들의 인정과 주목에 더 집착하고 그것을 위해 수단과 방법을 가리지 않게 된다는 것이다. 나이가 들수록 그런 현상이 더 심해지기 때문에 반드시 이것을 점검하고 해결해야 한다.

학대로 인해 '보호'하는 행동 증상

여기에서 학대란 신체적, 언어적 폭력을 말한다. 누가 자신을 때리려고 할 때 대부분의 사람들은 막거나 피할 것이다. 학대에 대한 반응도 이와 동일하다.

나는 여호와를 향하여 말하기를 그는 나의 피난처요 나의 요새요 내가 의뢰하는 하나님이라 하리니 이는 그가 너를 새 사냥꾼의 올무에서와 심한 전염병에서 건지실 것임이로다(시 91:2-3).

고통으로 인한 자기 방어 행동

학대를 경험한 사람들은 본능적으로 보호행동이라는 것을 하게 되는데 그것은 학대가 가져다주는 아픔과 고통을 최소화하기 위해 행동하는 것이다. 누가 때릴 때 자기를 보호하기 위해 얼굴을 돌리거나 눈을 감거나 몸을 움츠리는 것처럼 말이다. 학대를 많이 받은 사람들은 (자신과 관련이 없어도) 고통이나 아픔과 관련된 장소에 가지 않는다. 자기를 학대한 사람과 얼굴 생김새나 이미지가 비슷해도 싫어하고 피한다. 같은 공간에 있으려고 하지 않는다. 학대를 당했던 장소나 분위기, 학대당할 때 들렸던 음악, 학대한 사람이 입은 옷과 사용한 향수나 냄새도 싫어하고 거부하는데, 그 이유는 보거나 느낄 때 연상이 되고 자극을 받기 때문에 피하는 것이다. 모두 자신을 보호하기 위해 하는 행동들이다.

하지만 언어적 폭력, 정신적 폭력, 정서적 폭력 같은 경우에는 피할 수도 없고 몸으로 방어할 수도 없다. 눈앞에서 잔소리하고 욕하는 언어 폭력은 피할 수 없다. 피하면 매를 맞기 때문이다. 할 수 있는 것이라고는 머릿속으로 다른 생각을 하면서 한쪽 귀로 듣고 한쪽 귀로 흘리는 것뿐이다. 아예 뇌에서 차단해 버리는 것이다. 심리학자들은 이것을 방어기제 혹은 생존기제라고 부른다. 생존하기 위해 일정한 행동의 틀을 만들어낸다는 것이다.

언어 폭력이나 육체적 학대를 계속 참고 견디면서 한 번도 반항이나 싫은 내색조차 하지 않는 사람이 있다. 억압이라는 방어기제를 사용하는 것이다. TV를 보면 자녀들에게 신체적 학대와 언어 폭력을 가하는 나쁜 부모들이 나온다. 그런데 학대받던 자녀들에게 물어보면 그런 일이 없다고 말한다. 잘못 말했다가 또 다른 고통을 겪게 될까봐 두려워서 스스로를 억압하는 것이다.

이 억압을 방어기제로 사용하는 사람이 학대자 앞에서는 아무 반응도 하지 않다가 다른 곳에 가서 강아지를 걷어차거나 돌을 집어던지는 등 난폭한 행동을 하기도 하는데, 이것은 투사 또는 대치라고 하는 방어기제다. 학대자에게 할 수 없으니 다른 대상에게 복수하고 폭력을 행사하는 것이다. 그 때문에 보호행동에는 폭력적 행동이 함께 나타난다는 것을 기억해야 한다.

합리화라는 방어기제도 있다. "내가 맞을 짓을 했어. 엄마가 시킨 걸 내가 못해서 그래"라고 말하며 고통당하는 것을 자기 잘못으로 돌리면서 합리화하는 것이다. 정당하게 변명하거나 축소한다.
"그냥 몇 대 맞았어. 이건 별거 아니야. 원래 애들은 다 부모님에게 맞는 거야."
엄청나게 맞았는데 '그냥 한 대 맞았다, 넘어져서 그런 거다, 자신의 부주의 때문이다'라며 상처를 축소하는 것이다.

동일시도 있다. 학대당한 사람들은 거의 대부분 '내가 뭔가 잘못된 사람이구나' 하는 생각을 갖게 되는데, 다른 한편에서는 자기가 학대자가 되어 자기를 학대한 사람과 스스로를 동일시하기도 한다. 아이러니한 일이지만 학대 피해자가 다시 학대자가 된다는 것이다. 처리하지 못한 부분이 있기 때문에 다른 사람에게 쏟아붓는 것이다. 또 다른 경우에는 다른 피해자나 연예인 같은 다양한 대상과 동일시하기도 한다. 이 모든 것이 자신이 직접 개입해서 고통을 없애려고 하는 보호행동이다. 그리고 이것이 한계에 이르면, 뇌가 고통을 견뎌낼 수 없기 때문에 정신적으로 큰 문제가 생기고 부정과 환상 가운데 살면서 나중에는 해리성장애나 정신분열로까지 악화된다. 그러나 대부분의 상처받은 사람들은 자신의 상처에 대해 아무 말도 하지 않는다. 인정한 그 순간부터 여러 가지 문제가 따라오기 때문에 말하지 않거나, 마음 한구석에 놓아두어 비밀에 붙이는 등의 보호행동을 하는 것이다.

미국으로 이민 가서 살고 있는 어떤 한국인 자매를 상담한 적이 있다. 나는 강사로, 그 자매는 세미나 참석자로 현장에서 처음 만났는데, 어찌나 활발하고 활동적인지 모르는 사람들과도 오래 전부터 알았던 것처럼 친근하게 지내는 사람이었다. 내 눈에는 굉장히 성격이 밝고 명랑해 보였다. 하지만 이 자매는 미국으로 이민 오기 전부터 아버지에게 엄청난 학대를 당했고, 미국에 온 후에도 계속해서 학대받고 있었다. 미국에서는 학대를 신고하면 아버지라도 즉시 체포해 가고, 양육권이 박탈당하거나 심지어는 감옥에서 실형을 살게 된다. 자매의 아버지는 신고하면 죽이겠다며 늘 총으로 협박했고, 그것이 두려워서 어른이 된 뒤에도 지속적으로 아버지의 심한 육체적, 정신적 학대를 당하고 있었던 것이다.

학대로 인한 상처는 어떤 식으로든 학대한 사람과 직면해야 해결할 수 있다. 학대한 사람과 직접 만나지 않아도 그 사람이 앞에 있다고 생각하면서 말하거나 상처받았던 과거 상황을 기억하면서 직면해야 하는데, 이 자매는 그것조차도 어려워 식은땀을 흘리며 끙끙거리다가 포기하고 말았다.

"그냥 저 혼자 용서할게요? 그냥 아버지를 용서하고 끝낼게요."

이것은 용서를 통한 방어행동이다. 자매의 아버지는 이미 육십이 넘은 노인이 되었지만, 그 자매는 어른이 된 지금까지도 총에 맞아 죽을 것 같은 두려움 때문에 아버지를 직면하지 못했던 것이다.

이처럼 상처가 많은 사람은 치유와 관련해 기도를 하거나 직면하는 시간에 아무것도 못하고 덜덜 떠는 경우가 많은데 이런 행동이 보호행동이며 방어기제 증상이다.

고통으로 인한 도피행동

자신을 보호하는 방법에는 방어 외에도 도망치는 것이 있다. 이것을 도피행동이라고 하는데 밀려오는 고통을 막을 수 없을 때 대부분의 사람들은 쾌락 속으로 도피한다. 그런데 이 쾌락은 술이나 본드, 마약 같은 화학물질을 필요로 하고 잠시나마 고통을 잊으려고 술을 마신다. 처음에는 한두 잔 정도면 되지만 횟수가 늘어갈수록 양이 늘어난다. 그러다가 마침내 알코올 중독에 이르게 된다. 이와 같이 쾌락을 추구하는 도피행동은 중독으로 끝난다. 고통을 잠시 잊으려고 하다가 인생이 엉망으로 끝나는 것이다.

도피행동에서 추구하는 또 다른 쾌락은 성적인 것이다(과거에는 남성의 경우가 많았지만 요즘은 남녀를 구분하지 않는다). 포르노 영상이나 이성의 나체 사진을 볼 때 사람의 몸은 흥분하게 하는 호르몬을 만들어내는데, 그것으로 고통을 쉽게 피하려고 한다. 그리고 자위행위를 통해서도 고통을 잠시 잊어 보려 한다. 하지만 성적인 쾌락 추구는 시간이 흐를수록 빈도와 강도가 증가하게 되어 있다. 게다가 나중에는 실제로 사람을 만나 가학적이고 변태적인 행위를 하게 되는 경우도 상당히 많다.

성적인 문제를 갖고 있는 사람은 고통과 스트레스 상황에서 거의 그런 쪽으로 반응하는데, 이야기를 꺼내기 힘든 부분들이 너무 많다. 포르노물에 지속적으로 노출되다 보면 거기 등장하는 가학적, 변태적 행위들을 시도하게 되는데, 대부분 연인이나 배우자에게 요구하며 어떤 경우에는 그런 것을 연구하기까지 한다. 이렇게 성적인 문제는 한 번 빠져들면 쉽게 벗어날 수 없다.

쾌락적인 반응은 성 중독 외에도 다양하게 나타난다. 고통을 잊기 위해 식도락이나 쇼핑, 스포츠, 춤 같은 것에 몰입한다. 모두 쾌락적 요소를 제공해 주는 것들이다.

요즘 많이 나타나는 것이 종교 중독인데 말 그대로 종교로 도피하는 것이다. 기도원에 가면 안수기도를 받고 바닥에 쓰러져서 입신 체험을 하는 사람들이 있다. 또한 뜨겁게 찬양하고 기도하다 보면 자연스럽게 흥분상태가 되는 것이다. 이와 같은 종교적 카타르시스를 경험하기 위해 도피하는 것이 종교 중독이다.

그런데 종교 중독은 영적인 부분이기 때문에 이단에 빠지는 것 같은 또 다른 문제를 만들어낼 수 있다. 학대를 당한 사람들이 이단에 잘 빠지는 경향이 있는데, 처음 찾아갔을 때 받은 환대와 관심 때문에 점점 몰입하다가 나중에는 돌이킬 수 없는 상태가 되는 것이다. 상담을 해보면 예수 믿지 않는 사람들, 무신론자들을 상담하는 게 더 치유가 빠르다. 하지만 이단에 빠진 사람들은 치유가 더디고 힘들다. 어느 시점에 가면 대화 자체를 거절하기 때문이다. 그런 사람들을 회복시키려면 성경을 차근차근 살펴보며 하나님이 어떤 분인지 가르쳐야 하는데 그게 말처럼 쉬운 일이 아니다.

드라마 중독도 있다. 드라마를 보면서 비운의 주인공과 자신을 동일시하고, 주인공이 마지막 반전을 통해 악당들, 자신을 무시했던 사람들에게 반격하는 것을 보면서 희열을 느낀다. 즐겨 시청하던 드라마가 종영되면 힘이 쫙 빠졌다가 새로 시작한 드라마에 몰입하면서 다시 살아난다. 특히 우리나라 중년 여성들 중에 이런 사람이 많다. 이와 같이 도피행동은 쾌락을 제공해주는 방향으로 흘러가게 되어 있다. 그런데 사람의 몸은 쾌락 앞에서 스스로를 잘 통제하지 못한다. 운동 중독에 빠진 사람의 말을 들어보면 운동 중에 느껴지는 희열 때문에 멈출 수 없다고 한다. 이런 사람들은 도피 증상과 방어 행동 사이를 반복해서 오가는 스윙 패턴을 보인다. 어떤 것은 밀어내면서도 또 다른 것은 잡아당기는 현상이 일어나는데, 중독 상태가 깊어지면 원래 상처보다 중독 때문에 생기는 고통이 더 심각해서 무엇을 먼저 다루어야 할지 혼란스러운 경우도 발생한다.

내, 외부 고통 반응: 중독으로 사람들과 더 큰 관계의 어려움이 생김

고통을 잊기 위해 쾌락을 좇다가 중독에 빠지면, 아이러니하게도 더 큰 고통을 맛보게 된다. 먼저 가족들과의 관계, 재정 압박, 사회적 비난과 그로 인한 수치를 경험한다. 그러면 스스로를 더 강하게 방어하게 된다. 집에 누가 오는 것을 싫어하고 사람들의 입방아에 오르내리지 않기 위해 집에 칩거하면서 계속해서 자기를 방어하고 보호하며 살아가게 되는 것이다.

학대 때문에 하는 도피행동과 고통에 대한 반응들이 있는지 점검해 보라. 당신이 스트레스를 받을 때 무엇을 하는지 살펴보라. 물론 운동처럼 좋은 것일 수도 있지만 스트레스가 해소되기보다는 오히려 불안해지거나 자기도 모르게 그것에 빠져 희열을 느끼고 있는지 살펴보라는 것이다. 현대사회에 가장 많이 나타나는 것이 알코올 중독, 섹스 중독, 도박 중독이다.

한국 교회도 종교적 문제를 갖고 있는 사람(신비한 영적체험에 몰두하거나, 상식적인 선을 벗어나 초자연적인 것에만 몰두한다)을 믿음 좋은 사람으로 착각하는 경향이 많기 때문에 숨어 있는 종교 중독자들이 많을 것으로 생각된다. 잘 살펴보면 종교 중독자는 큰 차이가 있다. 신실한 그리스도인은 하나님의 은혜를 받은 뒤에 삶을 변화시키기 위해 노력하고, 지속적으로 자신의 내면을 돌아보며 성화와 성숙으로 나아간다. 하지만 종교 중독자들은 한편에서 경건한(열광적인) 모습으로 기도하지만 말씀에서 요구하는 삶의 변화가 없고, 이

중적(교회에서는 믿음 좋은 척하고, 가정과 사회에서는 늘 부정적이며 파괴적인 독설과 괴변을 늘어놓는다)으로 행동하면서 다른 사람을 비난하고 무시하는 폭력적이고 파괴적인 삶을 산다.

나 역시도 학대를 많이 경험했기 때문에 여러 가지 방어기제와 도피행동을 구사하며 살았다. 그래서 건강하지 않은 행동을 많이 했는데 중독 같은 경우는 강력한 에너지를 발산하기 때문에 벗어나기가 매우 힘들었다. 그러나 분명한 것은 포기하지만 않으면 회복될 수 있다는 사실이다.

타인의 거절로 인해 '거절하는 행동 증상

> 아담이 이르되 하나님이 주셔서 나와 함께 있게 하신 여자 그가 그 나무 열매를 내게 주므로 내가 먹었나이다(창 3:12).

사람은 혼자 살아갈 수 없다. 특히 어린 시절에는 부모와 중요한 타인으로부터 사랑받고 함께함으로 좋은 관계를 맺으며 성장해야 한다. 그런데 성장하면서 사람들에게 거절을 많이 당하게 되면, 자신을 싫어하고 다른 사람도 거절하며 살게 된다. 반대로 사랑받고 싶어서 다른 사람에게 집착하고, 다른 사람들이 원하는 사람이 되기 위해 노력하고, 자신의 인생을 살기보다는 남에게 지배당하며 산다.

자기 거절로 인한 타인 거절행동

사랑 대신 거절받게 되면 대부분 거절한 사람을 미워하고 그와 관계하지 않으려고 한다. 이것이 거절받은 상처를 가진 사람에게 가장 먼저 나타나는 타인 거절행동이다. 이 타인 거절행동은, 얼굴을 피하거나 눈을 마주치지 않거나 멀리서 보면 다른 길로 돌아가거나 싸늘하고 무뚝뚝하게 대하거나 대화를 회피하려고 하는 등의 모습으로 나타난다. 자신을 거절하고 싫어한 사람과 얼굴 생김새, 머리 스타일, 옷이나 소품, 말투, 행동이 비슷한 경우에도 똑같이 행동한다.

타인 거절행동이 있는 사람들은 더 이상 거절당하고 싶지 않아서 은둔형 외톨이로 지내며 대인기피증을 갖고 있다. 인간관계를 맺지 않으려 하기 때문에 냉혹하거나 냉소적으로 보이기 쉽다.

거절로 인한 자기 거절 증상

타인 거절 증상의 동반자처럼 나타나는 것이 자기 거절 증상이다. 은둔형 외톨이는 다른 사람을 거절하다가 나중에는 스스로를 거절한다. 이런 사람은 대부분 '나는 쓸모없고 잘못된 존재'라는 믿음이 강해서 시간관리나 재정관리, 건강관리에 무관심하고 자신를 싫어하고 비하하며 방치한다. 다른 사람에게 거절당한 것을 계속 곱씹으며 자신을 거절하는 것이다.

자기 비하가 심해지면 자책과 자학을 하게 되는데, 자기 몸을 때리거나 자신을 돌보지 않는다(잠도 안 자고, 먹지도 않고, 씻지도 않고, 아파도 병원에 가지 않는다). 이런 행동을 통해 자신이 쓸모없는 존재라는 것을 재확인하고 스스로를 더 고립시킨다. 자신을 사랑하지 않기 때문에 자학행동을 하며 자신에 대한 사람들의 평가에 귀 기울이고, 자신이 여전히 쓸모없는 존재라는 생각이 들면 또 다시 자신을 괴롭힌다.

한 자매는 푹푹 찌는 한 여름에도 긴 소매 상의와 긴 바지만 입고 다녔다. 상담을 통해 알게 된 사실은 자살을 시도했던 흔적과 볼펜으로 허벅지를 찌르고 살점을 뜯어낸 자학 행위의 상처를 가리기 위해 긴 옷을 입고 다닌 것이었다. 그는 아버지에게 폭력과 성적 학대를, 남자 친구에게는 성폭력을 당했고 그 때문에 몇 번이나 자살 시도를 했었다. 그리고 나와 만났을 때는 상태가 더 악화되어 자학을 통해 스스로를 파괴하고 있었다.

남의 눈을 쳐다보며 이야기하는 것이 어려워 선교단체에서 여러 사람과 함께 훈련을 받을 때도 이 자매는 철저히 혼자 지냈다. 혼자서 식사를 하고 간식은 몰래 숨어서 먹었다. 당연히 자신감도 제로였다. 안타깝게도 그는 자기 거절 증상의 전형적인 특징을 모두 보여주는 사례였다.

이런 사람들은 늘 자신을 슬픈 영화나 드라마, 슬픈 노래의 주인공처럼 생각한다. 음악도 버림받고 실연당하는 주제의 노래만 듣고, 그 노래에 감정이입하여 슬퍼하고 우울해하며 스스로를 괴롭힌다. 또한 이야기를 들을 때도 자신에게 초점을 맞추어 듣고 해석한다. 그래서 '저 사람 말은 전부 나 들으라고 하는 소리야. 저 사람은 나를 싫어해'라며 스스로를 정죄하며 자기 자신을 괴롭힌다. 자기를 겨냥해서 설교한다고 생각해서 목회자와 거리를 두고 친해지려 하지 않는 사람도 많다. 이 모든 것들이 자기 거절 증상의 특징이다.

자신을 파멸로 몰아가는 자기 거절 증상의 끝은 자살이다. 상담가들에 의하면, 자살하려는 사람은 반드시 미리 신호를 보낸다. '제발 나 좀 구해 달라!'는 SOS 신호를 보낸다는 것이다. 하지만 주변에서 이것을 알아차리지 못하고 무관심하면 결국 목숨을 끊는다. 물론 자살은 여러 가지 원인이 얽혀있겠지만, 가장 큰 부분을 차지하는 것은 스스로를 거절하고 포기하는 것이다.

자기 거절로 인한 지나친 애착, 집착

하지만 실제로 모든 사람에게 거절당하는 경우는 없다. 극히 소수라도 관심을 보이거나 친해지고 싶어서 다가오는 사람은 누구에게나 있다. 그런데 자기 거절 증상을 가진 사람들 중에는 이런 상대에게 과도하게 집착하는 경우가 있다. 처음에는 친구에게 집착한다. 동성이나 이성 친구를 졸졸 따라다니면서 모든 것을 같이 하려고 한다. 부모에게 버림받은 경우, 대부분은 배우자에게 집착한다.

자신을 이해해주고 마음을 달래주는 사람에게 착 달라붙어서 그 사람의 필요를 채워주고 더 나아가 그 사람이 요구하는 모든 것을 다 들어준다. 심지어 재산과 자기 몸(성적 순결)까지 바친다. 그렇게 해야 상대가 자신을 떠나지 않고 계속 사랑해줄 것이라 생각하기 때문인데, 나중에는 상대방의 감정까지 책임지려고 한다.

예를 들어 상대방이 슬퍼하면 자기 때문이라고 생각한다. 상대가 "다른 일 때문에 그렇다"고 해도 "그래도 나를 만났는데 기분이 안 좋아져? 웃어야지"라고 하면서 무리하게 감정을 변화시키려고 애쓴다. 모든 원인이 자신에게 있다고 생각하기 때문에, "너 때문이야"라는 대답이 나올 때까지 집요하게 말을 걸거나 질문하다가 상대를 화나게 하고 불쾌하게 만들어서 끝내 스스로를 거절당하게 만든다. 그래서 집착, 애착 증상의 사람들은 거의 대부분은 또다시 버림받는다.

현대 사회에서 자주 접하는 집착, 애착 증상이 있는데 바로 의부증, 의처증이다. 이 증상은 버림받은 경험이 있는 사람들에게 주로 나타난다. 계속해서 배우자의 모든 것을 자기가 책임지려 하고, 자기 앞에 붙잡아 놓고 통제하려 하고, 늘 보이는 곳에 있어야 하고, 늘 함께 있으려고 한다. 하지만 이런 증상은 배우자가 아무리 노력한다고 해도 나아지지 않는다.

이들은 함께 길을 가다가 우연히 만난 이웃과 인사만 나눠도 어떻게 알고 지내는지 의심하며 이상한 상상과 공상에 빠진다. 그러고는 '이 사람이 부정한 짓을 했을 거야'라는 심증을 갖고 집요하게 추궁하며 끊임없이 그 이야기를 한다. 견디다 못한 배우자가 홧김에 시인하거나 짜증이 나서 마음대로 생각하라고 하는 순간, 이 사람은 자기 생각이 맞았다고 확신하게 된다. 이와 같이 회복의 여지가 완전히 사라지는 시나리오로 흘러가기 때문에, 의부증과 의처증은 배우자의 노력만으로는 회복이 불가능하다.

이런 증상이 있다면 서둘러서 상담을 통해 치료를 받는 것이 좋다. 흔히 의부증, 의처증으로 고통받는 사람에게 "조금만 더 노력해봐. 시간이 지나면 회복될 거야"라고 권면하고 격려해서는 안 된다. 의부증과 의처증은 배우자가 고쳐줄 수 없고 진짜 원인이 되는 근본적인 문제를 찾아 처리해야만 한다. 그동안의 상담 사례를 살펴봐도 의부증과 의처증을 앓는 경우, 대부분 거절 증상을 갖고 있었다.

집착, 애착은 정말 무서운 증상이다. 스토커처럼 계속 쫓아다니면서 확인하려고 한다. 의부증, 의처증은 부부 사이의 이야기이지만 스토커는 남을 쫓아다니는 것이다. 연예인을 쫓아다니는 청소년들은 자기가 좋아하는 연예인의 스케줄을 다 꿰고 있다. 또한 이런 친구들 중에는 연예인이 손을 흔들어주는 것을 자신에게 하는 것으로 착각하는 아이들도 있다. 연예인을 쫓아다니기 위한 경비를 마련하기 위해 돈을 가장 쉽게 벌 수 있는 방법을 선택하기도 하는데 그것이 바로 성매매다.

이렇게 특별한 경우가 아니더라도 특정 대상에 강한 집착과 애착을 보이는 사람이 많다. 자녀에게 집착, 애착하는 사람은 아이를 자신의 전부로 삼아 배우자보다 더 깊은 애정의 관계를 맺는다. 이런 관계는 건강하지 않은 관계 유형으로 정서적 근친상간이라고 부르는데, 전문가들은 이런 관계가 아이들의 정체성 형성에 부정적 영향을 준다고 경고한다. 집착의 대상이 되었던 자녀들이 자꾸 (자신에게 집착했던) 부모와 비교하면서 다른 사람과 관계를 잘 맺지 못한다는 것이다. 일반적인 대인관계는 상황에 따라 다양한 반응을 보일 수 있는데 '우리 엄마(혹은 아빠)는 나한테 이렇게 해줬는데…'라는 생각 때문에 집착, 애착 관계의 영향력에서 벗어나지 못하는 것이다.

목회자들은 집착, 애착 증세가 있는 사람들과 관계할 때 신중하게 접근해야 한다. 목회자들이 주로 사람을 칭찬하고 격려하고 세워주는 역할을 하기 때문에 집착, 애착 증세가 있는 사람들 중에는 목회자에게 매달리는 이들이 많다.

집착 증세가 있는 사람들은 돈이나 섹스처럼 쉽게 뿌리치기 힘든 것들로 다른 사람을 자신에게 매달리게 하고 꼼짝 못하게 얽어매기 때문에 주의해야 한다. 한국 교회에는 이것에 대한 이해와 대책이 없이 경솔하게 사람을 만나다가 잘못된 목회자가 의외로 많다.

반려동물에게 자기보다 더 좋은 음식과 더 많은 것을 주고, 온갖 영양제를 제공하는 사람도 있다. 이들은 동물들이 병에 걸리면 자기 가족이 죽어가는 것처럼 생각해서 최고급 치료와 사료를 제공한다. 전 재산을 반려동물에게 쏟아붓는다. 집도 동물들이 넓은 방을 차지하고 주인은 구석에 쪼그리고 자는 경우도 있는데 이것도 집착, 애착 증세가 있는 사람들에게 많이 나타나는 것이다.

중요한 것은 대상이 누구든지 지나치면 안 된다는 것이다. 자기 거절 증상으로 나타나는 애착행동은 여러 문제가 복합적으로 얽혀 있어서 심한 경우가 많다. 타인 거절, 자기 거절, 집착, 애착이 계속 반복되고 움직이면서 증상이 더욱 깊어지기 때문에 대상에 따라 끊임없이 몰두하게 된다. 당신에게 나타나는 집착, 애착 증상이 있는가? 한시라도 빨리 전문가를 찾아가 거절감에 대한 근본 원인을 치유하고 회복하는 과정을 시작하기 바란다.

행동을 고치려는 시도를 멈춰라

그러므로 너희 죄를 서로 고백하며 병이 낫기를 위하여 기도하라 의인의 간구는 역사하는 힘이 큼이니라(약 5:16).
그러므로 사람이 의롭다 하심을 얻는 것은 율법의 행위에 있지 않고 믿음으로 되는 줄 우리가 인정하노라(롬 3:28).

이 증상은 대부분 사람들과의 관계에서 가장 많이 발생하는데 지금까지 살펴본 세 가지 부분이 조금씩 다르게 나타난다. 보상행동은 자기를 드러내고 높이는 것에 집착하고, 보호행동은 잊는 데 집착하며, 거절행동은 관계에 집착한다. 열심히 노력해서 다른 사람들에게 잘 보이려고 자기를 드러내는 것이 보상행동이라면, 보호행동은 고통을 피하기 위해 잊고 숨기고 아닌 척하는 것이며, 거절행동은 관계에 집착해서 혼자 고립되거나 어떤 사람에게 집착하는 것이다. 이와 같이 저마다 증상이 조금씩 다르기 때문에 회복하는 방법도 각기 다르다. 치유과정을 거치고 상담을 받았는데도 실제로는 조금도 변화되지 않는 까닭은, 이러한 각 증상의 차이를 구분하지 않고 일반적인 방법을 적용했기 때문이다.

지금까지 언급한 증상 중에 당신에게 해당하는 것이 있는가? 한 두 가지 비슷한 것이 있지만 선뜻 상처로 인한 문제 행동으로 생각하기에는 애매할지도 모르겠다. 그렇다면 다음의 질문을 던져보라.

"건강한 사람도 이렇게 행동하는가?"

물론이다. 건강한 사람도 똑같이 하는 행동들이 있다. 하지만 건강한 사람의 행동과 건강하지 않은 사람의 행동은 한 가지 부분에서 결정적인 차이가 있다. 그것은 바로 '스스로 인지하고 있는가?'의 여부다. 건강한 사람은 문제 행동을 하다가도 '내가 왜 이러지? 이러면 안 되겠다'라고 깨닫는다. 그리고 성경적인 방법으로 스스로를 연단하고, 교육과 훈련을 통해 지속적으로 자신을 변화시키며 안정감 있는 사람이 되려고 노력한다.

그러나 건강하지 않은 사람은 일부는 문제라고 인정하는 부분도 있지만 또 다른 부분에 대해서는 전혀 인식하지 못한다. 자신이 문제 행동을 반복하고 있다는 사실을 전혀 인식하지 못한다. 인식한다고 해도 그것을 바꿀 마음이 없거나 오히려 문제 행동을 강화한다.

어떻게 자신의 문제 행동을 반복하면서도 (남들은 다 아는데) 까맣게 모를 수 있을까? 고통에 대해 방어하거나 보호하는 행동 때문에 그럴 수 있다. 그렇다면 강박적으로 하는 행동을 찾아보면 되는데, 보상행동과 보호행동과 거절행동 모두 여기에 해당된다. 자신이 강박적으로 반복하는 행동에 대해 왜 그렇게 하고 있는지 근본적인 이유를 고민해 보라.

대부분의 경우, 우리는 문제 행동을 하는 사람에게 그렇게 하지 말라고, 다르게 바꿔보라고 충고한다. 하지만 무턱대고 행동만 바꾸라고 하면 안 된다. 행동은 눈에 보이지 않는 생각과 감정의 결과이기 때문에 행동만 바꾸려고 노력한다면 더 자괴감에 빠지고 더 많은 문제가 일어날 뿐이다. 그렇게 행동하게 하는 근본 원인을 찾아 고쳐야 한다. 그러므로 행동부터 바꾸려는 노력은 잠시 접어두고 자신에게 그런 문제가 있다는 사실을 인정해야 한다. '나는 그런 사람이다. 내가 그런 짓을 하고 있다. 그것은 죄이고 잘못이다.'

하나님 앞에 죄를 회개하고, (필요한 경우) 그것을 사람들에게 고백하고, 있는 그대로의 자기 모습을 인정해야 한다. 살다보면 누구나 그런 행동을 할 수 있다. 하지만 어떤 경우에는 그것이 죄가 되기도 한다. 하나님을 의지하지 않고 자기 힘으로 높아지려 하거나, 자신을 보호하기 위해 치유의 과정 대신 스스로를 고립시키고 방어하고 쾌락을 추구하거나, 거절 행위를 통해 다른 사람을 미워하고 자신을 정죄하거나, 사람들에게 위로 받으려고 집착하는 경우에는 먼저 이 모든 것이 죄라는 사실을 깨닫고 고백해야 한다. 그 후에 비로소 문제 행동의 원인이 내면의 상처라는 것을 받아들이고 감정과 생각의 치유 단계로 나아가게 될 것이다.

행동을 고치려는 노력도 분명히 필요하지만, 감정과 생각을 하나님의 관점으로 바라보며 변화의 발걸음을 내딛기 시작하면 자기도 모르게 행동이 바뀌는 것을 보게 될 것이다. 행동 증상도 고착화되고 삶의 패턴이 되기 때문에 이것을 바꾸려는 노력은 반드시 필요하다. 하지만 행동의 변화는 감정과 생각의 치유를 통해 어떻게 해야 할지 깨달은 뒤에 시작해도 된다는 것이다. 그러므로 가장 먼저 할 일은 행동 증상에 대한 부분을 하나님 앞에 고백하는 시간을 가져야 한다는 것이다.

죄이며 질병임을 인정하라

행동 증상이 죄이며 질병임을 인식하고 인정해야 한다. 하지만 대부분은 죄라고 인정하지 않고, 그냥 어려움을 극복하는 방법이었다고 이야기한다.

행동 증상은 하나님이 아닌 자신의 방법과 세상적인 것들로 아픔과 고통과 수치를 바꿔보려는 시도이기 때문에 죄다. 또한 이것은 자신과 다른 사람의 삶을 속박하고 중독 증상을 만들어내는 질병이기도 하다.

고백하고 도움을 요청한다고 우리의 삶이 즉시 변화되는 것은 아니다. 계속 하나님께 용서를 구하고 신뢰할 수 있는 사람들에게 고백하며 진리가 우리 안에 충만하도록 믿음으로 하나님의 은혜를 구해야 한다. 진정한 삶과 행동의 변화를 위해서는 경험으로 내재된 그릇된 거짓신념과 자아를 하나님의 것으로 변화시켜야 한다.

 **그룹 나눔**

자기 보상 반응에 대한 질문

① 사람들에게 어려움 당할 때 나는 어떤 공격적인 반응을 보이는가?

② 소극적인 공격을 하는가, 아니면 적극적인 공격을 하는가?

③ 공격적 증상 중에서 나에게 적용되는 부분은 무엇인가?

④ 본문에서 다룬 증상 중에 없는 다른 어떤 면을 가지고 있는가?

자기 보호 반응에 대한 질문

① 스트레스를 어떻게 풀고 있는가?

② 무엇으로 나를 보호하려고 하는가?

③ 무엇이 나로 하여금 이런 행동을 하게 하는가?

자기 거절 반응에 대한 질문

① 어려운 상황이 되면 나는 어떻게 자신을 거절하는가?

② 자신을 자학하는 행동들은 어떤 것이 있는가?

③ 나의 자아는 어떤 존재인가?

❹ 마음 이해하기

마음 이해하기

- 행동과 감정, 생각은 마음속에서 일어나는 현상들이다. 그래서 성경은 '마음을 새롭게 함으로 변화 받으라'고 이야기한다(롬 12:2). 사람이 변화되고 회복되려면 반드시 마음이 바뀌어야 한다.

마음의 기능과 역할

마음은 느끼고 생각하며 인지하고, 모든 분석과 평가와 판단과 결정이 이루어지는 곳이다. 마음이 생각과 감정, 그리고 행동을 하도록 결정(의지)하고 선택하여 추진한다. 마음은 영적 전쟁터다. 마음을 지배하면 사람을 지배할 수 있기 때문이다. 또한 마음은 인격의 중심이며, 인간관계에서 가장 중요한 의사소통의 핵심 요소다. 온전한 회복과 치유를 위해서는 반드시 마음이 새롭게 되어야 한다.

국제예수전도단(YWAM)의 탁월한 성경교사 탐 마샬(Tom Marshall)은 "마음은 우주에서 가장 전략적인 전쟁터다"라고 했다. 『실낙원』의 저자이자 영국의 위대한 시인 존 밀턴(John Milton)은 "마음(생각)은 그 자체만의 자리가 있는데, 그것은 지옥에서도 천국을 만들 수 있고 천국에서도 지옥을 만들 수 있다"고 했고, 영국의 대문호 셰익스피어(Shakespear)는 "원래 좋고 나쁜 것은 다 생각하기 나름이다"라고 했다. 그리고 사도 바울 시대의 인물인 그리스 철학자 에피클레투스(Epicletus)도 "인간을 방해하는 것은 사건이 아니라 그것을 받아들이는 그의 관점이다"라는 말을 남겼다. 이것은 곧 마음이 사람의 생명과 죽음을 선택하고 결정할 수 있는 가장 중요한 것이라는 이야기이다.

성경도 마음에 대해 여러 차례 언급하고 있는데, '생각, 감정, 의지(will)' 혹은 '영혼, 성품, 인격' 등의 의미로 사용하는 것을 볼 수 있다. 그 사용 횟수는 생각(mind)-204회, 감정(emotion)-166회, 의지(will)-196회, 영혼/성품/인격(personality)-257회이다. 그중에서 대표적인 구절 몇 개만 살펴보자.

마음은 생각

독사의 자식들아 너희는 악하니 어떻게 선한 말을 할 수 있느냐 이는 마음에 가득한 것을 입으로 말함이라(마 12:34).

예수님은 우리 마음에 가득한 생각이 언어를 통해 선한 것과 악한 것으로 나타난다고 말씀하신다. 마음은 선과 악을 담을 수 있는 그릇과 같다. 그렇기 때문에 "마음에 무엇을 담았는가? 마음속에 무엇이 있는가?"라는 질문은 매우 중요하다.

여호와께서 사람의 죄악이 세상에 가득함과 그의 마음으로 생각하는 모든 계획이 항상 악할 뿐임을 보시고(창 6:5).

사람은 마음을 통해 생각하고 계획하며 그것을 행동하므로 죄악이 세상에 가득하게 되었다. 세상에 가득하다는 것은 생각한 것을 의지적으로 결정하고 행동했다는 것이다.

만물보다 거짓되고 심히 부패한 것은 마음이라 누가 능히 이를 알리요 마는(렘 17:9).

마음은 거짓되고 부패한 것이다. 그러나 이것을 깨닫고 인식하는 사람이 그리 많지 않다. 참으로 간사하고 교묘하기 때문이다.

육신의 생각은 하나님과 원수가 되나니 이는 하나님의 법에 굴복하지 아니할 뿐 아니라 할 수도 없음이라(롬 8:7).

마음은 육신의 생각을 만든다. 이것은 하나님과 원수가 되어 그분의 법을 따르거나 순종하지 않고 늘 거역하게 하는 생각이다. 그래서 마음은 불순종의 근원이기도 하다.

마음에서 나오는 것은 악한 생각과 살인과 간음과 음란과 도둑질과 거짓증언과 비방이니 이런 것들이 사람을 더럽게 하는 것이요(마 15:19-20상).

마음은 악한 생각을 만들어내고 그 생각이 구체적인 행동으로 나타나게 한다. 사람을 타락하게 하는 것은 바로 자신의 마음이다.

너희는 유혹의 욕심을 따라 썩어져 가는 구습을 따르는 옛 사람을 벗어버리고 오직 오직 너희의 심령이 새롭게 되어 하나님을 따라 의와 진리의 거룩함으로 지으심을 받은 새 사람을 입으라(엡 4:22-24).

세상과 사탄은 늘 마음을 유혹한다. 사람의 마음은 유혹에 약하고 넘어지기 쉽다는 말이다. 또한 마음은 욕심을 따라 썩어져 가는 구습을 따르게 한다. 그래서 사도 바울은 이런 마음을 벗고 새로운 마음(생각)을 입으라고 권면한다.

그러므로 너희 마음의 허리를 동이고 근신하여 예수 그리스도의 나타나실 때에 너희에게 가져다 주실 은혜를 온전히 바랄지어다(벧전 1:13).

마음은 새롭게 할 뿐만 아니라 늘 깨어 원수의 공격과 세상의 유혹을 경계하며, 주님이 다시 오실 때까지 잘 관리하고 보호해야 할 대상이다.

우리의 싸우는 무기는 육신에 속한 것이 아니요 오직 어떤 견고한 진도 무너뜨리는 하나님의 능력이라 모든 이론을 무너뜨리며 하나님 아는 것을 대적하여 높아진 것을 다 무너뜨리고 모든 생각을 사로잡아 그리스도에게 복종하게 하니(고후 10:4-5).

마음은 견고한 진을 만들고 이론을 내세워 하나님을 대적한다. 하나님 앞에서 스스로를 높여서 그분을 대적하는 것이다. 그래서 모든 그리스도인에게는 이런 마음을 깨뜨리고 그리스도께 복종하게 할 의무와 사명이 있다.

대저 그 마음의 생각이 어떠하면 그 위인도 그러한즉 그가 네게 먹고 마시라 할지라도 그의 마음은 너와 함께 하지 아니함이라(잠 23:7).

사람은 마음속으로 하는 생각을 좇아 살아가게 되어 있다.
'어떤 생각을 하느냐?'가 '그가 어떤 사람인가?'를 결정한다는 것이다.

감정과 생각, 그리고 행동

상처받고 마음속에 아픔이 있는 사람들은 거칠고 파괴적인 행동을 반복한다. 억압된 감정이 강할수록 행동도 거칠어지고 반복적이 된다. 억압되고 손상된 감정은 자신이 긍정적 혹은 부정적으로 생각하는 것들에 대해 행동을 강화하고 더 많은 에너지를 발산하는 것으로 반응하고 표현된다.

감정은 자신이 직면한 상황을 어떻게 해석하고 평가하며 판단하는가에 따라 달라진다. 고통스러운 상황에서 벗어나거나 그로부터 상처받지 않으려고 본능적으로 자신을 보호하거나 높이려 하기 때문이다. 이것은 반드시 감정과 행동으로 나타나게 되어 있다. 그래서 우리는 감정 상태를 통해 자신이 고통과 아픔에 어떻게 반응하는지를 알 수 있고 그것을 통해 자신의 내면에 감춰진 '핵심 감정'이 무엇인지 인지하는 것이다.

그러나 대부분의 사람들은 감정을 무시하려는 경향이 강하다. 감정을 무시하는 것은 그 감정을 일으키는 생각을 무시하는 것이다. 이런 사람은 자기 자신을 올바로 평가할 수 없어서 더 혼란스럽게 되고, 자신이 무슨 생각을 하고 어떤 감정을 느끼고 있는지 정확하게 이해하지 못하거나 아예 모르는 상태가 된다. 물론 다른 사람을 이해하는 것도 어렵다.

반복적으로 나타나는 특정 감정이 어디에서 시작되고, 그 감정으로 인해 자신이 어떤 생각과 행동을 하게 되는지 명확히 인식해야 한다. 강렬한 감정을 갖게 되는 생각들(사건들)은 대부분 자신을 '사랑받지 못하고 인정받지 못하는 쓸모없는 사람'으로 인식하게 한 과거의 상황에서 비롯된 것이다. 감정을 올바로 다루지 않으면, 자신의 참된 가치를 왜곡시키는 거짓 사고로 인해 상처 안에 갇히게 된다.

타인의 평가나 자신의 행동을 통해 더 나은 존재로 보이려고 하는 모든 시도를 멈추는 것은 치유와 회복의 여정에서 매우 중요하다. 그럴 때 창조주 하나님이 우리를 존귀한 사람으로 인정하고 사랑해 주시는 경험을 하게 되는데, 바로 이 경험이 우리의 온전한 회복을 이끌어낸다. 또한 주위 사람들이 '당신은 아름답고 소중한 사람'이라고 말해주고 지지와 격려를 보내며, 지속적인 사랑을 표현하는 것도 치유와 회복으로 나가는 열쇠가 된다(감정 표현과 고백). 그러므로 회복을 위해서는 무엇보다 먼저 마음을 이해하는 것이 중요하다.

감정이란 무엇인가?

감정은 익숙하고 자연스러운 것으로 삶에서 매우 중요한 역할을 감당한다. 그런데 우리는 무지와 무관심으로 감정을 오해하고 억압할 때가 많다. 감정을 잘 이해하면 자신의 행동과 생각을 알 수 있기 때문에 먼저 감정이 어떤 것인지 명확하게 아는 것이 중요하며 그럴 때 치유도 잘될 수 있다.

먼저 우리가 '감정'이라고 부르는 것부터 살펴보자.

감정은 생각과 과거의 경험에 연결되어 있다

모임 장소에 뱀이 나타났다고 생각해보자. 대부분의 사람들은 뱀을 보는 순간 난리법석을 떨 것이다. 뱀을 혐오하고 두려워하기 때문이다. 혹여 그 가운데 뱀을 사탄이라고 생각하는 그리스도인이 있다면 "사탄아, 물러가라!"라고 영적전쟁을 선포할지도 모르겠다.

우리가 뱀을 두려워하는 것은 뱀에게 물리면 죽거나 큰 상처를 입고 고통스러울 거라고 생각하기 때문이다. 뱀 자체가 아니라 뱀에 대한 자신의 생각 때문에 두려움과 공포로 반응하는 것이다. 그런데 거기에 전직 '땅꾼'이 있었다면 어떻게 행동했을까? 적어도 무서워서 비명을 지르며 공포로 넋을 잃지는 않을 것이다. 어쩌면 소리를 지를 수도 있을 텐데, 그것은 공포에 질린 비명이 아니라, 기쁨의 환호일 것이다. 그에게 뱀은 돈벌이 수단이기 때문이다.

지금까지 그는 뱀 덕분에 행복하게 살았다. 뱀을 잡아 가족을 부양하고 자녀들을 공부시킬 수 있었다. 이런 사람이 뱀을 보고 무서워할까? 아마도 예전의 현역 땅꾼 시절을 떠올리며 반가워했을 것이다.

우리는 내재되어 있는 과거의 경험으로 우리가 평소에 맞닥뜨리는 여러 가지 상황들을 해석하고 판단한다. 그런데 바로 이 과정에서 감정을 느끼게 되는 것이다. 현재 상황과 관련해서 부정적인 경험을 갖고 있다면 부정적인 감정을 느낄 것이고, 긍정적인 경험을 갖고 있다면 긍정적인 감정을 느낄 것이다. 과거의 경험으로 판단하고 해석하기 때문에 어떤 상황에서는 계속해서 부정적인 감정만 느끼고, 또 다른 상황에서는 부정적인 일인데도 긍정적인 감정을 느낀다. 그래서 상담가들은 항상 내담자의 감정을 먼저 확인하기 위해 무엇을 어떻게 느끼는지 물어본다. 감정만 알아도 그 사람이 어떻게 행동할지, 어떤 생각을 하는지, 어떤 과거를 갖고 있는지 알 수 있기 때문이다.

감정은 하나님께서 창조하신 것이다

하나님이 이르시되 빛이 있으라 하시니 빛이 있었고 빛이 하나님이 보시기에 좋았더라 하나님이 빛과 어둠을 나누사(창 1:3-4).

성경은 창세기 1장에서부터 하나님이 감정을 갖고 계시며 그 감정을 적극적으로 표현하는 분임을 보여준다.

기쁨은 어떤 감정인가? 빛을 만들고 하나님이 느끼신 기쁨은 어떤 생각과 연결되어 있을까? '잘되고 있구나. 내가 기대한 만큼, 아니 그 이상으로 잘되고 있다'는 생각과 연결된다. '빛을 만들어야겠다'라고 생각하고 "빛이 있으라"라고 말했더니 빛이 생겼다. 너무나 멋지고 아름다운 빛을 보며 '와! 멋지다'라고 생각하자 기쁨의 감정을 느낀 것이다.

우리도 마찬가지다. 머릿속으로 구상하며 기대했던 것이 멋지게 구현되었을 때 우리는 기쁨과 행복, 즐거움을 느낀다. 이와 같이 감정은 생각으로부터 나온다.

하나님이 감정을 갖고 계신 분이기에 그분의 형상을 따라 지음받은 우리도 감정을 갖고 있다. 그 안에는 우리를 향한 하나님의 뜻과 계획, 의도가 담겨 있다. 그래서 우리는 감정을 통해 하나님의 관점이 무엇인지 살펴봐야 한다. 우리에게 감정을 주신 하나님의 뜻과 의도는 무엇인지, 어떤 감정을 언제 어떻게 사용해야 하는지에 대해 그분의 분명한 목적과 의도를 알아야 한다.

모든 감정은 (분노까지도) 하나님의 의도와 목적대로 사용하면 좋은 것이다. 하지만 그와 다르게 사용하면 여러 가지 문제가 생기고 파괴적인 현상이 벌어질 수 있다. 감정은 하나님이 주신 것이다.

감정에도 좋은 것과 나쁜 것이 있는가?

좋은 감정은 어떤 것이고 나쁜 감정은 어떤 것인가? 대부분의 사람들은 기쁨과 즐거움과 행복과 사랑 같은 것을 좋은 감정으로, 분노와 두려움과 걱정과 질투 같은 것을 나쁜 감정으로 여긴다. 그런데 세상에는 살인을 저지르고 기뻐하며 행복해하는 사람이 있다. 누군가에게 복수할 날만 꿈꾸다가 마침내 이루고 희열과 흥분을 느끼는 사람도 있다. 반사회적 인격장애를 갖고 있는 사이코패스(psychopathy)들에게나 해당되는 이야기 같겠지만, 정상적인 사람에게서도 이런 모습이 나타날 수 있다.

어린아이가 부모의 지갑에서 돈을 훔쳐 과자를 사 먹는다. 부모가 이 사실을 알아채지 못했다면 아이는 맛있는 과자를 먹으며 기뻐하고 행복해할 수 있다. 사람들은 기쁨을 무조건 좋은 감정이라고 생각하지만, 나쁜 생각과 나쁜 행동에서 비롯된 기쁨은 분명히 나쁜 감정이며 잘못이다.

좋은 감정과 나쁜 감정은 감정 자체가 아니라 무슨 생각(동기)과 (성경적 진리에 기반을 두고) 어떻게 행동하는가에 따라 결정된다. 하나님의 관점에서 옳고 그분의 목적과 의도에 부합되는 것이라면, 분노와 두려움, 슬픔과 미움, 적개심도 좋은 감정이 된다. 어떤 사람이 욕설을 퍼부으며 어린아이를 마구 구타하고 있다. 그 모습을 바라보는 당신의 마음속에 분노가 치밀어 오른다. 매를 맞는 이유는 모르지만 어쨌든 어린아이를 욕하고 때리는 것은 잘못된 일이기에 분노를 표현해서 그 행동을 멈추는 것은 옳은 일이다. 그러므로 이런 경우에는 분노도 좋은 감정이 되는 것이다.

감정 자체는 도덕적 판단의 대상이 아니다. 감정의 옳고 그름을 판단할 수 있는 기준은 (그 상황에 대한) 하나님의 뜻이다. 또한 성경에 기록된 하나님의 말씀 안에서, 사람이 정한 법의 테두리 안에서, 일반적이고 상식적인 선에서 허용되는 감정이라면 괜찮은 것으로 여겨도 무방하다.

객관적으로는 즐겁고 좋은 감정이지만 잘못된 생각과 잘못된 행동에서 나온 것이라면, 파괴적이고 잘못된 감정과 연결될 수 있다. 그러므로 감정 자체가 아니라 그 동기와 의도를 먼저 살펴야 한다. 파괴적인지, 건설적인지, 진리를 행하는지, 죄와 거짓을 행하는지 따져봐야 옳고 그름을 판단할 수 있다.

하나님의 명확한 목적 안에서 모든 감정은 좋은 것이다. 감정은 하나님이 의도하신 목적과 뜻을 달성하는 힘이다. 문제는 우리가 감정을 오용하고 남용한다는 것이다. 하나님은 우리가 감정을 통해 그분을 찾고 만나고 의지하도록 계획하셨다.

하지만 사람들은 하나님을 찾는 것이 아니라 자신의 뜻을 이루고 욕구를 채우는 데 감정을 사용했다. 자기 힘으로 감정을 통제하며 억압하려고 하다가 오히려 감정에 사로잡혀 살게 되었다. 이것이 상처 입은 사람들의 특징이다.

감정은 에너지다

감정을 나타내는 단어 'emotion'은 라틴어 'e-motus'에서 유래했는데, '움직이다(move)'라는 뜻의 'movere'이라는 어근에서 파생되어 'energy in motion'의 뜻을 갖고 있다. 감정이 '행동하고, 움직이게 하는 에너지'라는 뜻이다. 감정은 계속해서 에너지를 만들어 낸다. 분노는 폭발적인 에너지를 동반하는 감정이다. 평소에는 유약하던 사람이 분노하면 모든 것을 뒤엎고 박살낸다. 반대로 두려움은 신체를 사로잡는 에너지를 발생시켜 몸을 움츠러들게 만든다.

감정 자체도 에너지를 만들지만, 생각을 통해서도 감정이 일어나며 에너지가 발생한다. 생각을 통해 보상과 보호, 거절행동에 필요한 에너지를 공급하는데, 예를 들면 '열심히 노력해서 내 필요를 채워 주지 않고 무시했던 사람들을 가만두지 않겠어!'라는 생각이 계속해서 보상행동을 부추기는 것이다.

원 감정과 이차 감정이 있다

어떤 일로 분노하게 되었다. 그런데 분노 때문에 수치심이나 죄책감을 느끼게 되는 경우가 있다. "그리스도인이 분노하는 것은 잘못된 일이야! 분노하면 안 돼!"라는 메시지 때문에 죄책감을 느끼거나 '이렇게까지 화를 내다니 너무 창피해'라는 생각으로 수치심을 느끼는 것이다.

이런 경우, 분노를 원 감정이라고 하고 (분노로 인한) 수치심과 죄책감을 이차 감정이라고 한다. 원 감정을 명확하게 이해하면 이차 감정으로 발전하는 것을 줄일 수 있는데, 회복과정에서 이것을 분별할 때 더욱 효과적으로 치유와 회복이 일어날 수 있다.

감정은 시공간을 초월한다

몇십 년이 지났는데도 기억을 통해 당시에 느꼈던 감정이 되살아나는 경우가 있다. 감정은 기억을 통해 시공간을 넘어 그대로 부활한다. 그래서 우리는 감정을 통해 과거의 특정 상황에 무슨 일이 있었으며, 당시 우리가 어떤 상황에 있었는지 볼 수 있다. 또한 당신이 어떤 사건으로부터 어떤 영향력을 받았고, 그 영향력이 당신을 얼마나 오랫동안 사로잡고 있었는지, 그리고 아직 처리하지 못한 부분이 무엇인지도 볼 수 있다.

어떤 상황이 되거나 어떤 말을 들었을 때 반복해서 동일한 (부정적이고 파괴적인 결과를 가져오는) 감정을 느끼는 것은, 당신에게 아직 처리하지 못한 과거의 상처들이 남아 있고 그 상처가 당신에게 영향을 주고 있다는 것이다. 감정은 과거의 상처로 연결되는 통로인 동시에 그 상처를 처리하고, 처리되었는지 알 수 있는 도구다. 그러므로 하나님의 목적을 기준 삼아 자신의 감정을 살펴보면, 빠른 시간 안에 그것을 하나님의 관점으로 변화시킬 수 있다.

기억된 감정이 주는 영향력

기억된 감정은 과거에 생긴 것이다. 이 감정을 처리하지 않으면 특정 상황이 될 때마다 과거의 것을 현재로 가져와 (그 기억의 영향을 받은) 행동하도록 우리를 강하게 밀어붙인다. 일반적인 감정보다 내재된 기억의 감정은 훨씬 더 강한 폭발력을 갖고 있다. 아무런 감정도 느끼지 않는 상태였다가도 상황이나 기억에 의해 갑작스럽게 반응하게 된다. 이것은 과거의 경험에서 얻은 신념과 믿음체계 때문에 나타나는 현상으로 신념과 믿음체계를 바꿔야만 처리할 수 있다.

처리되지 않은 감정과 그 영향력이 불쑥 나타날 때, 대부분의 사람들은 기분전환으로 그것을 잊거나 없애려 한다. 실제로 그런 감정을 느끼고 있는데도 부인하고 억압하는 것이다. 하지만 기억된 감정과 그로 인해 겪는 어려움은 그런 것으로 막을 수 없다.

내재된 감정은 사람의 행동과 사고에 영향을 미친다. 부정적인 감정에 사로잡히게 되거나 파괴적인 삶을 살게 되고, 어떤 경우에는 질병이 악화되기도 한다. 또한 사람들과의 관계가 망가지고 다른 사람을 온전하고 건강하게 이해하는 데 어려움을 겪게 한다.

각각의 행동 증상과 연결되어 있는 핵심 감정

결핍과 보상행동은 분노, 학대와 보호행동은 두려움, 거절과 거절행동은 상실감과 연결된다(상실감은 거절감을 포함하는 포괄적 감정이라고 볼 수 있어서 상실감으로 표현했다). 그리고 세 가지 원인과 세 가지 행동 그리고 세 가지 감정은 모두 수치심과 연결되어 있다. 수치심이 분노와 두려움과 상실을 만들 수도 있고 반대로 분노와 두려움과 상실이 수치심을 만들 수도 있다. 그래서 수치심의 감정은 반드시 다뤄야 한다. 수치심이야말로 핵심 감정 중에서도 가장 핵심적인 감정이라고 볼 수 있다. 이것이 일반적으로 상처받은 사람들에게 나타나는 삶(행동, 감정, 사고)의 패턴이다.

세 가지 행동 증상과 네 가지 핵심 감정

상처의 원인	행동 증상	핵심 감정	핵심 생각
결핍	보상행동	분노	필요, 욕구 채워져야 해 / 기대, 생각대로 되어야 해 가치, 존재 높아져야 해
학대와 외상	보호행동	두려움	넘 고통스러워… / 보호해 줄 사람이 아무도 없어 힘, 권위가 없어
거절	거절행동	상실, 거절	난 버려졌어 / 함께하는 자가 없어 또 버림당할 거야
원인, 행동, 감정, 생각 모든 것이 수치심			누가 날 알면 / 난 쓸모없는 존재야 괜찮은 존재가 되려면

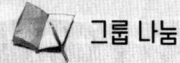 **그룹 나눔**

① 당신은 내적 치유의 과정에서 다뤄야 하는 행동과 감정, 그리고 생각(마음)은 어떤 것이 있는지 생각해보고 나눠라.

② 하나님이 우리에게 감정을 주신 목적에 대한 당신의 생각을 나눠라.

③ 당신에게 가장 큰 영향을 주는 감정이 무엇이며, 어떻게 해야 할지 나눠라.

❺ 결핍으로 인한 감정 — 분노

결핍으로 인한 감정, 분노

- 하나님은 의로우신 재판장이심이여 매일 분노하시는 하나님이시로다(시 7:11).

분노에 대한 오해와 잘못된 인식

분노란 좋은 것인가, 나쁜 것인가? 좋은 것일 수도 있고 나쁜 것일 수도 있다. 모든 것이 그렇지만, 원래 하나님께서 만드신 목적대로 사용되면 좋은 것이고 그렇지 않으면 나쁜 것이기 때문이다.

먼저 분노라고 하는 감정이 무엇인지부터 생각해보자. 분노는 다음과 같이 다양하게 정의할 수 있다.

- 상처를 입히거나 모욕을 받을 때 유발되는 강한 열정, 불만족의

감정, 통상 적대감(리암 웹스터 사전).
- 분노는 강력한 감정이다. 한번 터지면 파괴하고 숨기면 내적으로 그 대가를 치러야 한다고 말한다(랠프 스피스의 책 『나의 감정을 어떻게 다룰까?』).
- 신경질, 좌절, 고통 그 밖의 불만족을 유발하는 사건의 반응.
- 실망, 상처, 거부감, 당혹스러움 같은 감정을 모두 포함하는 감정 다발.
- 사물과 사람이 자신과 다른 사람을 불공평하게 대한다고 믿을 때 느끼는 감정, 생각, 신체의 긴장.

대부분의 사람들은 분노를 부정적인 감정으로 인식하고 있다. 분노가 파괴적이고 나쁜 감정이기 때문에 마음에서 없애버려야 한다고 생각한다. 분노가 화를 풀기 위해 소리 지르거나 물건을 부수는 행위라고 생각해서, 화가 나면 큰소리로 노래를 부르거나 인형을 때리고 공을 내던진다.

자신이 생각한 것, 기대한 것을 다른 사람들이 만족시켜주지 못했을 때 화내는 것은 당연하며, 그 사람에게 자신에게 상처를 주고 실망시킨 만큼의 대가를 치르게 해야 한다고 생각한다.

내가 싫어하는 일을 하고 내게 합당한 대우를 해주지 않는 것에 대해 화를 내는 것은 어떤 경우에는 필요한 일이다. 하지만 화내는 것을 당연하게 여기거나 상대방에게 반드시 대가를 치르게 해야 한다는 생각에는 문제가 있다.

그리스도인들의 경우, 믿음이 있으면 분노하면 안 된다고 생각하는 경향이 많다. 분노는 믿음 없음의 증거이며 하나님 앞에 범죄하는 악한 행위라는 것이다. 그래서 이런 사람들은 분노할 때마다 회개하고 자책하며, 아예 분노가 일어나지 않게 해달라고 간절히 기도한다. 분노는 마음에 죄가 가득하기 때문에 혹은 귀신의 영향을 받고 있기 때문에 나타나는 것이라고 믿는 사람도 있고, 이스라엘 백성의 이집트 탈출을 이끌었던 지도자 모세가 가나안 땅에 들어갈 수 없었던 것도 그가 분노와 혈기를 부렸기 때문이라고 생각한다. 그래서 그리스도인들이 천국에 들어가거나 하나님이 사용하시는 사람이 되기 위해서는 분노를 마음속에서 사라지게 해야 한다고 믿는다.

하나님은 매일 분노하신다

먼저 하나님의 관점에서 분노를 살펴보자. 하나님도 분노하실까? 그렇다. 성경에는 (분노하시는 하나님의 모습을 비롯해서) 분노에 대해 여러 번 언급한다.

선교단체에서 처음 대학생 사역을 할 때의 일이다. 학생과 간사 삼십 명 정도가 함께 숙식하면서 훈련받는 프로그램을 진행하는데 마땅한 장소가 없어서 이곳저곳을 떠돌며 훈련을 진행했다. 겨우 훈련은 마쳤지만 그 과정에서 무리를 한 간사들이 병이 나서 아프게 되자 나는 리더로서 마음이 무거웠다. 그리고 얼마 후, 일반인을 대상으로 하는 훈련 프로그램을 시작하면서는 지난번에 겪었던 집 없는 설움을 다시 겪지 않기 위해 여러 사람의 도움을 받아 훈련센터를 짓기로 결정하고 공사를 시작했다.

당시에 나는 사실 건물 공사 같은 큰일을 맡을 만한 상황이 아니었다. 둘째 아이가 태어난 지 얼마 안 되었기 때문에 산후조리 중인 아내를 돕고 엄마 대신 첫째 아이를 보살펴야 했다. 설상가상으로 당시 우리집은 건축 현장에서 차로 이동해도 한 시간이나 떨어진 곳에 있었다. 그런데도 나는 아침 일찍 집을 나섰다가 밤늦게 집에 돌아오며 건축을 도왔다. 안팎으로 힘든 시간이었지만 훈련센터가 생긴다는 기쁨 때문에 참고 열심히 일했다.

마침내 건물을 완공하고 지부 주관으로 도움을 준 분들을 모시고 훈련센터 봉헌예배를 드리게 되었다. 그날 모인 많은 사람들을 보면서 나는 내심 '대학생 사역을 감당하면서 또 이렇게 열심히 센터 건축을 도왔으니 지부 책임자도 내 수고를 모른 척하지는 않겠지? 오늘 같은 날 여기 모인 사람들 앞에서 나를 소개하고 칭찬해 주면 좋겠다'라는 마음이 들었다. 하지만 지부 책임자는 칭찬은커녕 내 이름조차 언급하지 않았고 나는 점점 마음이 불편해졌다. 모든 순서를 마치고 축하객들이 돌아간 뒤 행사 마무리를 위해 모든 간사들이 모였다. 그런데 지부 책임자가 다른 사역 간사들은 그냥 돌아가고 훈련 담당 간사들이 청소와 정리를 해주면 좋겠다고 하는 것이 아닌가? 공로를 인정해주지 않아 가뜩이나 마음이 불편했던 나는 "왜 훈련 담당 간사들에게만 뒷정리를 떠맡기는 겁니까?"라며 따졌다.

지부 책임자는 "이곳은 훈련센터이니까 마땅히 이곳에서 훈련을 진행할 담당 간사들이 청소해야 하지 않을까요?"라고 되물었다.

나는 지지 않고 반박했다.

"물론 이 건물은 훈련센터입니다. 하지만 센터 봉헌식은 지부에서 주관한 지부 차원의 행사이고, 간사들 모두가 함께한 자리였으니 다 같이 청소해야 하지 않을까요?"

지부 책임자는 끝내 내 의견을 받아들이지 않았다. 속이 부글부글 끓고 있는데, 지부 책임자의 비서 역할을 하는 젊은 남자 간사의 투덜대는 소리가 들려왔다.

"청소는 훈련을 담당하는 사람들이 해야지 왜 같이 하자는 거야?"

분노가 폭발하기 일보직전이었던 나는 그 말을 듣자마자 이성을 잃고 그 간사를 폭행하고 말았다. 나는 곧바로 징계위원회에 회부되었고 사역을 그만둬야 할 상황이 되었다. 그 와중에 지부 책임자는 내게 더 심한 상처를 주었다.

"요나단 형제가 분노하는 건 마음속에 악한 것이 있어서 그런 거야. 그 악한 것을 빨리 제거해야 해. 어쩌면 형제 안에 귀신이 역사하고 있는 건지도 몰라."

그는 분노가 대부분 악한 것의 역사이며, 배후에는 죄나 사탄이 있다고 이야기했다. 치유 사역에 대해 공부하기 전이라 지부 책임자가 한 말을 온전히 분별할 수 없었던 나는 극심한 혼란에 빠지게 되었다. 사역자 신분으로 일으킨 폭행 사건 때문에 죄책감과 낙담에 빠져있는데 그의 무지하고 무책임한 말은 더 큰 고통과 스트레스를 안겨주었다.

얼마 후, 징계위원회에서 4주 동안 하나님 앞에서 혼자만의 시간을 가지면서 죄와 분노에 관한 문제를 정리한 뒤 사역으로 복귀하라는 조치가 내려졌다. 리더들의 명령에 따라 혼자 기도원에 올라가 하나님 앞에 앉았지만 분한 마음이 풀리지 않았다.

"하나님. 사람을 때린 것은 명백한 잘못입니다. 그 행동을 죄로 인정하고 회개합니다. 하지만 저는 아직도 지부 책임자를 이해할 수 없습니다. 저는 그가 정말 밉습니다."

그렇게 4주를 보내고 아무것도 정리되지 않은 채 나는 훈련센터로 돌아가 사역에 임했다. 하지만 이런저런 이유로 훈련 프로그램은 잘 진행되지 않았고 (나만의 착각이었지만) 동료 간사들이 뒤에서 수군대며 내 흉을 보는 것 같아 사역은커녕 함께 지내기도 힘든 지경이 되었다. 결국 나는 사역을 내려놓기로 결정하고 주변의 조언에 따라 훈련을 받으러 호주로 떠났다.

외국생활을 해본 사람이라면 영어를 잘 못하는 사람이 외국에서 사는 것이 얼마나 어렵고 힘든 일인지 잘 알 것이다. 무작정 떠난 호주에서 내 삶이 그랬다. 선교단체 베이스에서 생활하는데 영어를 못하니까 늘 말이 필요없는 일, 즉 잔디 깎고 청소하고 땅을 파는 육체노동만 하게 되었다. 자존심이 무너지고 절망만 가득한 날들이었다.

'내가 여기서 뭐하고 있는 거지? 회복은커녕 마음만 더 힘들어지는데 여기 계속해서 있어야 하는 건가? 그런데 여기를 떠나면 이제 어디로 가야 하지?' 분노와 스트레스만 더 쌓여갔다.

그러던 어느 날, 성경을 읽다가 뒤통수를 한 대 맞은 것같은 충격을 받았다. '성경에 이런 말씀이 있다니' 하는 탄식이 나올 만큼 말씀 한 구절이 내 마음속에 역사한 것이다. 정말로 심장을 뒤집어놓는 것 같은 말씀이었다. 그것이 바로 시편 7편 11절의 "하나님은 의로우신 재판장이심이여 매일 분노하시는 하나님이시로다"는 말씀이다.

이 말씀을 읽는 순간 갑자기 그동안 내 마음을 사로잡고 있던 의문들이 하나둘 풀리기 시작했다. '나는 가끔 분노하지만 하나님은 매일 분노하신다.' 이것은 지부 책임자가 내게 했던 말과 완전히 상반되는, 도무지 말이 안 되는 소리였다. 그렇다면 하나님의 마음속에 귀신이 있어서 분노하신다는 말인가? 하나님이 죄 때문에 분노하신다는 것인가? 이 구절의 진정한 의미는 무엇인가? 도대체 거룩하고 의롭고 완벽한 하나님이 어떻게 매일 분노하실 수 있다는 말인가?

하나님은 왜 분노하시는가?

성경을 계속해서 살펴보면 하나님이 매일 분노하시는 이유를 알 수 있다. 이 구절에 의하면 하나님은 의로우신 재판장이시다. 재판장은 범죄 여부를 판단하고 얼마만큼의 형벌을 받아야 할지 가늠하며, 범죄자에게 합당한 죗값을 치르게 하는 사람이다. 이것은 분노가 죄와 연결되어 있다는 것을 말해준다. 하나님은 죄와 잘못된 것을 바로잡기 위해, 빨리 돌이켜 거룩하게 살라고 매일 분노로 징계하신다.

성경에서 하나님이 분노하시는 장면을 자세히 살펴보면, 하나님은 단 한 번도 "아침에 일어났는데 그냥 기분이 나쁘네"라며 분노하신 적이 없으셨다. 그분의 분노는 모두 죄와 불법, 거룩하지 않은 것과 연결되어 있었다.

출애굽기 32장을 보면 이스라엘 백성이 시내산에서 큰 죄를 짓는 장면이 나온다. 이집트 노예생활에서 구원해주신 하나님 앞에서 금송아지 우상을 만들고 섬긴 것이다. 하나님은 이스라엘 백성의 우상숭배에 극도로 분노하셨고, 그들을 모두 징계하고 멸절시키겠다고 선언하셨다. 이때 이스라엘의 지도자 모세가 하나님께 나아가 용서해달라고 기도한다.

분노는 죄와 잘못된 것을 바로잡기 위해 발휘되는 강력한 에너지인 동시에 하나님의 속성이자 그분의 성품이다. 또한 하나님은 이 성품을 당신의 형상으로 지은 사람에게 주셨다. 그래서 사람도 죄와 잘못이라고 생각하거나 판단할 때 혹은 그런 것을 봤을 때 분노하는 것이다. 하나님이 우리에게 분노를 허락하셨다는 말이다. 공의롭지 못한 것, 옳지 않은 것, 거룩하지 않은 것, 거짓으로 불법을 행하는 것을 바로잡고자 하는 열정과 하나님의 마음(성품)을 우리에게 주신 것이다. 문제는 우리가 그분의 뜻대로 분노하지 않는다는 것이다.

하나님은 의로운 재판장이며 사람의 중심, 즉 마음의 동기를 보고 판단하시는 분이다. 그분의 분노는 정당하다.

그러나 사람들은 그렇지 못하다. 마음속 동기와 의도를 잘 알지 못하는 문제의 한계를 가지고 있다. 마음을 헤아리지 않고 자기 생각대로 남의 옳고 그름을 판단한다. 그렇기 때문에 우리는 먼저 왜 그랬는지, 어떤 의도로 했는지, 마음은 어떤지 서로 묻고 확인하는 것이 꼭 필요하다. 누가 봐도 죄라는 것을 알 수 있는 행동도 있지만, 아무리 살펴봐도 판단하기 힘든 행동도 있다. 이런 것들은 반드시 그 이유와 동기를 확인하고 판단해야 한다.

분노는 의로 나아가게 하는 하나님의 속성과 열정

분노는 잘못된 것이 아니다. 오히려 분노는 거룩하고 온전하게 하나님의 뜻을 행하며 살도록 도와주는 것이다. 분노는 거룩함과 의로움과 진리로 나아가게 하는 하나님의 속성과 열정이다.

만약 분노라고 하는 감정이 없다면 어떤 일이 벌어질까? 잘못이 있어도 잘못되었다고 지적할 수 없다. 진리와 거룩함과 공의의 기준이 무너지고 세상은 엉망진창이 될 것이다. 그나마 부족한 인간의 분노라도 있기 때문에 잘못된 것을 거부하며 세상을 변화시키고 지금 상태로 유지할 수 있는 것이다. 잘못된 것을 멈추게 하는 에너지가 바로 분노에서 나온다.

반대로 잘못을 보고 분노하지 않는 것은 내면에 문제가 생겼다는 신호다. 진리와 거룩함과 온전함에 대해서 무감각해진 것이다. 우리는 악하고 잘못된 것에 대해 분노해야 한다. 그것은 죄책감을 느낄 필요가 없다. 그리스도인 중에는 '예수 믿는 사람이 이런 감정을 느끼면 안 되는데…'라며 분노에 대해 죄책감을 느끼는 사람이 많다. 그러나 잘못된 것에 대한 분노로 그것을 통해 상대방을 사랑으로 징계하고 교정할 수 있다면, 이런 분노는 좋은 것이다.

한국 교회는 오래 전부터 분노하면 안 된다고 가르쳐왔다. 그러나 분노하지 않으면 공의가 사라진다. 의로운 행동을 할 수 없고 죄와 거룩하지 않은 것에 무디어진다. 분노해야 죄가 죄인 줄 알고 잘못이 잘못인 줄 알게 된다. 그런데 이 분노에 대한 하나님의 의도가 교회에서 사라지고 있다. 이 땅에 거룩함이 사라지고 그 자리에 죄와 불법이 만연한 것은, 거룩한 분노가 교회에서 사라지기 시작하고, 교회가 죄와 타협하면서부터다. 분노는 잘못된 것을 바로잡기 위한 하나님의 방법이고 뜻이며 계획이다. 우리는 하나님이 다시 한 번 그리스도의 몸 된 교회에 분노를 허락하셔서 거룩과 공의가 회복되도록 기도해야 한다.

하나님이 원하시는 공의로운 분노 때문에 세상에서 피해를 보는 경우도 있다. 세례 요한은 헤롯 왕에게 동생의 아내를 취하는 것이 옳지 않다고 직언한 것 때문에 죽임 당했다(마 14:4). 예수님은 자신이 하나님의 아들이며 안식일의 주인이라고 말씀하신 것 때문에 십자가에서 죽임을 당하셨다. 그러나 이 죽음을 통해 하나님의 공의가 세워지고 구원의 은혜가 임하게 되었다. 거룩하고 공의로운 분노가 하나님의 뜻과 영광을 위한 것이라 해도 세상이 여전히 악하기 때문에 (세상적으로) 그 결과가 꼭 좋을 수만은 없다.

정리

- 하나님의 분노는 그분의 백성들이 불법을 행하고 진리와 거룩함에서 벗어날 때 일어난다.
- 분노는 잘못된 것을 바로잡기 위한 하나님의 성품이다.
- 하나님의 분노에는 잘못된 길에서 진리로 돌이키게 하려는 의도가 있다. 그분의 성품이 거룩하기 때문이다. (거룩은 죄와 구별된다.)
- 하나님의 성품인 진리와 거룩함을 행하려는 속성이 우리 안에 있다. 그래서 분노는 악한 것이 아니라 사회의 변화와 개혁을 위한 큰 힘이 된다.
- 성경은 분노의 잘못된 행동과 결과가 죄라고 말하며, 분노를 받아들이고 마음에 품는 것에 대해 경고한다.
- 예수님은 '저희 마음의 완악함을 근심하사 노하심으로 저희를 둘러보시고' 안식일에 손 마른 사람을 고치는지 지켜보는 자들에게 화를 내셨다 (막 3:5). 예수님의 분노는 이기적이지 않고 의로움을 행하는 것이었다. 잘 조절되었고, 폭발이나 격분이 없었다.
- 분노는 의로움과 거룩함, 인간에 대한 사랑에 기반해야 한다.
- 분노는 무엇인가 잘못되었다는 느낌에서 비롯된다.
- 분노는 인간이 타락했지만 여전히 공의에 관심이 있음을 보여준다.
- 분노는 타락의 증거가 아니라, 하나님의 의를 가진 고결한 존재라는 증거이다.
- 인간은 의로운(거룩한) 분노보다는 자신의 욕구를 위해 분노한다.
- 인간은 억압과 상처로 인해 손상된 자신을 위해서만 분노하게 되었고 파괴적인 행동을 하게 되었다(파괴적인 행동은 죄).
- 분노의 해결 방법은 채움받지 못하고 결핍된 것, 손상된 욕구를 사람의 힘이 아니라 하나님에게서 채움받는 것이다.

심리학에서 말하는 분노의 원인

본능적 욕구, 필요의 결핍

모든 사람에게는 먹고, 자고, 쉬고 싶은 기본적인 욕구와 다른 사람들로부터 사랑과 인정과 칭찬을 받고 싶은 욕구가 있는데, 이것을 채움받지 못하면 분노하게 된다.

주말에 야근 때문에 무척 피곤한 몸으로 집에 돌아왔다. 그래서 가족들에게 "너무 피곤해서 좀 잘 거니까 조용히 해줘"라고 부탁을 하고 방에 들어가 침대에 누워 잠을 청한다. 그런데 밖에서 쿵쾅거리는 소리, 음악 소리, TV 소리, 이야기하는 소리, 다투는 소리가 들린다. 차분한 목소리로 "제발 조용히 해줄래!"라고 부탁하고 잠을 청하는데, 또 다시 소란스럽다. 이번에는 좀 더 큰 목소리로 "얘들아, 시끄러워! 여보. 아이들 좀 조용히 시켜줘!"라고 말한다. 그럼에도 불구하고 계속 소란스럽다면 어떻게 되겠는가? 말하지 않아도 상상할 수 있을 것이다.

사람에게는 누구나 사랑받고 인정받고 싶은 욕구가 있다. 사랑은 마음에 안정감을 주고 풍성하게 한다. 만약 가족 간에 사랑과 인정, 칭찬이 없다면 어떻게 될까? 아내는 남편에게 "사랑해. 난 당신밖에 없어"라는 말을 죽을 때까지 듣고 싶어 할 것이다. 그런데 이런 말을 듣지 못하거나, 배우자가 다른 사람이나 대상에게 사랑을 쏟는다면 어떻게 될까? 사실 모든 부부 갈등은 배우자가 자신보다 다른 것을 사랑한다고 생각하는 마음 때문에 일어나는 것이다. 자녀들도 마찬가지다. 부모가 "내가 너를 사랑한다"라는 메시지를 말과 행동으로 표현할 때, '내가 사랑받고 있구나'라고 느끼면서 평안하고 안정된 마음을 유지할 수 있다. 하지만 우리는 이와 같은 필요와 욕구가 채워지지 않으면 분노하게 된다.

사람은 반드시 기본적인 욕구와 필요를 풍성히 채움받아야 한다. 누군가가 그렇게 해주지 않으면, '사랑하지 않는구나. 무시하는구나. 인정해주지 않는구나'라고 생각하면서 그에게 분노하는 것이다. 지부 책임자가 개인적으로, 그리고 남들 앞에서 내 고생과 공로를 인정하고 칭찬해줬다면 나도 폭행 사건까지는 일으키지 않았을 것이다. 만약 그가 칭찬받고 인정받고 싶은 내 욕구를 채워주기만 했다면 자청해서 "마무리 청소는 우리 훈련 담당 간사들이 합시다"라고 이야기했을지도 모른다.

정리

- 본능적 필요가 상대에게 잘 전달되지 않았거나 무시당할 때(먹을 것과 입을 것을 제공받고, 보호받고 사랑받을 필요의 결핍).
- 사랑과 인정의 욕구와 필요가 채워지지 않고, 오히려 반대 형태의 학대와 상처가 올 때.
- 자기 계발 욕구와 계획을 방관하거나 무시하거나 비난하거나 이해해주지 않을 때.
  ex) 집안일을 거들어달라는 요구를 자녀들이 알아주지 않을 때, 배우자가 개인적인 문제를 대화로 해결하기 원하는 바람을 무시할 때, (교인이) 기도하며 한 일에 대해 사역자들이 칭찬하고 인정해주기 바랐는데 알아주지 않을 때, (사역자들이) 교인들의 신앙성숙과 교회 발전을 위한 계획을 세웠는데 다들 방관하거나 이해하지 못할 때.
– 정당한 욕구를 표현하되 모든 것이 항상 채워져야 한다고 생각하지 말라.

신념의 보존, 생각의 무시

사람은 누구에게나 기대하는 것이 있다. 부모님에게, 목회자에게, 배우자에게, 자녀에게, 친구들에게 갖는 기대가 있다. 문제는 자신의 기대가 당연히 채워져야 한다고 생각한다는 점이다. 그래서 자신의 기대를 채워주지 않는 사람이 잘못되었고 옳지 않다고 생각한다. 즉, 기대가 채워지지 않고 무시당할 때 분노한다는 것이다. '어머니를 도와드리면 칭찬받을 거야. 지난번보다 성적이 잘 나왔으니 아버지가 칭찬해주실 거야'라고 기대한다. 하지만 부모님은 나를 칭찬해주지 않았고 기대한 대로 이루어지지 않으니 당사자는 짜증나고 실망스럽다. 짜증과 실망은 분노의 또 다른 표현이다. 기대했던 것이 채워지지 않을 때 사람들은 (강한 분노가 아니더라도) 서운해하며 짜증을 내고, 계속해서 채워지지 않을 경우에는 분노를 폭발시킨다.

나에게도 기대하는 바가 있었다. 산후조리 중인 아내와 갓 태어난 둘째 아이를 뒤로 하고 왕복 2시간이 넘는 거리를 오가며 수고했으니 당연히 공식 석상에서 공로를 인정해줄 거라 생각했다. 하지만 그 기대가 무산되고, 평소의 내 생각과 다르게 행동하는 지부 책임자의 '지도자는 이렇게 해야 한다'는 말을 들으면서 상처와 실망과 낙심이 생겼던 것이다. '저 리더는 왜 그럴까? 왜 모든 영광을 자기가 받지?'라는 생각으로 불쾌했는데, 마지막 청소도 우리가 하라는 말에 발끈하고 말았다. "도대체 나를 뭘로 생각하는 거야? 리더가 어떻게 그럴 수 있지? 왜 우리를 이렇게 불공평하게 대하는 거야?"

정리

- 내가 믿는 바를 다른 사람들이 인정하지 않고 무시할 때.
- 자신의 기대가 이루어지지 않을 때.
- 자신의 생각과 가치관이 무시당할 때 존재에 대한 무시로 받아들인다.
- 자신이 옳다고 생각하는 의견, 신념, 욕구를 받아주지 않는다고 느낄 때 갈등한다.
  ex) 의견을 나눴는데 쓸모없고 바보 같은 생각이라고 매도당할 때.

존재와 가치의 손상

존재와 가치가 무시당할 때 사람은 분노하게 된다. 부당한 대우를 받거나 사람을 깔보고 '갑질'하는 것을 보면 화가 난다. '돈이 없다. 지위가 낮다. 능력 없다'는 말에 화가 난다. 당신이 밤새 작성한 보고서를 직장 상사가 '쓰레기!'라며 집어던진다고 생각해보라. 마음이 상할 것이다. 노력한 것은 알아주지 않고 결과만 갖고 부정적으로 판단하면 화가 난다. 이유없이 왕따시키고, 놀리며 비난하면 화가 난다. 이런 일들은 모두 생각이나 존재와 연결되며, 분노는 이런 일로 마음이 아프고 모멸감을 느낄 때 나타나는 현상이다.

분노의 원인은 모두 결핍과 관련이 있다

지금까지 소개한 문제들은 모두 결핍과 관련되어 있다. 결핍이 발생할 때, 즉 받고 싶고, 누리고 싶고, 듣고 싶은 것을 채움받지 못했을 때, 기본적으로 누려야 하는데 누리지 못했을 때 분노가 일어난다는 것이다. 채움받아야 하고, 칭찬들어야 하는데 안 되면 조금씩 분노가 쌓이다가 어느 순간 누군가가 작은 원인이라도 제공하면 폭발하고 마는 것이다. 이것이 바로 분노의 핵심이다.

최근에 당신은 어떤 일로 분노했는가? 자신의 필요 때문에, 자신의 기대가 무너져서, 자기 가치를 인정받지 못해서 분노했을지도 모른다. 그러면 이런 것을 주지 않은 사람에게 화를 낼 수 있는가? 그렇다. 필요을 채워줘야 하는 것으로 화가 났다면 화가 났다고 말하는 것은 죄가 아니다. 문제는 파괴적인 행동으로 분노하면서 자신의 필요를 채우려고 하거나 그 당사자가 아닌 다른 사람에게 화를 낼 때 문제가 된다는 것이다. 그 사람에게 정당한 방법으로 행동하고 표현하는 것을 배워야 한다. 과거의 상황으로 돌아가 자신의 상한 마음을 말하는 것으로 올바르게 감정을 표현하도록 해야 한다. 이것이 과거를 직면하는 것이며 치유와 회복의 출발이다.

분노는 하나님의 진리(거룩함)가 우리 안에서 살아 역사하는 것과 내 욕구를 스스로 채우려고 하는 것이 계속 다툼을 일으키는 것이다.

이기적인 욕구(생각)는 분노를 만들어내고 영적인 문제를 일으킨다

그렇다면 어떤 생각들이 사람을 분노하게 만드는 가?
첫 번째는 내 필요와 욕구는 마땅히 채워져야 한다. 두 번째는 내가 생각하고 기대하는 대로 되어야 한다. 세 번째는 내 가치와 존재가 높아져야 한다. 이 세 가지가 분노를 일으키는 핵심 생각들이다. 한마디로 '나는 풍족해야 하고 높아져야 하며, 모든 것은 내 마음과 생각대로 되어야 한다'는 것이다. 많은 사람들이 이런 생각 때문에 남의 필요를 채워주려 하지 않고, 다른 사람을 이용해서 자기가 원하는 바를 이루려고 한다.
우리는 바로 이 부분을 다뤄야 한다. 내면에 자리잡은 잘못된 생각이 자신을 괴롭히고 다른 사람을 파괴하며, 하나님의 의도와 상관없이 그분의 뜻을 거스르는 분노를 일으킨다. 그래서 결국에는 하나님의 자리에 앉아 자신이 생각하고 원하는 대로 움직이게 하고, 그들로부터 섬김을 받아 높아지려는 영적인 문제까지 만들어낸다.

분노를 유발하는 내면의 생각과 말

분노와 관련된 생각과 말에는 이러한 것들이 있다.
- 아직 내 욕구와 필요가 채워지지 않았어. 나는 반드시 이것을 채우고 말거야.

- 다른 사람의 생각은 전부 틀렸어. 내 생각이 옳아. 내 생각대로 되어야 해.
- 이것들 봐라. 나를 무시해? 가만 두지 않겠어. 그러려면 내가 더 높아져야 해. 내 가치를 인정받아야 해.
- 사람들은 나를 귀중한 존재로 여기지 않아. 나를 하찮은 존재로 취급하네. 반드시 복수할 거야.
- 아무도 나를 이해해주지 않아. 나를 이해시키고 내 생각을 관철시키기 위해서 나는 더 강하고 더 능력 있는 사람이 될 거야.
- 나를 그렇게 취급하다니 정말 기분 나빠. 언젠가는 후회하게 만들어줄 거야!

분노의 영적인 문제

분노는 자기가 원하는 것을 받지(듣지 못하고 경험하지) 못한 결핍으로 인해 고통받은 마음의 표현이다. 그래서 분노하는 사람들은 자신의 필요가 원하는 대로 채워지고, 자신이 생각한 대로 되어야 한다는 생각으로 살아간다. 때문에 자신 스스로를 하나님의 자리에 올려놓고 마치 자신이 하나님처럼 행동하는 영적 문제를 발생시킨다. 또한 사람들이 자신이 원하는 대로 움직이며 필요를 채워주어야 하고, 자신은 다른 사람들보다는 가치가 높고 귀하게 대접받아야 하기에 자신보다 연약한 사람을 핍박하고 멸시하고 조롱하면서 다른 사람에게 결핍을 주는 삶을 살게 된다.

하나님께서 원하시는 삶, 순종하는 삶, 영광을 돌리면서 그분을 높이는 삶을 살기보다는 자신이 영광을 받고 높아지기를 바라며 기도하는 것을 즉시로 응답하고, 원하는 것을 채워주고 풍성한 삶을 살도록 해주셔야 한다는 기복적이고 물질적인 세속적 신앙관을 가지고 살아가게 된다. 따라서 자리나 위치 혹은 물질이든 자신을 높일 수 있는 것을 숭배하면서(본인들은 그렇게 생각하지 않겠지만) 온 삶을 그것에 집중한다. 그렇기 때문에 하나님이 원하시는 진정한 영적인 복이 무엇인지, 어떤 삶을 살아야 하는지를 깨닫지 못하고, 성령의 능력이나 은사 혹은 직분이나 일에 있어서 성공과 실패에 대한 부분을 강조하는 신앙관이 생기게 된다.

- 스스로를 하나님(주인, 주권자)으로 생각하며 살아간다.
- 자신의 기대와 생각대로 행동해야 하며, 자신이 인정받고 높임 받는 것에 집중한다.

분노 회복 과정에 필요한 요소

과거에 채움받지 못해 받은 상처를 하나님과 사람에게 말하기

욕구와 필요를 채움받지 못했거나, 기대와 생각을 무시당했거나, 가치를 손상 입었던 것과 관련된 어린 시절의 상처와 분노를 표현하는 것이다. 단, 관련된 사람에게 실제로 하는 것이 아니라 과거의 기억 속에서 하는 것이다. 이것이 바로 직면이다. 치유과정에서 이 시간은 매우 중요하다. 직면을 통해 감춰진 상처와 아픔이 무엇인지 알 수 있고 떠나보낼 수 있기 때문이다.

먼저 어린 시절 받지 못한 것, 듣지 못한 것, 채움받지 못한 것을 주님께 말씀드려라. 물론 주님은 당신이 얼마나 아파하고 힘들어했는지 알고 계신다. 하지만 우리의 마음은 그와 상관없이 아직도 과거의 상처와 아픔에 매여 있을 수 있다.

그 다음 (당신에게 상처준 사람을 생각하면서) 그 사람 때문에 당신에게 아픔과 상처, 분노가 있다고 이야기하라. 상처준 사람에게 그의 잘못을 이야기하는 것이기에 이것은 '공의로운' 분노다. 그러므로 그 사람 때문에 상처받은 모든 것을 이야기해야 한다. 실제로 그 사람을 찾아가서 이야기하라는 소리가 아니다. 아직 감정적으로 어려운 상태에서 상처준 사람을 직접 대면하면 더 큰 어려움과 상처가 생길 수 있다. 먼저는 기억 속에 있는 그 사람에게 이야기하라. 그리고 당신의 아픔과 상처를 신뢰할 수 있는 치유 공동체에서 나눠도 좋다.

이 과정을 혼자서 통과하는 것은 그리 바람직하지 않다. 혼자서 해결할 수 없는 문제이기 때문에 그렇다. 당신 이야기를 들어주고 받아줄 사람 (혹은 그룹)에게 나누면 큰 도움이 될 것이다. 물론 당신 이야기를 경청해주고 비밀을 지켜줄 수 있는 사람(들)이어야 한다.

다시 한 번 강조하지만 직면은 기억 속에서 하는 것이 원칙이다. 실제 사람과 직면하려면 많은 준비 과정이 필요하다. 직면을 했다면 그를 이해하고 용서하도록 하라. 용서는 마음을 치유할 수 있도록 허락하는 하나님의 은혜이다. 필요한 과정을 충분히 거치고 감정적인 문제를 해결한 뒤, 정말 자유로워졌다면 (그래도 필요한 경우에만) 상처준 사람을 찾아가 말해도 좋다. 하지만 상처준 사람에게도 당신을 만날 준비가 필요하다. 만약 준비가 되지 않았다면 만나지 말라. 기억 속의 직면은 앞으로 언급하게 될 감정적 문제들을 처리하는 과정에서도 해야 하는 작업이다.

어린 시절 결핍되었던 것을 주님께 채움받기

분노는 채움받지 못한 결핍에서 일어난다. 그래서 분노의 문제를 갖고 있는 사람은 자기밖에 모르는 인색한 삶을 살게 되는 것이다. 채움받는 것만이 해결책이다. 제일 먼저 주님으로부터 조건 없이 채움받아라. 그분은 풍성한 분이시다.

> 나의 하나님이 그리스도 예수 안에서 영광 가운데 그 풍성한 대로 너희 모든 쓸 것을 채우시리라(빌 4:19).

주님은 우리의 필요를 풍성히 채우시며 또 채우실 수 있는 분이다. 그분이 우리의 필요를 채워주실 때까지 기다리는 것이 필요하다. 하지만 우리는 기다리지 못하고, 자신의 자원이나 세상적 방법으로 채우려고 애쓴다. 우리가 주님으로부터 채움받지 못하는 것은, 대부분 그분을 앞질러 행동하거나 스스로의 노력으로 얻으려고 하기 때문이다. "그(아브라함)가 이같이 오래 참아 약속을 받았느니라"는 말씀에 귀기울이기 바란다(히 6:15).

우리에게는 하나님보다 먼저 움직이지 않는 훈련이 필요하다. 인스턴트와 패스트푸드에 익숙해 있는 우리는, 기도하면 바로 응답받아야 한다는 조급증에 걸려 있다. 결핍으로 분노하는 사람도 마찬가지다. 즉시 무엇인가 이뤄져야 한다고 생각한다. 주님이 채워주실 때까지 기다려라.

앞에서 나눈 것처럼 나는 어린 시절부터 많은 결핍을 겪은 사람이다. 하나님은 그런 나를 재정적인 부분에서 채우고 돌보심으로 회복시켜 주셨다.

선교단체 사역과 교회 사역을 병행한 적이 있었다. 월요일부터 금요일까지는(경우에 따라서는 토요일에도) 선교단체에서 일하고 주일에는 지역 교회에서 교육부서 전도사로 섬겼다. 주일 하루만 사역하는데도 하나님의 은혜로 내가 담당한 부서가 많이 성장하게 되었다. 그러자 교회에서 사역을 더 맡아달라고, 시간을 더 투자해서 학생들을 관리해 달라고 더 많은 요구를 하기 시작했다. 선교단체 사역자이기 때문에 교회 사역은 주일밖에 할 수 없다는 것을 사전에 합의한 상태였는데도, 그렇게 해주면 더 많은 사례비를 주겠노라고 했다. 교회는 다양한 경로를 통해 나를 설득하려고 했다. 그때 나는 내가 받는 사례비가 '헌신에 대한 내 마음'이나 '주님이 채워주실 것에 대한 믿음'을 흔드는 유혹이라고 생각했다. 그래서 앞으로는 교회에서 사례비를 받지 않고 자원봉사하기로 결정한 뒤, 하나님께 기도했다. "하나님, 이제부터는 교회에서 사례비를 받지 않겠습니다. 하나님께서 공급해 주십시오." 주님만 의지하기로 결정한 것이다.

주님은 내가 기도한 대로 채우시고 공급하셨다. 내게 필요한 것보다 더 많은 것을 주셨다. 내가 섬기는 곳은 월급이 없는 자비량 선교 단체다. 오직 주님이 공급하시는 것으로만 살아야 한다. 하지만 사역을 시작한 지 26년이 흐른 지금까지도 주님은 (온갖 경제 불황 속에서도) 우리 가족의 필요를 공급해주셨다. 주님은 단 한 번도 나를 실망시키지 않으셨다.

주님이 직접 주기도 하시지만, 사람들을 통해 필요한 것을 공급해주신다. 그러면서 기다리는 것과 사람을 의지하지 않는 것을 배우게 하신다. 물론 하나님께서 그렇게 하라고 말씀하시는 경우에는 사람들에게 연락해서 필요를 요청하기도 한다. 하지만 대부분은 주님이 응답하시기를 기다린다. 우리 주님은 채워주시는 하나님이다. 결핍으로 상처받은 우리의 마음을 그분의 칭찬과 격려, 확언의 음성으로 채워야 한다.

당신을 "나의 사랑하는 자녀 나의 기뻐하는 자"라고 부르시는 그분의 음성을 들어보라(요 3:17). "내가 너를 잠잠히 사랑하며 기뻐한다"는 말씀도 마찬가지다(습 3:17). 이와 같은 하나님의 음성을 끊임없이 듣고 마음속 깊이 간직해야 한다. 주님은 어제나 오늘이나 변함없으시며 온전하신 분이시다(히 13:8).

하나님 앞에 머물면서 그분과 관계하는 훈련(성경 읽기, 설교 말씀

듣기, 묵상, 하나님의 음성을 듣는 법, 중보기도 등)을 통해 자신이 어떤 존재인지 깨닫기 바란다. 그리고 그 말씀을 마음에 선포하고 확증하며 믿음으로 받아들여라. 주님은 우리를 이끄시는 분이다. 그리고 여러 가지 과정과 훈련도 함께해야 한다. 예수 그리스도의 제자로서 말씀의 진리를 기준 삼아 옳고 그름을 분별하는 훈련이 필요하다.

하나님께 받은 것 나누기

주님께 받은 다음에는 나눠야 한다. 결핍으로 인한 분노의 치유는 감정뿐 아니라 생활의 변화까지 이어져야 한다. 결핍은 사람을 인색하게 만든다. 인색함을 깨뜨리고 결핍의 삶에서 벗어나려면 나누는 훈련이 필요하다. 그냥 주고 거저 나누는 것이다. 하나님은 사람을 통해 채우시기 때문에 나눠주는 자는 축복의 통로와 근원이 된다.

> 범사에 여러분에게 모본을 보여준 바와 같이 수고하여 약한 사람들을 돕고 또 주 예수께서 친히 말씀하신 바 주는 것이 받는 것보다 복이 있다 하심을 기억하여야 할지니라(행 20:35).

주는 것에는 하나님의 복이 따른다고 말씀하신다. 결핍과 그로 인한 분노를 가진 사람은 받는 것을 복이라고 생각하지만, 진정한 복은 내게 다른 사람과 나눌 것이 남아 있다는 사실이다.

내가 기뻐하는 금식은 흉악의 결박을 풀어 주며 멍에의 줄을 끌러 주며 압제 당하는 자를 자유롭게 하며 모든 멍에를 꺾는 것이 아니겠느냐 또 주린 자에게 네 양식을 나누어 주며 유리하는 빈민을 집에 들이며 헐벗은 자를 보면 입히며 또 네 골육을 피하여 스스로 숨지 아니하는 것이 아니겠느냐 그리하면 네 빛이 새벽 같이 비칠 것이며 네 치유가 급속할 것이며 네 공의가 네 앞에 행하고 여호와의 영광이 네 뒤에 호위하리니 네가 부를 때에는 나 여호와가 응답하겠고 네가 부르짖을 때에는 내가 여기 있다 하리라(사 58:6-9상).

치유는 나누고 돌봐주고 감싸주며 행복과 기쁨을 느낄 때 급속도로 일어난다. 치유받기 원한다면 당신은 반드시 주린 자, 상한 자, 굶주린 자를 돌봐야 한다. 서로를 축복하며 함께 나아가야 한다. 한두 사람이 함께하는 것도 좋지만 보다 많은 사람들이 함께할 때 더 큰 효과를 가져올 수 있다. 사도행전의 초대교회 모습이 바로 그랬다.

믿는 무리가 한마음과 한 뜻이 되어 모든 물건을 서로 통용하고 자기 재물을 조금이라도 자기 것이라 하는 이가 하나도 없더라… 그중에 가난한 사람이 없으니 이는 밭과 집 있는 자는 팔아 그 판 것의 값을 가져다가 사도들의 발 앞에 두매 그들이 각 사람의 필요를 따라 나누어 줌이라(행 4:32, 34-36).

치유는 혼자가 아니라 함께하는 것이다. 상처를 치유할 때도 누군가 함께해야 하고 함께할 믿음의 공동체도 필요하다. 주고받는 것이

체질화된 공동체는 풍성함을 경험하게 한다. 이것이 가정과 교회에서 일어나고 문화가 되어야 하는데 사실 쉬운 일은 아니다. 하지만 반드시 이런 것을 추구하는 치유와 회복의 공동체가 여러 곳에서 일어나야 한다는 것이다.

돈과 물건을 나눠라. 칭찬과 격려와 고마운 마음을 전하고, 다른 사람의 필요를 기억하고 먼저 채워줘야 한다. 사람들의 기대를 채워주고, 생각을 들어주고 인정해줘라. 그들의 가치를 높여줘라. 남에게 대접받고 싶은 대로 먼저 남을 대접하라(마 7:12).

사람들의 필요를 채워주면서 그들이 마음 깊은 곳에서부터 기뻐하고 감격할 때까지 계속 섬겨라. 이것이 삶의 일부가 될 때 온전한 회복이 일어날 것이다.

감정표현과 기도에서 그치면 안 된다. 그것이 마음에 들어와 자리 잡고 삶이 될 때까지 계속 절차를 밟아야 한다.

자족하기

치유를 위해 또 하나 필요한 것은 자족하는 마음이다.

자족하는 마음이 있으면 경건은 큰 이익이 되느니라 우리가 세상에 아무것도 가지고 온 것이 없으매 또한 아무것도 가지고 가지 못하리니 우리가 먹을 것과 입을 것이 있은즉 족한 줄로 알 것이니라 부하려 하는 자들은 시험과 올무와 여러 가지 어리석고 해로운 욕심에 떨어지나니 곧 사람으로 파멸과 멸망에 빠지게 하는 것이라 돈을 사랑함이 일만 악의 뿌리가 되나니 이것을 탐내는 자들은 미혹을 받아 믿음에서 떠나 많은 근심으로써 자기를 찔렀도다(딤전 6:6-10).

끝없이 채우려는 욕심은 결국 멸망을 가지고 온다. 부족했던 것이 채워지고 풍족해질수록 더 큰 미혹을 받아 믿음에서 떠나게 되며 많은 근심이 생길 수밖에 없다. 그래서 적당히 누리면서 자족할 줄 알아야 한다. 풍부에 처할 줄도 알고, 비천한 마음도 가져야 한다.

자신을 위해 갖고 있는 것을 풍족히 사용하는 것도 결핍으로 인해 분노하는 사람들이 배워야 할 부분이다. 결핍이 있는 사람들이 자기 자신을 위한 소비를 사치와 낭비로 생각하기 때문이다.

살다 보면 회복 과정 중에도 여전히 부족하고 없을 때가 있다. 그러면 겸손히 주님께 구하고 기다리며, 사람들에게 필요를 말하고 함께 채워주고 채움받는 삶을 살아야 한다. 때로는 주님께서 주시지 않고 응답하지 않으시는 것도 은혜임을 알아야 한다. 그분은 가장 적절하게 우리를 인도하시는 하나님이시기 때문이다.

공의, 진리 안에서 상식적인 것 배우기

일상생활에서 기초적이고 상식적인 진리를 말씀을 통해 배워야 한다. 요즘 한국 교회에는 비상식적인 믿음생활을 하는 사람이 많다. 불법과 편법을 행하면서 하나님의 복을 기대하고 기도하는 사람들이 그 대표적인 경우다. 이단도 비상식적인 것을 진리로 믿게 해서 자기 자신과 가정과 사회까지 파괴한다. 그러므로 우리 모두는 공의와 진리, 거룩함이 상식이 되도록 말씀 안에서 새로워져야 한다.

분노 요약 도표

상처의 원인	행동 증상	핵심 감정	상처로 인한		영적 문제	회복 훈련 과정
			내적 생각			
결핍	보상 행동	분노	필요, 욕구 채워져야 해 기대, 생각대로 되어야 해 가치, 존재 높아져야 해		내가 하나님	하나님께 받는 훈련 받은 것 나누는 훈련 스스로 자족하는 훈련

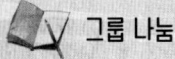 **그룹 나눔**

① 당신은 본능의 욕구, 신념의 욕구, 가치의 욕구 중에서 어떤 것을 채움 받지 못했는가?

② 과거에 처리하지 못한 분노가 있다면 어떤 것인가?

③ 당신은 어린 시절에 분노를 어떻게 처리했는가? 그리고 지금은 어떻게 처리하고 있는가?

④ 욕구와 기대와 가치 중에서 어떤 것이 결핍될 때 가장 강력한 분노가 나타나는가?

❻ 학대와 외상으로 인한 감정 - 두려움

학대와 외상으로 인한 감정, 두려움

- 사랑 안에 두려움이 없고 온전한 사랑이 두려움을 내쫓나니 두려움에는 형벌이 있음이라 두려워하는 자는 사랑 안에서 온전히 이루지 못하였느니라(요일 4:18).

두려움의 올바른 이해

많은 사람들이 이런 질문을 한다.

"학대받은 사람들은 학대한 사람에게 강력한 분노를 갖고 있는 것을 볼 수 있는데, 학대는 분노의 감정을 다루어야 하는 것 아닌가요? 그런데 왜 두려움을 다뤄야 하죠?"

그렇다. 상처를 주고 괴롭히고 학대한 사람을 보면 화가 난다. 이런 학대를 경험한 사람은 그 사람에 대해 적대적인 강한 분노를 드러낸다. 그런데 왜 두려움을 다루어야 하는가? 그것은 학대를 당할 때 가장 먼저 느꼈던 감정이 두려움이기 때문이다.

아마 당신은 어렸거나 약했을 것이고, 상대적으로 학대한 사람은 권위자나 힘센 사람, 즉 자신의 지위를 이용해서 당신을 공격하거나 불이익을 준 사람이었을 것이다. 그 사람 밑에서 심각한 어려움을 겪고도 전혀 반응하지 못했던 것은 모두 두려움 때문인 것이다. 말할 수 없는 상황이나 대처할 수 없는 무방비 상태에서 계속 학대를 당했기 때문에, 끝나지 않는 공포와 두려움이 지속되었을 것이다. 그래서 두려움은 마음 깊은 곳에 내재하게 되고 겉으로는 분노의 감정만 드러나는 것이다.

학대를 경험한 사람은 내면 깊은 곳에 있는 두려움부터 다뤄야 한다. 분노를 먼저 다루는 것은 잘못된 접근방법이며 그 때문에 치료가 잘 이루어지지 않는 경우도 있다. 학대와 외상을 경험할 때 제일 먼저 느끼는 감정은 공포와 두려움이다. 이것을 정확하게 다루어야 한다는 점을 기억하라.

사전에서는 두려움을 "위험의 인식 또는 예상에 의해 유발되는 불쾌감, 강렬한 감정"으로 정의하고 있다. 이것을 통해 우리는 두려움에 대해 다음과 같은 것들을 알게 된다.

위험, 즉 '좋지 않은 무언가로 인해 심각한 손상을 입을 것 같다'고 인식하거나 예상한다는 것은 과거에 직, 간접적으로 그와 같은 경험을 했다는 사실을 전제하고 있다. 이미 비슷한 일을 겪었기 때문에 다시 그런 일이 반복될까봐 두려워한다는 것이다. 즉, 두려움이 과거에 육체적, 정서적, 정신적으로 큰 고통을 경험했던(또는 큰 고통을 준) 상황이나 사람, 그리고 사건과 연결되어 있음을 말해주는 것이다. 또한 이 정의는 과거의 부정적 사건에 대한 방어 형태가 반사적으로 현재에 나타나는 것이며, 자신이 안전하게 보호받을 수 없는 상태라는 것을 감지하고 인식하는 것임을 보여준다.

두려움은 사랑으로 풍족하게 채움받지 못하고, 보호와 안정감을 누리는 대신 어려움과 학대와 상처의 경험 때문에 나타나는 내적 상태의 표현이라는 것이다. 즉, 자신에게 안전한 사람과 장소가 필요하다는 메시지를 감각으로 표현하는 것이다.

두려움의 역할과 기능

두려움은 자신을 보호하며 스스로를 안전한 곳에 있게 한다. 두려움이 없다면 우리는 스스로를 보호하지 못한다. 좋지 않은 것이 다가올 때 대비하지 못하면 더 큰 상처와 고통, 아픔을 경험하거나 생명의 위협을 받게 된다. 그럴 때를 대비하게 하고 조심스럽게 행동하거나 안전을 추구하는 행동과 삶을 살게 하는 것이 바로 두려움이다.

거리에서 우리는 신호등을 지키고, 횡단보도를 건너고, 운전 중에 늘 양쪽을 살피면서 자연스럽게 브레이크에 발을 올려놓는다. 모두 안정을 추구하는 행위이며, 다른 사람과 자신을 보호하고 어려움을 방지하는 행위다. 이것은 무의식적이고 반사적으로 일어난다. 이와 같이 두려움은 "나 자신을 보호해야 한다. 어려움을 당하지 않을 안전한 곳이 필요하다. 나를 챙겨주고, 아픔을 보듬어주고 상처를 받지 않도록 보호하고 감싸줄 대상이 필요하다"는 것을 알려주는 마음속 알람 같은 것이다.

그래서 사람들은 좋지 않은 것을 피하거나 가까이 가지 않고, 고통스러운 상황을 잊기 위해 쾌락을 추구한다(보호행동). 그런 행동 자체가 고통을 없어지게 한다고 생각한다. 하지만 그것은 없어지지 않고 여전히 남아 영향력을 행사한다. 보호행동 자체는 두려움을 해결해 줄 수 없다. 자신을 방어해서 문제를 축소시킬 수는 있지만 두려움이나 학대 자체를 해결하지는 못한다.

두려움에 대한 오해

두려움에 대해 사람들이 갖고 있는 잘못된 인식이 있다. "강한 사람 혹은 믿음의 사람은 두려움을 느끼지 않는다"는 것이다. "두려움은 나약한 사람만이 느끼는 감정이고 나약함의 증거"라고 말하기도 한다. 그러나 두려움은 나약한 것이 아니라 보호와 사랑이 필요하다는 우리 내면의 소리다. 사랑받고 보호받고 싶은 것은 인간의 본능이다. 절대 나약한 것이 아니다. 강한 사람과 믿음의 사람은 사랑받지 않아도 되는가? 그렇지 않다. 모든 사람은 사랑받아야 한다. 사랑받고 보호(함께함)받지 않아도 된다는 것은 어리석은 논리이며 성경적으로도 맞지 않다. 그것은 모든 사람을 향한 하나님의 사랑도 필요없다는 이야기가 되기 때문이다.

'그리스도인은 두려움을 느끼지 말아야 하고 두려워하는 것은 믿음이 없다는 증거'라고 이야기하는 사람도 있다. 하지만 예수님도 겟세마네 동산에서 기도하시는 중에 심각하게 놀라며 슬퍼하셨고, "내 마음이 고민 때문에 죽을 지경이다"라고 고백하셨다(마 26:38, 막 14:33-34). 우리 믿음의 대상이신 예수님이라면 죽음 앞에서 고민하고 두려워하지 않으셔야 한다. 하지만 그분은 하나님이신 동시에 완벽한 인간이시기에 친히 우리의 두려움까지 느끼셨고, 그것을 넘어 당당히 십자가로 나아가 승리하셨다.

> 내 아버지여 만일 내가 마시지 않고는 이 잔이 내게서 지나갈 수 없거든 아버지의 원대로 되기를 원하나이다(마 26:42).

대부분의 두려움은 성장과정이나 살아오면서 경험한 것으로부터 온다. 하지만 직접 경험하지 않고도 다른 사람이 겪는 것을 보거나 전해 듣는 것으로도 두려움을 느낄 수 있다. (명확하지는 않지만) 어떤 경우에는 직감이나 영감을 통해 두려움과 공포를 느낄 수도 있다. 이것은 대부분 영적인 것(귀신)이 원인일 수 있는데, 이런 두려움은 영적 권위를 사용하여 물리칠 수 있다.

어린 시절 부모에게 벌을 많이 받고 성장했다면 하나님을 두려워하며 신앙생활하게 될 수도 있다. 이런 사람은 하나님에게 벌을 받지 않으려는 내면의 두려움 때문에 경건생활이나 헌금, 교회 봉사에 열심을 내고, 목회자에게 열심히 순종한다. 이런 사람은 믿음을 행위나 성취에 기초해서 생각하기 때문에 신앙생활의 근본 동기를 점검해보는 것이 좋다.

두려움을 느끼는 이유와 상황

- 실패의 경험으로 심한 고통을 경험했을 때.
- 힘이 있거나 직위(부모, 교사, 선배)가 높은 사람에게 위협당한 두려움(폭력과 학대).
- 사람을 대면하는 두려움(대면하는 것, 충돌하는 것).
- 어두움에 대한 두려움.
- 거절받고 버림받는 것에 대한 두려움.
- 혼자 있는 것(이혼), 함께하는 것(결혼)의 두려움.
- 책임에 대한 두려움.
- 과거에 창피했던 것을 이야기할 때 비웃음과 수치당할 것에 대한 두려움.
- 귀신, 미래, 질병, 죽음에 대한 두려움.
- 이유없는 두려움(학습되거나 타인의 경험에서 온 것, TV를 통해 본 것 등).
- 특정 물건에 대한 두려움.

- 하나님을 실망시킬지도 모른다는 두려움. 징계나 책망을 받을 것 같은 두려움.

두려움과 신앙의 관계

두려움의 문제는 신앙과 연결되어 있지만 두려움이란 감정 자체는 신앙적인 문제가 아니다. 두려움을 믿음과 관련해서 생각해야 하는 경우는, 계속해서 주님을 신뢰하지 않거나 의지하지 않고 두려움을 주는 대상에게 지속적인 영향을 받아 삶의 모든 권위를 그에게 넘겨줄 때이다. 문제는 두려움이 아니라 주님이 함께하시고 도와주시는 데도 불구하고 그분을 신뢰하지 않고 두려워하는 대상에게 눌려 가슴 졸이며, 평강과 사랑으로 인도하시는 하나님을 받아들이지 않는 것이다.

성경은 "사랑 안에 두려움이 없고 온전한 사랑이 두려움을 내쫓는다"(요일 4:18)고 단언한다. 두려워한다는 것은 곧 사랑 안에 있지 않다는 것이다. 사랑받는 대신 학대를 당하거나 외상을 경험했다는 것이다. 두려움은 이미 그 자체로 형벌이다. 두려워하는 대상에게 눌리고 억압당하면서 사랑 가운데 풍성함을 누리지 못하기 때문이다. "두려워하는 자는 사랑 안에서 온전히 이루지 못하였다"라는 말씀은, 사랑받지 못하고 학대를 당하면서 두려움이 임했다는 의미다. 두려움을 사라지게 하는 길은 사랑 안에 거하는 것뿐이다. 그래서 우리는 사랑 가운데 나아가야 하며 사람들의 사랑과 주님의 사랑을 풍성히 받아야 한다.

하나님이 의도하시는 두려움은 무엇인가

하나님은 왜 우리에게 두려움의 감정을 주셨을까? 성경은 우리에게 "하나님의 사랑 가운데로 들어가라. 보호해주시는 하나님의 품으로 들어가라. 너희 힘으로는 스스로를 보호할 수도, 안전한 장소에 갈 수도 없다.

하나님이 너희를 보호하시고 감싸주시고 함께하실 것이다"라고 말씀한다. 두려움의 문제는 반드시 하나님의 사랑 가운데 들어가 위로받고 사랑받고 그분의 품에 안길 때만 치유되고 회복된다.

두려움은 부모나 사람들로부터 충분히 사랑받지 못하거나, 하나님이 그분의 아들 예수 그리스도를 통해 보여주신 십자가 사랑의 은혜를 받아들이거나 인식하지 못해서 나타나는 결과다. 그래서 두려워하는 사람은 전능하신 하나님의 사랑을 경험하고 누리고 싶어 하는 것이다. 이것이 하나님의 원리이며 의도다. 그러나 문제는 자기 힘으로 스스로를 보호하거나 두려움을 잊으려 한다는 점이다.

우리가 두려움에 대해 더 생각할 것은, 그것이 권위를 빼앗긴 상태라는 점이다. 두려워하는 것은 가해자나 학대와 고통의 기억에 자신의 권위를 넘겨주는 것이다. 두려워하는 대상으로부터 계속해서 부정적인 영향을 받으며 거기서 벗어나지 못해 전전긍긍한다. 상처 주고 학대한 사람이 권위자로 여전히 삶과 마음과 감정과 생각을 좌우하는 것이다. 여기서 벗어나는 길은 하나님이 권위자가 되셔서 사랑을 베푸시고 보호하시고 이끌어주시는 것뿐이다. 하나님의 사랑을 믿고 신뢰할 때 두려움에서 벗어나 자유케 될 수 있다.

하나님께 나아가지 않고 자신의 권위자를 주님으로 바꾸지 않는 한, 우리는 계속해서 학대자와 학대의 기억에 영향을 받으며 두려움 속에 있게 될 것이다. 두려움은 우리에게 실제로 영향을 주는 권위자가 누구인지 명확하게 알려준다. 상황이나 사람, 분위기가 권세를 부리고 있음을 알게 해주고 우리가 하나님을 권위자로, 주인으로 섬기지 않는 심각한 문제를 깨닫게 해준다.

두려움의 본질을 성경적 관점에서 올바로 정리하지 않은 사람은 여전히 두려움을 단지 나약하고 믿음 없는 상태로 바라볼 것이다. 그러나 두려움은 주님을 의지하고 힘입을 때 두려움에서 벗어나고 건강해질 수 있음을 깨닫게 하여 하나님을 붙잡을 기회를 준다.

> 나에게 이르시기를 내 은혜가 네게 족하도다 이는 내 능력이 약한 데서 온전하여짐이라 하신지라 그러므로 도리어 크게 기뻐함으로 나의 여러 약한 것들에 대하여 자랑하리니 이는 그리스도의 능력이 내게 머물게 하려 함이라(고후 12:9).

자신의 약함을 인정하고 주님의 강함으로 채울 때, 우리는 가장 강한 상태가 된다. 두려움을 느낄 때도 이와 동일하다는 사실을 기억하기 바란다.

두려움에서 벗어나기

지금까지의 내용을 정리하면, 두려움이란 '주께서 나를 사랑(보호)하시고 함께하신다'는 생각과 '내 힘으로 안전한 것(사람, 환경)을 찾아야 한다'는 생각이 대립하는 상태를 말한다. 두려움은 하나님의 사랑에 들어가 풍성한 사랑을 경험하고, 그분이 주신 권위를 학대자와 학대 상황으로부터 되찾아올 때 벗어날 수 있다.

권위를 되찾는 방법은 학대자에게 그가 한 행동은 잘못된 것이라고 말하는 것이다. '싫다'고 거부하는 것이며, '나도 생각이 있었는데 나를 괴롭히고 때린 것은 부당한 짓이었다'고 말함으로 자신의 결정권을 사용하고 주장하는 것이다. 오래 전에 일어난 일일지라도 그 과정을 통해 빼앗겼던 권위를 되찾아 억눌려 있는 상태로부터 벗어날 수 있다. 또한 이것은 상처준 사람과 동등하고 인격적인 권위구조 안에서 관계하지는 못하겠지만 자신의 힘과 의지로 억울한 관계에서 벗어나 스스로를 보호하며 살 수 있게 해준다.

두려워하지 말며 놀라지 말라 네가 어디로 가든지 네 하나님 여호와가 너와 함께하느니라(수 1:9).

누구나 두려움을 느낄 수 있다. 하지만 두려움은 보호해주시고 인도해주시는 주님을 더욱 의지하고 신뢰하라고 말씀하시는 하나님의 내적 음성이다. 주님 외에는 누구도 우리를 다스리는 권위자가 될 수 없다. 오직 주님만이 우리의 온전한 권위자이시다.

당신이 두려워하는 것은 무엇인가?

어느 날, 교회 연합수련회 강사로 와달라는 전화를 받았다. 치유와 회복을 주제로 하는 수련회라고 해서 수락하고 구체적인 사항을 물었는데, 참석 인원이 천 명 이상이 될 거라고 했다. 전화를 끊고 나서 생각하니 너무 부담스러웠다. 대중들 앞에 나서는 것을 싫어하고 그렇게 많은 사람 앞에서 강의해 본 적도 없었기 때문이었다. 다시 전화해서 강의를 거절할까 생각하다가 문득 의문이 생겼다.

'나는 왜 사람 앞에 서는 것을 싫어할까?'를 질문할 때 학창시절 수업시간에 교과서를 읽을 때 떨면서 더듬던 모습이나 교회 학생부 때 친구들과 동생들 앞에서 광고 한 줄도 떨려서 제대로 읽지 못하던 모습이 떠올랐다. 정말 어처구니없이 살았구나 싶어서 내게 왜 그런 모습이 나타나는지 보여 달라고 주님께 기도하기 시작했다.

기도하는 중에 주님은 초등학교 때 했던 탁구 경기 하나를 기억나게 하셨다. 앞에서 나눴지만 나는 초등학교 4학년 때부터 고등학교 때까지 탁구선수로 뛰었다. 초등학교 5학년 때 중요한 대회를 앞두고 실전 감각을 익히기 위해 여자 중학교 탁구부와 친선경기를 하게 되었다. 중학생을 상대로 최선을 다했지만 우리 학교는 한 경기도 이기지 못하고 전원이 패하고 말았다.

형편없는 경기 결과에 화가 머리끝까지 난 감독 선생님은 술에 취한 채 경기에서 드러난 문제점들을 지적하며 우리들을 체벌하기 시작했다. 심하게 맞아서 너무 아프고 고통스럽고 무서웠지만, 운동선수들이 훈련 중에 매 맞는 것이 당연하게 여겨지던 시절이라 아무 문제를 삼지 않았다.

드디어 결전의 날이 되어 대회에 나갔다. 경기는 일방적으로 리드하는 상황이었는데, 우리가 방심한 때문인지 상대가 선방한 때문인지 모르지만 막판에 동점이 되고 말았다. 그때 우리 팀 감독이 타임을 요청했다. 당시 경기를 뛰고 있던 나는 감독이 게임의 흐름을 끊고 새로운 작전을 지시할 거라 생각했다. 이기고 있다가 동점이 된 것도 부담스럽지만, 그보다 더 걱정스러운 것은 경기에서 질 경우 나와 우리 팀이 겪어야 할 일이었다.

감독은 새로운 작전 지시를 들으러 온 내 뺨을 세게 내리쳤고, 나는 내동댕이쳐지듯 바닥에 쓰러졌다. 곧바로 일어나긴 했지만 나는 너무나 창피하고 무서웠다. 시합이 끝난 뒤 어떤 일이 벌어질지 상상하기 시작하자 두려움이 엄습해왔다. '도망갈까? 아니면 다시 쓰러질까?' 이런저런 생각과 고민들이 순식간에 밀려왔다. 머릿속은 멍하고 얼굴은 빨갛게 부어 화끈거리는 상태인 나에게 감독의 작전 지시는 하나도 귀에 들어오지 않았다.

다행히 상대 선수의 연속 실수 덕분에 우리 학교가 승리할 수 있었다. 하지만 시합이 끝난 뒤 우리는 화장실로 끌려가 '실수를 반성하고 앞으로 더 잘하라는 의미로' 또 매를 맞았다. 그때 맞으면서 나는 다시는 이런 실수를 하지 않겠다고 생각했다. 하지만 그 후로 나는 (시합이든 아니든) 사람들 앞에 설 때마다 극심한 두려움과 수치심을 느끼게 되었다. 또한 술 취한 사람과 그들이 모인 장소, 큰소리로 윽박지르는 권위자와 실수하는 것을 두려워하기 시작했다.

주님은 바로 그것이 내가 대중들 앞에 서는 것을 두렵게 만드는 현상이었음을 깨닫게 해주셨다. 이미 삼십 년 전에 일어난 일이지만 나 스스로 깨닫지 못하고 있었을 뿐, 그 경험은 여전히 내게 영향을 미치고 있었고 나는 그 영향력 아래 살고 있었던 것이다.

나는 주님이 떠올리게 해주신 상황들을 직면하기 시작했다. 당시의 기억 속으로 들어가 탁구부 감독에게 말했다.

"선생님, 어떻게 학생들을 그렇게 때릴 수 있습니까? 저는 그때 너무 무섭고 두려웠습니다. 경기 중에 실수를 했다고 사람들이 보는 앞에서 선수를 그렇게 때려도 됩니까? 그것은 범죄입니다. 아직 살아 계시다면 반드시 당신을 찾아가서 그것은 잘못이었다고 이야기할 겁니다!"

속에 꾹꾹 눌러놓았던 말을 하고 나니 감독이 더 이상 두렵지 않았다. 나는 그렇게 과거의 학대자와 학대 경험에 눌려 있던 자신을 되찾았고, 분노를 올바르게 표현할 수 있게 되었으며 두려움에서 벗어나 빼앗겼던 힘과 권위를 회복할 수 있었다.

눈만 감으면 이상한 것이 나타난다는 여성이 있었다. 귀신이 나타나고, 환청이 들리고, 이상한 것이 보이기 때문에 거의 삼십 년 동안 밤에 전등을 켜놓고 잠을 청해야 했다. 잠을 제대로 잘 수 없으니 불안증이 생기고 성격도 예민해졌다. 이 여성은 나를 찾아와 자신의 문제가 정말 귀신 때문인지, 아니면 다른 심리적 원인이 있는지 알고 싶다며 도움을 요청했다.

나는 영적인 것 외에 다른 문제가 있는 것 같아 이런저런 질문을 하기 시작했다.

"제 생각에는 과거에 귀신이나 도깨비 형상처럼 무섭게 생긴 대상에 노출되거나 공격당한 경험이 있을 것 같은데요. 혹시 생각나는 것 없으신가요?"

"정확하게 생각나지는 않지만 절에 있는 사천왕상 같은 형상이 자주 꿈에 나타나요. 그런데 그것이 제 증상과 어떤 연관이 있죠?"

우리는 이 여성에게 나타나는 증상의 원인이 무엇인지 보여 달라고 하나님께 기도했다. 그러던 중에 갑자기 그가 덜덜 떨면서 생각나는 것이 있다며 입을 열었다.

"사실은 제가 어렸을 때 불교에 귀의하기 위해 동자승이 되는 교육을 받은 적이 있어요. 그때 우리 집안은 불교에 심취해 있었대요. 가족회의를 열어서 가족 중 한 명을 승려로 만들기로 결정할 만큼요. 그래서 어린 제가 절에 들어갔던 거예요. 할머니가 저를 처음 절에 데려간 날, 절 입구에 있는 사천왕상을 보고 무서워했던 기억이 나요."

이후의 이야기는 그 여성의 가족들에게 들은 내용이다. 아이는 (아이가 보기에는) 이상한 그림들이 걸려있는 방에서 살게 되었는데, 낯선 벌레소리와 새소리 때문에 밤마다 무서워서 울곤 했다. 아이가 계속해서 우니까 나중에는 스님들의 생활까지 지장을 주게 되었다. 결국에는 아이가 더 자란 뒤에 동자승 수업을 하기로 하고 집으로 돌려보내 주었다. 하지만 문제는 집에 돌아와서도 끝나지 않았다. 밤에 전등을 끄고 잠자리에 누워 눈을 감거나 꿈을 꿀 때마다 무서운 형상이 나타나기 시작한 것이다. 어떤 방법을 써봐도 아무 소용이 없자 어른들은 아이가 자라면 괜찮아지지 않겠냐며 사실상 치료를 포기했고, 그렇게 이십오 년이 넘는 세월이 흘러갔다. 어른이 된 뒤에도 계속해서 나타나는 형상 때문에 일은커녕 정상적인 생활조차 어려운 상태였다. 여기까지가 그 여성이 살아온 이야기다.

 이런 경우에는 두려움을 주는 대상은 물론 그 대상에게 노출되는 상황까지 직면해야 한다. 그래서 이 여성은 "나는 더 이상 네가 무섭지 않아!"라고 크게 외치기 시작했다. 그리고 무섭고 두려운 상황 속에서 마침내 (본인은 몰랐지만) 언제나 함께하셨던 주님을 만나게 되었다. 덕분에 두려움으로부터 자유케 된 이 여성은, 이제는 밤에 전등을 끄고 자도 전혀 무서워하지 않게 되었다.

 이와 같이 하나님의 사랑을 받고 두려움으로부터 권위를 되찾는 것은 매우 중요하다. 과거의 사건이라도 여전히 그것에 눌려 있다면 반드시 직면하고 통과해야 한다. 주님의 사랑을 경험해야 한다. 절대로 도망가거나 회피해서는 안 된다.

 이 외에도 부모님이나 가족들이 늦게 들어와 어두운 밤에 혼자 있었던 일, 권위자(부모, 교사, 선배 등)에게 부당한 처벌을 받은 일, 실패의 경험을 통해 상처와 고통을 받게 된 일, 성추행과 성폭력 때문에 성에 대한 부정적인 관점과 이성 기피증이 생긴 일, 자신이 큰 사고를 당하거나 가까운 사람이 사고(교통사고, 자살 등)당하는 것을 목격한 일, 가까운 사람이 사고로 장애를 갖게 되거나 사망한 일, 특정 물건과 관련된 부정적 경험 등, 우리가 경험한 여러 가지 고통스러운 일들이 두려움을 만들어낸다.

두려움으로 인해 일어나는 영적인 문제

두려움은 두려움을 준 사람과 환경에 영향력을 허용하고, 자신의 삶의 모든 권위를 그 대상에게 양도함으로 나타나는 것이다. 이로 인해 자신에게 영향력을 주는 대상을 하나님(주인, 주권자)으로 섬기고 고통을 줄이고 자신을 즐겁게 해줄 쾌락적인 요소를 하나님으로 섬기는 영적인 문제가 나타난다. 그래서 전능하신 하나님을 믿고 의지하지 못하며, 신뢰하지 못해 불신앙으로 살아가게 된다.

사람들을 권위자로 두기 때문에 하나님 말씀에 순종하며 살아가기가 어렵고 사람들의 눈치를 보게 된다. 또한 실제보다 더 상황을 나쁘게 생각하며 과장하고 확대한다. 미리 앞당겨 걱정하고 부정적 결과를 예측하게 한다. 그래서 현재의 일에 집중하기보다는 과거를 후회하고 미래에 대한 불안증으로 시간을 허비한다. 아무런 이유없이 직장상사에 대해 불안해하고 경찰차가 지나가기만 해도 염려하며, 공과금 내는 것이나 선생님과의 면담 등을 습관처럼 미리 걱정한다. 또 다른 사람의 문제까지 걱정하며 염려하다가 불면증을 호소하기도 한다. 나로부터 시작해서 사회, 세상의 것까지 염려하며 그 폭을 점점 넓혀간다. 학대를 가한 사람과 그 기억에 삶을 조종당하고, 자기 자신을 제한하며 염려와 걱정 속에 가둔다.

두려움이 가져오는 생각과 행동

생각

우리가 두려움 때문에 하게 되는 생각들이다.
- 나는 또 어려움을 당하게 될 거야. 이곳은 안전하지 않아. 안전한 사람과 장소를 찾아야 해(불행과 어려움을 닥칠 것을 예상함).
- 나를 보호해줄 수 있는 힘을 가진 사람은 없어. 그러니까 내가 힘을 키워야 해. 그렇게 하지 않으면 살아남을 수 없어.
- 나는 약해. 강해져야 하는데 그렇게 될 수 없어.
- 앞으로 어떤 일이 벌어질지 몰라. 어떻게 해야 할지 모르겠어(혼란스러워 하고 안정감을 갖지 못함).
- 어려움을 당하지 않으려면 모든 것을 잘 준비해야 해(완벽주의를 추구함).
- 나는 또 실패할 거야(실패감에 사로잡혀 매사를 쉽게 포기함).
- 혼자 있으면 안 돼. 함께 있어도 안 돼(모든 상황에서 안절부절함).
- 하나님은 나를 버리실 거야. 이것은 분명히 내가 잘못해서 하나님이 주시는 벌이야(하나님을 믿지 않고 행위와 율법에 집착함).

행동

- 실수와 실패로 고통과 학대를 당한 곳이나 상황과 비슷하다고 느끼면 피하거나 가지 않는다.
- 위험하거나 위험할 것 같은 곳을 피하고, 강하고 거친사람을 피한다. 강한 척하고 말과 행동, 웃음으로 자신의 두려움을 감춘다.
- 혼자 있기를 두려워하거나 다른 사람과 함께하는 것을 거절한다. 비난받는 상황이나 어려움 당하는 것을 피하기도 한다.
- 어려움이 있을 때 보호해줄 강한 사람을 찾고 따라다니고 곁에 둔다. 자신이 강해지는 꿈을 꾸며, 강해지기 위해 노력하지만 늘 연약한 자신을 염려한다.
- 특정한 상황과 사람과 공간과 시간에 몰입해서 그것을 걱정하고 염려한다. 여러 가지 방법으로 두려움을 해결하려 노력하지만 여전히 두려움으로 혼동에 빠지기도 한다.
- 사람들의 눈치를 보기 때문에 자신의 생각을 표현하지 못하고 그냥 대세를 따르는 경향이 있다.

두려움의 회복 과정에 필요한 요소

두려움을 경험한 과거의 사건을 반드시 직면해야 한다

어린 시절 경험한 학대와 외상이 너무 무섭고, 그 상황과 사람에게 압도당했기 때문에 대부분 피하려 하고 시간이 지나면 없어질 거라 생각한다. 하지만 그 상황을 내버려두면 내적으로는 두려움이나 분노의 문제, 외적으로는 대인관계와 생활의 문제를 겪게 된다. 그러므로 반드시 그 상황과 직면해서 다뤄야 한다. 앞에서 언급했던 아버지의 살해 위협으로 심각한 외상을 경험한 사람 중에 '그냥 용서하겠다'며 직면을 회피하는 경우가 바로 이러한 예이다.

이것은 두려운 상황을 회피하려는 마음에서 비롯된 것이다. 대부분 심각한 학대를 경험한 사람들이 이렇게 반응한다. 회피는 계속해서 상처에 매여 있게 하기 때문에 반드시 직면해야 한다. 기억 속의 그 상황으로 들어가 자신을 학대하고 괴롭혔던 사람에게 가슴 속에 간직해 둔 말을 하라. 거듭 말하지만 그 사람을 실제로 찾아가라는 것이 아니라 경험한 기억 속에서 직면하는 것이다. 두려움은 우리에게 심각한 영향력을 끼치고 정신적, 정서적, 육체적으로 눌려 있게 만든다. 그래서 직면하기가 쉽지 않지만 이 과정은 반드시 감당해야 한다. 혼자하는 것이 어렵다면 다른 누군가와 함께하거나 도움을 요청하기 바란다.

높은 곳에 올라가면 두렵다. 고소공포증 같은 것이다. 이것은 대부분의 사람들이 느끼는 공포다. 이럴 때는 얼른 평지로 내려오면 된다. 떨어질 것 같아서 싫고 안전한 곳이 필요하다는 것을 알려주는 자연스럽고 정상적인 두려움이기 때문이다. 얼른 내려오라. 창피해도 그냥 내려오라. 그런다고 믿음이 없는 것은 아니다. 대적하거나 직면하지 않아도 된다. 우리의 두려움이 직면할 대상인지 아닌지 살피는 것도 매우 중요하다.

두려움의 문제가 있지만 직면할 수 있는 특정 대상이 없는 경우도 있다. 누구의 잘못인지 알 수 없는 자동차 사고를 당했는데 그 뒤로 차만 타면 두려움에 빠진다. 이것은 특정 대상을 직면할 수 없는 상황이다. 이런 경우에도 그 상황에서 하고 싶었던 이야기를 말로 표현하면 된다. 두려움을 떨쳐버리려면 강하고 단호한 말투와 목소리로 관련된 모든 것을 표현해야 한다. 직면의 시간은 두려움을 떨쳐버리고 치유하는 출발점이기 때문이다. 이 과정을 잘 통과하면 두려움에서 서서히 벗어날 수 있다. 단번에 되지 않을 수도 있으므로 두려움을 느낄 때마다 반복해서 표현해야 한다('분노' 부분 참고).

하나님의 보호하심, 사랑하심, 위로하심, 함께하심을 경험하라

직면하는 시간을 통해 그 상황에서 주님이 우리를 어떻게 건지고 보호하고 인도하셨는지 깨닫고 경험해야 한다. 주님은 우리와 늘 함께하시는 임마누엘 하나님이시다(마 1:23). 강한 권능으로 우리를 돕는 분이시다.

> 이는 나 여호와 너의 하나님이 네 오른손을 붙들고 네게 이르기를 두려워하지 말라 내가 너를 도우리라 할 것임이니라(사 41:13).
>
> 찬송하리로다 그는 우리 주 예수 그리스도의 하나님이시요 자비의 아버지시요 모든 위로의 하나님이시며 우리의 모든 환난 중에서 우리를 위로하사 우리로 하여금 하나님께 받는 위로로써 모든 환난 중에 있는 자들을 능히 위로하게 하시는 이시로다(고후 1:3-4).

주님은 그 상황 속에서도 우리를 위로하셨다. 우리는 그 사실을 알지 못하거나 지식적으로만 생각할 수 있다. 하지만 분명한 것은 주님이 우리를 도우셨으며, 우리는 언제든 그 위로를 다시 경험할 수 있다는 것이다.

사랑 안에 두려움이 없고 온전한 사랑이 두려움을 내쫓나니 두려움에는 형벌이 있음이라 두려워하는 자는 사랑 안에서 온전히 이루지 못하였느니라(요일 4:18).

우리에게는 주님의 사랑 안에 머물고, 그 사랑에 잠기고, 그 사랑에 사로잡혀 전혀 두려움이 엄습할 수 없도록 그분과 관계 맺는 훈련이 필요하다. '왜 하나님은 사랑하고 보호하신다면서 우리가 어려움을 겪게 놔두실까? 우리를 보호하시는 사랑의 하나님이 왜 우리가 학대와 외상을 경험하게 내버려두실까? 왜 이런 것들 때문에 우리가 고통당하게 놔두실까?'

나도 고통스러운 상황, 보호받지 못하고 어려움을 당하는 상황에서 이런 고민을 한 적이 많다. 그리고 솔직히 아직도 그 의문이 완전히 풀리지는 않았다. 하지만 내가 아는 것은, 하나님이 사람에게 인격을 주셨다는 사실이다. 하나님은 그것으로 모든 사람이 선하게, 좋은 것을 서로 주고받는 관계 가운데 살아가기를 바라신다. 그래서 인격적인 관계나 좋은 것을 주고받는 관계가 아니라 고통과 아픔을 주고 남의 것을 빼앗는 관계라고 해서 즉결심판하지 않으신다.

또한 하나님은 사람에게 자유의지를 주셨다. 생각하고 느끼고 선택하고 결정할 수 있는 지, 정, 의를 주신 것이다. 그래서 사람은 자신의 행위와 삶에 대해 책임을 져야 한다. 하나님은 그분이 하나님이라는 이유로 우리를 맘대로 하지 않으신다.

때로 우리는 자유의지를 남용하고 오용한 사람을 왜 가만히 놔두셨냐고 하나님을 원망한다. 하지만 한 사람의 자유의지를 빼앗으면 모든 사람의 자유의지도 없어지고, 그렇게 되면 로봇처럼 하나님이 넣어주는 생각과 느낌으로만 살아야 한다. 원하는 것을 선택할 수도, 원하는 곳에 갈 수도, 보고싶은 사람을 만날 수도 없다. 남이 시키는 대로 행동하는 꼭두각시가 되는 것이다. 자유의지가 없다면 고통도 느낄 수 없고 아픔 가운데 머물러 있지도 않을 것이다.

지금 당신이 과거의 상처를 붙잡고 떠나보내지 않는 것도 자유의지를 사용하기 때문이다. 그러므로 당신은 당신 자신의 의지로 상처와 고통을 벗어버릴 수 있다. 자유의지만 올바로 사용할 수만 있다면 어떤 고통에서든 벗어날 수 있다.

하나님과 우리가 인격적인 관계를 맺을 수 있는 것도 자유의지 덕분이다. 하나님은 그런 관계를 원하신다. 사람들이 자유의지를 잘못 사용해서 다른 사람을 어렵게 하고 학대하는 것은 분명히 안타까운 일이다. 그것은 분명히 자유의지를 잘못 사용한 그 사람의 책임이며, 주님은 반드시 그 일에 대해 당사자를 책망하고 심판하실 것이다(겔 18:4 후반부 - 범죄하는 그 영혼은 죽으리라, 겔 18:13 후반부 - 자기의 피가 자기에게로 돌아가리라). 하지만 주님은 이런 고통스러운 상황

속에서도 우리를 건지시고 함께하시고 감싸주시고 보호하신다. 그분은 고아와 과부를 돌보며 고통 속에 있는 사람을 위로하시는 사랑의 하나님이시다. 그분은 우리와 함께하신다. 지금도 우리에게 위로와 격려의 말씀을 하시며 그분의 사랑 안으로 초대하시지만, 두려움과 고통 속에 있는 사람들이 보지 못하고 듣지 못하고 느끼지 못하는 것이다. 우리는 그분이 사랑과 위로의 하나님이심을 믿고 그분에게 달려가야 한다. 그 품에 안겨야 한다.

온전한 치유를 위해서는 하나님과 동행하는 삶을 살면서 그분의 보호 아래 거하기를 기도하며 고통과 아픔을 정면으로 통과해야 한다. 도망치는 것으로는 결코 회복될 수 없다. 아침에 일어나거나 낯선 곳에 갈 때마다 하나님께 악한 것과 어려운 일에서 당신을 보호해 달라고 기도하라. 이것을 보호기도 혹은 방패기도라고 한다. 성령의 권능으로 악한 것으로부터 보호해달라고 기도하라.

예수님도 '우리를 시험에 들게 하지 마시옵고 다만 악에서 구하옵소서'라고 기도할 것을 권고하셨다(마 6:13).

하나님께서 주신 권위를 되찾아야 한다

잃어버린 자신의 권위를 되찾으려면, 성경적인 권위에 대해 잘 알아야 한다. 먼저 살펴볼 것은 영적인 권위 구조이다. 첫 번째 최상의 권위는 삼위일체 하나님이시다. 그분은 모든 권세를 갖고 계신 유일한 하나님이시다. 권세를 주시는 분도 하나님이시다. 그분은 권위의 최고 정점에 계시다.

권세는 하나님으로부터 나지 않음이 없나니 모든 권세는 다 하나님께서 정하신 바라(롬 13:1).

두 번째는 구원받은 믿음의 상속자들이다. 하나님을 믿는 자들에게는 하나님의 자녀가 되는 권세를 주셨다고 말씀하고 있다. 아버지의 모든 권세를 상속받았다는 것이다. 이 얼마나 놀라운 일인가?

영접하는 자 곧 그 이름을 믿는 자들에게는 하나님의 자녀가 되는 권세를 주셨으니 이는 혈통으로나 육정으로나 사람의 뜻으로 나지 아니하고 오직 하나님께로부터 난 자들이니라(요 1:12-13).

자녀는 언제든지 아버지를 만날 수 있다. 형식이나 조건을 갖추고 만나지 않는다. 심지어는 함께 놀기도 한다. 기쁘게 할 때도 있고 힘들게 할 때도 있지만 자녀는 변함없이 자녀다. 아버지가 자녀를 사랑하기 때문이다. 이 사랑은 어떤 것도 끊을 수 없다. 육신의 아버지에게 상처받은 사람들은 이것을 잘 이해할 수 없을 것이다. 하나님 아버지는 우리를 위해 당신의 독생자 아들을 십자가에 달려 죽게 하셨다(요 3:16). 또한 예수님은 부활하시고 하늘에 오르시기 전에 제자들 앞에서 이렇게 선언하셨다.

예수께서 나아와 말씀하여 이르시되 하늘과 땅의 모든 권세를 내게 주셨으니 그러므로 너희는 가서 모든 민족을 제자로 삼아 아버지와 아들과 성령의 이름으로 세례를 베풀고 내가 너희에게 분부한 모든 것을 가르쳐 지키게 하라 볼지어다 내가 세상 끝날까지 너희와 항상 함께 있으리라 하시니라(마 28:18-20).

우리는 모든 권세로 우리와 함께하시는 주님의 보호를 받는 사람들이다.

그 안에서 신성의 모든 충만이 육체로 거하시고 너희도 그 안에서 충만하여졌으니 그는 모든 통치자와 권세의 머리시라(골 2:9-10).

우리는 주님 안에서 충만해졌다. 사도 바울은 주님이 모든 통치자와 권세의 머리라고 선포한다. 이것은 영적인 부분까지도 포함한다. 얼마나 놀라운 권세인가!

세 번째는 천사들이다. 천사는 우리를 섬기는 존재들이다(히 1:14). 우리가 천사를 섬기는 것이 아니라 천사들이 구속받은 하나님의 상속자인 우리를 섬기는 것이다.

네 번째는 우리의 원수인 사탄과 그의 졸개 귀신들이다. 사탄의 권위는 하나님이 잠시 허락하신 것이다(계 12:12). 마태복음 8장에 등장하는 백부장은 이 권위 구조를 너무나 잘 아는 사람이었다. 그는 상위의 권위자가 명령하면 하위 권위의 존재들이 순종하게 되어 있다는 것을 알고 있었다. 그래서 예수님이 말씀만 하셔도 질병이 완쾌될 거라고 믿었다. 육체적 질병과 그것을 가져오는 어둠의 세력이 예수님의 권위 아래 있다는 것을 인식하고 있었던 것이다. 예수님은 백부장의 이런 믿음을 칭찬하셨다(마 8:5-13). 우리도 귀신같은 영적 존재를 두려워하지 말고 주님이 허락하신 권위를 사용해서 잠잠케하거나 물리치고 대적할 수 있다. 하지만 어떤 사람들은 피조물을 권위자로 섬기기도 한다(롬 1:25).

다음은 세상의 권위 구조를 살펴보자.
세상의 모든 권위는 하나님이 정하신 것이다(롬 13:1-7). 이것은 세상 임금으로부터 출발해서 직급에 따라 주어지는 권위다. 우리는 여기에도 복종해야 한다. 예를 들어 가족 구조에서 남편은 가정의 머리다(엡 5:22-23). 머리라고 하는 것은 마음대로 권세를 부릴 수 있는 자리가 아니라 사랑하고 섬기고 세워주고 보호해야 할 책임이 있다는 뜻이다. 그래서 아내는 복종한다. 하지만 가정의 머리인 남편도 부모에게 순종해야 한다. 우리는 이런 권위 체계를 인정하고 따라야 하는데 반드시 기억해야 할 것이 있다.

다스리는 자들은 선한 일에 대하여 두려움이 되지 않고 악한 일에 대하여 되나니 네가 권세를 두려워하지 아니하려느냐 선을 행하라 그리하면 칭찬을 받으리라(롬 13:3).

사도 바울은 권세를 가진 사람들이 그 권세를 잘 사용해야 하며 다른 사람에게 두려움을 주면 안 된다고 말한다. 우리도 권세를 가진 자들을 이유없이 두려워할 필요가 없다. 권위자는 사람들을 안전하게 보호하고 그들이 잘살도록 인도해야 하는데, 권위에는 한계가 있고 그보다 높은 권위 아래에 있기 때문이다. 우리는 악한 일이 아니라 선한 일을 할 때는 두려워할 필요가 없다.

권위자들도 악을 행하는 것을 두려워해야 하고, 권위가 없다고 생각하는 사람도 악한 것을 두려워해야 한다. 오직 선한 것이 기반이 되어야 한다. 학대의 상처는 권위의 남용으로 만들어진 것이다. 상처의 영향력은 권위의 남용이라는 악한 것으로 말미암아 생겨난다. 세워주고 보호해야 할 권위를 빼앗고 이용하는 데 사용하지 않으려면 항상 하나님을 두려워해야 한다. 하지만 권위를 불법적으로 사용하는 사람들은 자신에게 순종하지 않는 사람을 억압하고 압제한다. 자신의 영향력에서 벗어나는 것은 불순종이며 잘못된 것이라는 생각을 심어준다. 잘못을 잘못이라고 말할 수 없도록 계속해서 잘못된 권위 아래에 머물게 하고 우리는 그것을 허용했다.

악을 행할 때 악하다고 말하는 것은 선한 일이다. 악을 행할 때 잘못이라고 말하지 못하는 것은 두려움이 갖고 있는 것이며 악한 세력(영적 권위에서 원수인 사탄)의 권위를 인정하고 그 권위 아래 놓이게 되는 것이며 그것을 방조하고 동조하는 것이다. 부모나 사람들의 학대와 악행이 있을 때 잘못이라고 말하는 것은, 악한 것을 인정할 수 없고 악한 것에게 권위를 넘겨주지 않겠다는 의사표현이다. 악한 행위를 방조하거나 동조하지 않고 순종하지 않는 것은 거룩한 권위를 세우는 것이다. 악행 때문에 두렵고, 악행을 저지른 자들이 내게 권위를 행사하고 있다면 바로잡아야 한다. 그 사람이 부모나 중요한 권위자라고 해도 죄이며 잘못이라고 말해야 한다. 그렇게 할 때 잘못된 것을 굴복시키고 빼앗겼던 권세를 찾아올 수 있다. 주님은 악을 행하라고 권위를 주신 것이 아니다. 악한 것에 빼앗긴 감정과 생각, 하고 싶지 않은 것 등에 대한 하나님이 주신 선한 권위를 되찾아야 한다. 그것은 오직 당신 자신밖에 할 수 없는 일이다. 악한 것의 영향을 떠나보낼 수 있는 사람, 빼앗긴 권위를 되찾을 수 있는 사람도 당신뿐이다. 당신에게 하는 잘못된 행동과 사건에 대해 상대방에게 말하고 직면할 때 권위를 되찾을 수 있다. 올바른 권위에 대해 배우고, 그것을 어떻게 행하는지를 배우며 그렇게 살아야 한다.

사람을 두려워하는 경우는 하기 싫지만 아무 말도 못하고 남이 원하는 대로 하는 현상이 나타난다. 또한 어떤 말을 표현하면 사람들이 자신을 싫어하고 안 좋은 일이 다시 벌어질 거라 생각해서 아무것도 하지 않고 피하거나 덮으려고 한다. 이것은 분명하게 자신의 권위를 다른 사람에게 양도하는 것이다.

이렇게 두려워하는 사람들은 장기간의 훈련과정이 필요하다. 반드시 자신의 권위(생각하고 선택하고 결정할 수 있는 힘, 관계를 맺거나 맺지 않을 힘, 자신이 원하는 것을 할 수 있는 힘 등)가 무엇인지 깨닫고 올바로 사용하는 훈련을 해야 한다. 화내면서 요구하거나 남을 배려하지 않고 막무가내로 떼쓰는 것이 아니라, 올바른 태도로 단호하고 확고하게 자신의 생각과 감정을 말로 표현하도록 노력해야 한다. 이것이 바로 사람 의존성의 회복 과정인데 여기에는 반드시 성경적 정체성과 안정감, 용기가 필요하다. 직면하고, 자신의 권위로 이야기하고, 하나님의 사랑 가운데 들어가기 시작할 때 두려움을 넘어 회복의 자리로 나아갈 수 있다. 이런 훈련은 당신이 신뢰할 수 있는 사람이나 장소, 공동체를 통해 시작할 수 있다. 올바른 권위를 사용하는 사람들과 함께하면서 보호와 사랑을 받아야 한다

> 주께서 주신 권세는 너희를 무너뜨리려고 하신 것이 아니요 세우려고 하신 것이니 내가 이에 대하여 지나치게 자랑하여도 부끄럽지 아니하리라(고후 10:8).

상처를 준 자들 대부분은 권위와 힘을 남용해서 타인을 어렵게 하는 사람들이다. 올바른 권위자는 사람들을 사랑하고 격려하며 지도하고 보호하며 세워준다. 우리는 이런 사람들을 통해 결핍된 사랑과 인정과 존귀하게 여김을 받아야 한다. 나이가 많은 사람이라도 예외는 없다. 치유와 회복에 늦은 때란 없기 때문이다. 지금이라도 올바른 권위를 사용하는 사람들과 함께 그런 경험을 해야 한다. 권위자가 아니어도 좋다. 동료나 후배들에게서라도 이런 것을 받아야 한다. 그래서 우리는 사랑과 웃음과 위로와 격려가 있는 건강한 공동체가 필요한데 그것이 가정과 교회 공동체이다. 하지만 안타깝게도 하나님이 만드신 이 두 공동체가 제 기능을 하지 못하고 있다. 그러므로 상처 입은 사람들이 서로를 귀하게 여기며 챙겨주고 감싸주고, 아프고 힘든 이야기를 해도 받아주는 치유 공동체로 모여야 한다.

마음을 열고 자신의 연약함과 어려움을 이야기하면 도움을 주고, 사랑하고 보호해주는 관계를 형성하는 것이 필요하다. 아픔이 있고 힘든 사람들이라 공동체를 이루는 데 어려움도 있을 것이다. 하지만 상처를 경험한 공감대가 있기에 올바른 지도만 받는다면 좋은 공동체로 성장할 수 있다.

하나님은 우리를 사랑하시고 보호하신다. 이것을 의심해서는 안 된다. 그분이 침묵하시는 것도 우리 스스로 문제를 해결하고 뛰어넘어 성장하는 것을 원하시기 때문이다. 하지만 두려움은 혼자 힘으로 해결하기는 힘들고 어려울 수도 있다. 치유과정에 참여하고 있다고 해서 그 사람의 주변 사람들까지 회복되거나 변화되는 것은 아니다. 그러므로 스스로를 폭력이나 학대로부터 보호하기 위한 장치를 마련하는 것이 중요하다. 어려움을 당할 때 도움을 청할 수 있는 사람을 만들어야 한다는 것이다. 가장 좋은 대상은 배우자나 친구지만, 그것이 어렵다면 사회복지사나 경찰도 가능하다(경찰을 부르는 것은 최후의 방법이다).

두려움 요약 도표

| 상처의 원인 | 행동 증상 | 상처로 인한 | | | 회복 훈련 과정 |
		핵심 감정	내적 생각	영적 문제	
학대 외상	보호 행동	두려움	너무 고통스러워… 보호해 줄 사람이 아무도 없어 힘, 권위가 없어	당신이 하나님	하나님의 보호 사랑의 위로받기 권위 찾아오기 안전한 장소, 사람으로부터 보호와 사랑받기

 그룹 나눔

① 당신이 가장 두려워하는 사람은 누구이며, 가장 두려워하는 상황은 언제인가?

② 당신은 두려움을 느낄 때 어떤 신체적 증상이 나타나며 어떤 행동을 하는가?

③ 이번 장에서 권위에 대한 내용을 읽고 어떤 생각이 들었는가? 당신이 갖고 있는 권위는 무엇이며 어떻게 사용해야 할지 말해보라.

④ 주님의 도움과 사람들의 도움과 격려를 받으려 할 때 당신에게 도움을 줄 사람이 있는가?

❼ 거절로 인한 감정 — 상실감

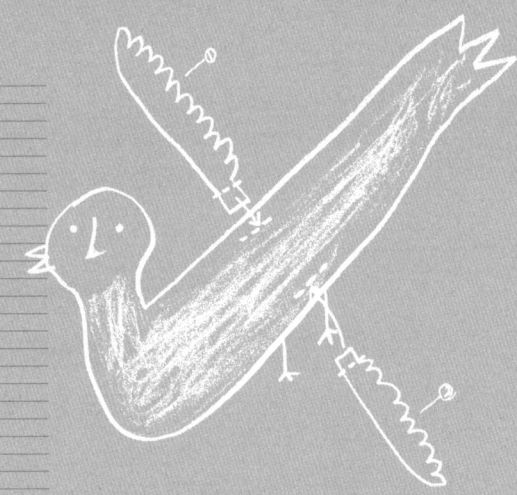

거절로 인한 감정, 상실감

- 내가 주의 영을 떠나 어디로 가며 주의 앞에서 어디로 피하리이까 내가 하늘에 올라갈지라도 거기 계시며 스올에 내 자리를 펼지라도 거기 계시니이다 내가 새벽 날개를 치며 바다 끝에 가서 거주할지라도 거기서도 주의 손이 나를 인도하시며 주의 오른손이 나를 붙드시리이다 (시 139:7-10).

상실감이란

상실은 무언가를 잃어버렸음을 의미하는 단어다. 뭔가 좋지 않은 것이 다가오고 있음을 감지하는 것이 두려움이라면, 상실감은 뭔가를 떠나보냈거나 잃어버렸음을 말해주는 것이다. 노트북 컴퓨터를 잃어버리면 어떤 기분이 들겠는가? 노트북도 문제지만 그 안에 들어 있는 문서와 자료들을 잃어버렸기 때문에 많이 화가 나고 속이 상할 것이다. 이와 같이 소유하거나 누리고 있던 좋은 것을 잃어버리거나, 친밀한 사람들과의 관계가 단절되거나, 다른 사람들과 분리되고 고립될 때 느끼는 감정이 상실감이다.

비싸거나 많은 양의 물건을 잃어버려도 그렇지만, 분실로 인해 사람들에게 오해 받고 큰 피해를 입게 되었다면 조그만 물건도 커다란 상실감을 불러일으킬 수 있다. 상실감의 정도는 그것을 얼마나 소중하게 여겼는지, 자신에게 얼마나 중요한지, 삶에 어떤 영향을 미치고 있었는지에 따라 달라진다. 대부분의 상실감은 물질적인 것보다 관계적인 것에서 오는 이유가 이것이다. 사랑하고 의지하고 신뢰하던 사람이 자신을 배신하거나 관계를 끊고 떠나버리면 상실감을 경험하게 된다. 그 사람과 함께 좋았던 추억까지 떠나보내야 하기 때문에 홀로 남겨짐을 고통스러워한다. 그래서 상실감은 거절감과 함께 분노와 증오까지 포함하는 혼란스러운 마음 상태라고 할 수 있다. 공허함과 허전함, 쓸쓸함과 외로움이 뒤섞여 있기 때문에 정서적으로 기복이 심하게 나타나기도 한다.

상실감을 다루기 위해서는 가장 먼저 자신의 곁을 떠나간 것이 무엇인지 파악해야 한다. 그(것)의 부재(또는 상실)로 인해 아프고 힘들어하며 분노하는 것이 무엇이며, 반대로 더 그리워지고 더 생각하게 되는 대상이 누구(무엇)인지를 알아야 한다. 상실감의 문제는 바로 그 대상과 연결되어 있기 때문이다. 친밀한 가족, 친한 친구, 사랑했던 연인, 존경하고 의지하던 권위자가 갑자기 곁을 떠나면, 마음과 시간과 공간과 추억 가운데 텅 빈 곳이 생기게 된다. 그렇게 되면 대부분의 사람들은 그 공백을 다른 사람이나 물건, 행위로 채우려 한다. 그러나 안타깝게도 그 어떤 것으로도 떠나간 대상의 빈자리를 채우기는 어렵다.

'그 사람은 이렇게 하지 않았는데…. 그 사람은 이렇게 해줬는데 이 사람은 왜 이러지?'라며 새로운 대상을 계속 비교하고 비현실적인 기대를 하면서 자기가 원하는 사람이 되기를 강요하며 억압한다. 결국은 좋은 관계, 친밀한 관계를 맺는데 실패하게 되는 것이다.

구전가요 중에 〈갑돌이와 갑순이〉라는 노래가 있다. 같은 마을에 살던 갑돌이와 갑순이는 서로 사랑하는 사이였다. 그런데 갑자기 갑순이가 시집을 가버렸다. 갑순이는 결혼한 첫날밤에 갑돌이를 생각하면서 한없이 울었다. 갑돌이를 진정으로 사랑했지만 어쩔 수 없는 현실 때문에 다른 사람과 결혼한 것이다. 많은 사람들이 이 대목에서 갑순이의 안타까운 사연에 공감한다.

하지만 입장을 바꿔보면, 전혀 다른 이야기와 만나게 된다. 갑순이가 갑돌이 생각을 하며 눈물 흘리던 바로 그 시각에 아무것도 모르고 갑순이와 결혼한 신랑은 어떤 마음이었까? 갑순이가 자신을 사랑한다고 믿고, 자신만 바라볼 거라고 믿고, 검은 머리가 파뿌리될 때까지 서로 사랑하고 섬기겠다고 굳게 결심하고 있지 않았을까? 그런데 불행하게도 아내 갑순이는 갑돌이를 사랑하는 것이다. 두 사람은 행복하게 살았을까? 십중팔구 건강한 부부관계를 맺지 못했을 것이다.

갑돌이의 입장은 또 어땠을까? 서로 사랑하고 결혼까지 약속한 사이인 갑순이가 자기를 배신하고 다른 사람에게 가버린 것이다. 너무 황당하고 화가 나서 억장이 무너졌을 것이다. '어떻게 그럴 수 있지? 나를 버리고 가다니 배신자! 나도 보란 듯이 결혼해서 갑순이 너보다 더 잘살거다!' 그래서 갑돌이도 홧김에 장가를 갔다. 하지만 결혼한 첫날밤에 달덩이 같은 갑순이 얼굴이 생각나서 달을 보며 눈물을 흘리고 말았다. 그러면 갑돌이와 결혼한 신부는 어떻게 되겠는가? 갑돌이가 자기를 사랑한다고 생각해서 결혼했는데, 남편의 마음에 다른 여자가 있다는 사실을 안다면 어떻게 되겠는가? 배신감과 사랑받지 못한다는 것 때문에 큰 상처를 받고 고통 가운데 살게 될 것이다.

만약 이것이 당신의 이야기라면 어떻겠는가? 당신의 배우자가 다른 사람을 사랑하고, 그와 예전에 함께했던 추억만을 생각한다면 어떻게 하겠는가? 이것은 연인관계 뿐만 아니라 부모나 형제, 존경하는 사람이 떠날 때도 벌어질 수 있는 상황이다. 사람은 떠났는데 마음속에는 여전히 남아 있다. 그래서 외롭고 공허하고 사랑받고 싶어서 떠난 사람의 빈자리를 다른 누군가로 채우는 것이다.

상실감에 대한 오해

상실감은 심리적으로 나약하고 연약하기 때문에 느낀다고 생각하는 사람들이 있다. 아마도 이것은 슬픔을 표현해서는 안 되고 속으로 삼켜야 한다고 가르쳤던 가정 교육과 문화적 영향 때문일 것이다. 그래서 표현하지 못하고 감추고 강한 척하다가 더 심각한 정서적 어려움을 겪는 사람들이 많다.

또한 우는 것으로 기분전환을 하면 된다고 생각해 상실감을 제대로 처리하지 않거나, 아픔을 잊기 위해 바쁘게 살기도 한다. 새로운 관계에 몰두하기도 하고, '시간이 약'이라고 생각해서 그냥 덮어두려고 하기도 한다. 그러나 그것으로도 문제를 완전히 해결할 수는 없다.

고통스러운 마음을 다른 사람에게 털어놓아도 위로 몇 마디 듣는 것 외에는 달라지는 것이 별로 없다. 이런 말을 계속 듣다 보면 오히려 우리를 도우려는 사람들에 대한 신뢰만 깨져 관계가 어려워질 수 있다. 고통의 여지를 없애려고 그 사람과의 관계를 끊어버리는 경우가 종종 있기 때문이다.

하나님이 의도하신 상실

하나님은 사람이 독처하는 것을 좋지 않게 보시고 남자와 여자가 함께 살아가게 하셨다. 사람들이 서로 사랑하고 신뢰하고 공급하며 필요를 채워주는 것을 의도하셨기 때문에 돕는 배필과 가족을 주신 것이다. 인간이 타락하기 이전의 창조 상태에서는 상실이란 감정이

성경에 표현되지 않았다. 하지만 인간은 선악과 사건을 통해 하나님과의 관계를 잃어버렸고, 낙원인 에덴동산에서 쫓겨나 죽음을 두려워하며 살게 되었다. 서로에 대한 사랑과 신뢰가 깨지고, 관계 가운데 불신이 들어왔고 자신이 지은 죄를 다른 사람의 탓으로 돌리기 시작했다. 결국 그로 인해 쓰디쓴 배신감과 거절감을 겪으면서 상실을 경험하게 되었다.

상실감은 소중한 관계를 잃어버려서 허전하고 외롭다는 표현인 동시에, 자신에게 누군가가 계속 필요하고 누군가와 영원히 함께하고 싶다는 표현이다. 하나님이 우리에게 상실감을 허락하신 이유가 바로 여기에 있다. 상실감은 "끝없이 서로를 비난하고 배신하는 것을 멈추고, 떠난 사람으로 가득했던 마음을 영원히 함께하시는 하나님과의 관계를 통해 하나님을 신뢰하고 사랑하면서 관계를 회복하라"고 우리에게 주신 하나님의 메시지인 것이다.

떠난 것과 잃은 것을 아쉬워하며 마음속에서 떠나보내지 못하며 그 대상을 그리워한다. 고통받고 아파하면서도 여전히 그 대상을 사랑하고 기억하며 함께하기 원한다. 그 대상과 맺고 있던 관계가 얼마나 소중하고 귀했는지 인식하면서 여전히 자신에게 그런 관계가 필요하다고 부르짖는 것이다.

문제는 우리가 하나님이 아닌 다른 대상을 통해 텅 빈 마음을 채우려 한다는 것이다. 하나님보다 사람을 의지하고 사람과 함께하려 하기 때문에 문제가 발생하는 것이다. 그러나 오직 하나님만 영원히 우리를 떠나지 않으시며 어떤 상황에서도 배신하지 않으신다. 그

⑦ 거절로 인한 감정, 상실감

분과 풍성하고 인격적인 관계를 맺는 일보다 중요한 것은 없다. 사람과의 관계는 그 다음이다. 하나님은 우리가 상실감을 통해 그것을 깨닫기 원하셨지만, 반대로 우리는 상실감을 채우기 위해 사람에게 집중하며 불신앙의 관계를 맺고 말았다.

모든 눈물을 그 눈에서 닦아 주시니 다시는 사망이 없고 애통하는 것이나 곡하는 것이나 아픈 것이 다시 있지 아니하리니…(계 21:4).

성경은 주님과의 온전한 관계를 통해 하늘나라의 영원한 생명을 얻으면 거절과 상실없이 기쁨으로 살게 된다고 선언한다. 이 말씀은 예수 그리스도가 재림하실 때 경험하게 될 하늘나라에만 해당되는 것이 아니다. 주님은 상실감 때문에 고통받고 있는 바로 지금 그리고 그 문제가 시작된 과거의 상황 가운데에서도 동일한 은혜를 베풀어주신다.

내가 결코 너희를 버리지 아니하고 너희를 떠나지 아니하리라 하였느니라(히 13:5).

주님은 과거와 현재와 미래, 언제나 우리를 떠나지 않으시고 버려두지 않으신다. 우리를 사랑과 십자가의 은혜로 풍성히 채우고 영원히 함께하기 원하신다. 결코 우리를 배신하거나 신뢰를 무너뜨리거나, 떠나거나 거절하지 않으신다.

거듭 말하지만 상실감은 주님을 갈망하고 주님으로 텅 빈 마음을 채워야 한다는 하나님의 메시지이다. 우리가 주님을 찾고 신뢰하며 동행하도록 이끌어주는 정서적 도구로 계획된 것이 바로 상실감이다. 그런데 우리는 하나님이 아니라 떠나간 사람의 허상이나 다른 대상으로 우리 마음을 채우려 하기 때문에 갈등이 벌어지는 것이다.

상실감의 원인

같은 동네, 같은 교회에서 성장해서 결혼한 부부가 있었다. 아내는 첫 번째 남편과 사별한 뒤 친구의 남편과 재혼한 상태였다. 죽은 첫 번째 남편 역시 같은 동네에서 자라고 같은 교회에서 신앙생활한 친구였다. 지금의 남편도 어린 시절부터 아내를 좋아하고 사랑했지만, 자신의 친구와 사귀고 있는 통에 그저 지켜볼 수밖에 없었다.

첫 번째 남편은 늘 아내를 아껴주고 사랑하며 공주처럼 받들고 살았는데 신혼 9개월 만에 교통사고로 세상을 떠났다. 사랑하는 남편의 갑작스러운 죽음에 충격을 받은 아내는 심한 우울증에 걸렸고 삶의 의욕마저 잃어버렸다. 그때 지금의 남편이 곁에서 위로하며 도와주다가 결혼까지 하게 된 것이다.

그런데 아내는 지금 남편의 말과 행동에 대해 불만이 많았고 항상 전 남편과 비교를 하며 "전 남편처럼 해달라"는 지나친 요구를 했다. 그래서 남편이 "전 남편은 전 남편이고, 나는 나다. 당신을 사랑하는 내 방식은 이런 거다"라고 아무리 설득해도 아내는 요지부동이었다.

"여보, 이제는 그 친구를 떠나보내야 해. 왜 자꾸 비교하면서 나를 그 친구처럼 만들려고 하는 거야? 당신이 원하는 대로 해줄 수 있으면 좋겠지만 나는 그 친구가 아니야. 나는 그렇게 하는 게 어렵다고!"

남편의 간절한 호소에도 아내는 계속해서 '전 남편의 방식'만을 고집했다. 결국 이혼 이야기까지 나오면서 부부가 함께 상담을 받으러 찾아왔다.

나는 그 여성에게 이렇게 말했다.

"이야기를 들어보니 자매님은 아직 돌아가신 전 남편을 떠나보내지 않으셨군요. 지금의 남편이 아니라 죽은 남편과 살고 있습니다. 외로움과 슬픔, 괴로움 속에서 허상을 붙들고 살고 있는 겁니다. 하루 빨리 전 남편을 떠나보내야 합니다."

내 이야기를 듣자마자 그 여성은 울음을 터뜨렸다.

"사랑하는 사람을 어떻게 떠나보내라는 거예요? 지금도 내 마음속에 생생하게 살아있는 사람을 어떻게 떠나보내요? 그 사람과의 추억을 생각하면서 위로 받고 안정감을 얻는데…."

"그러니까 우울증이 심해지고 갈수록 지금 남편과의 관계가 어려워지는 겁니다."

나는 다시 그녀에게 이렇게 말해주었다.

"지금처럼 전 남편을 붙잡고 살든지, 전 남편을 떠나보내고 지금의 남편과 제대로 살든지 그건 자매님의 선택입니다. 자매님이 계속 그런 마음을 품고 있다면 지금의 남편도 어떻게 할 수 없습니다. 지금의 남편과 헤어져서 다른 사람을 만난다고 해도 똑같은 상황을 되풀이할 것입니다. 두 분은 돌아가신 전 남편을 떠나보내야 온전한 부부로 살아갈 수 있습니다. 아무리 몰아붙여도 지금의 남편은 전 남편이 될 수 없고 되어서도 안 됩니다. 자매님이 바뀌어야 합니다. 자매님이 전 남편을 마음속에서 떠나보내는 것 외에 두 분 사이의 갈등을 해결할 길은 없습니다."

오랜 설명과 설득 끝에 그 여성은 나와 함께 마음속에서 전 남편을 떠나보내는 작업을 시작했다.

"그분을 얼마나 좋아하고 사랑했는지 이야기해 보세요. 그리고 돌아가셨을 때 얼마나 괴롭고, 힘들고, 아프고, 고통스러웠는지도 이야기하세요."

수도꼭지를 틀어놓은 것처럼 눈물을 흘리며 마음속에 있는 감정과 생각들을 차례로 끄집어내던 그는 마침내 자신이 어떻게 살고 있었는지 깨닫게 되었다. 그제서야 아내는 지금의 남편에게 용서를 구했고, 두 사람은 서로를 위로하면서 치유와 회복을 경험하게 되었다.

많은 사람들이 상실을 겪으면서 그 대상을 마음속에서 온전히 떠나보내지 않고, 상실로 인한 상처와 아픔을 정리하지 않은 채 다른 사람들과 관계를 맺으며 살아간다. 하지만 그런 관계는 깨어질 수밖에 없으며 파국으로 치달을 뿐이다.

이혼을 앞두고 마지막으로 상담을 받겠다며 찾아온 여성이 있었다. 그는 남편이 더 이상 자신을 사랑하지 않으며, 외도를 하고 있는 것 같다고 말했다. 더 이상 결혼생활을 지속하는 것이 무의미하고 소망이 없어서 이혼을 결심했다는 것이다. 그는 계속해서 남편이 얼마나 불성실하고 나쁜 사람인지, 자신이 얼마나 상처받고 아파하고 있는지 이야기했다. 나는 남편의 외도에 대한 정확한 근거가 없는 것 같아서 이렇게 물었다.

"그런데 정말 남편이 외도를 하고 있습니까? 무슨 근거로 그렇게 단정지어 말씀하시는 거지요?"

"정황상 그래요. 남편은 월요일에 옷을 싸들고 나갔다가 주말이 되어야 집에 들어와요. 그리고 월요일이 되면 다시 옷만 챙겨서 나가죠. 외도하고 있는 것 아닌가요?"

지나치게 자기중심적인 사고를 하는 것 같아서 계속 대화를 하는 중에 이상한 점을 한 가지 발견했다. 이 여성은 상대가 누구든 '시간 약속은 반드시 지켜야 한다'는 신념(?)을 갖고 있었다. 8시에 들어오기로 했다면 반드시 정확하게 8시에 들어와야 한다. 단 몇 분이라도 시간을 어기면 상대가 누구든 간에 강한 분노를 표출한다.

"제가 보니 다른 사람이 시간 약속을 어기는 것에 대해 매우 분노하시는 것 같네요. 혹시 과거에 누군가가 시간 약속을 어긴 것 때문에 상처받은 적이 있었나요?"

그는 잠시 생각하더니 "있어요. 엄마가 그랬어요."라고 말했다.

그의 부모님은 딸이 다섯 살 정도 되었을 때 이혼했다고 한다. 아버지는 딸을 키우겠다는 어머니에게 단 한 푼의 위자료도 주지 않았다. 어쩔 수 없이 어머니는 딸아이를 친정 엄마에게 맡기고 다른 곳으로 돈을 벌러 갔다.

"엄마가 맛있는 음식이랑 예쁜 옷이랑 좋은 선물을 많이 사올 테니 할머니 집에서 조금만 기다려."

어머니는 이 말을 남기고 떠났고 십 년 가까이 단 한 번도 찾아오지 않았다. 며칠만 지나면 엄마가 올 거라고 생각한 아이는 늘 문 밖에 나가서 기다렸다. 그러나 엄마는 오지 않았다. 할머니가 집에 들어가자고 해도 아이는 고집을 피우며 집에 들어가려 하지 않았다. 화가 난 할머니는 아이에게 손찌검을 하거나 "할머니 말을 안 들으면 엄마가 안 온다"며 협박을 했다는 것이다.

몇 년 뒤 아이는 유치원에 다니게 되었다. 다른 친구들은 아침마다 엄마 손을 잡고 유치원에 오는데 아이는 할머니 손에 이끌려와야 했다. 시간이 흘러 아이는 초등학교에 입학했다. 아이는 유치원 때와 마찬가지로 할머니 손에 이끌려 등교했다. 학교에서 소풍을 가는데 할머니가 갈 수 없으니 혼자 가야 했다. 다른 친구들은 맛난 도시락을 싸오는데 그런 것도 없고, 선생님 선물까지 챙기는 엄마들도 있었는데 아이는 그런 것은 꿈도 꿀 수 없었다. 다른 친구들의 놀림을 받고 뒤엉켜 싸우는 일이 잦아지기 시작했다. 마음속에 상처가 차곡차곡 쌓이면서 아이는 점점 말썽꾸러기가 되어갔고, 나중에는 불량한 친구들과 어울리면서 못된 짓을 하며 돌아다니게 되었다.

고등학생이 되었을 때, 드디어 엄마가 돌아왔다. 하지만 아이는 더 이상 엄마를 필요로 하지 않았다. 엄마는 아이가 하고 다니는 모양을 보고 잔소리를 할 수밖에 없었고, 급기야 아이는 엄마와 심하게 다투고 가출을 했다. 그것이 고등학교 3학년 때였다. 당연히 학업은 포기한 채 이곳저곳을 전전하며 살다가 지금의 남편을 만나 결혼한 것이다. 현재 부부 사이에 벌어지고 있는 갈등과 싸움은 모두 아내의 내면에 쌓여있는 상처와 아픔 때문이었다. 다른 사람이 시간 약속을 어겼을 때 나타나는 분노도 다섯 살 때의 경험에서 나온 것이었다.

이 모든 문제를 깨달은 그녀는 치유 과정을 시작했다.

"먼저 어머니에 대한 분노, 어머니 때문에 외롭고 쓸쓸했던 것, 어머니가 빨리 돌아올 거라고 기대하고 소망했던 마음을 표현해 보세요."

어머니와 싸움은 자주했지만 정작 그는 자신이 얼마나 힘들었는지에 대해 어머니에게 이야기한 적이 없었다. 상처를 직면하고 마음속에 있던 것을 풀어놓으면서 그는 조금씩 어머니를 용서하고 이해하기 시작했다.

"어머니가 저 때문에 고생을 많이 하셨을 것 같아요. 제 교육비 전부를 어머니 혼자서 마련하신 거잖아요."

그렇게 어머니와의 문제를 처리한 그는 자신이 그동안 남편에게 얼마나 잘못했는지도 깨닫게 되었다. '나를 사랑한다면 무슨 일이 있어도 시간 약속을 지켜야 해'라는 생각을 기준 삼아 남편을 판단하고 공격하면서 어머니를 향한 분노를 쏟아붓고 있었던 것이다.

사실은 남편에게도 상처가 있었다. 그는 태어나기도 전에 교통사고로 아버지를 잃고 홀어머니 밑에서 성장했다. 어머니는 틈만 나면 "애비 없는 자식이라는 소리를 듣지 않으려면 이렇게 저렇게 살아야 한다"며 귀에 딱지가 앉을 정도로 잔소리를 퍼부었고, 결국 그는 누구든지 잔소리만 하면 분노하게 되었다. 이 두 사람은 각자의 문제 때문에 서로의 갈등을 증폭시켰던 것이다.

"이제는 자매님이 홀로 외로울 때 주님이 뭐라고 말씀하시고 어떻게 행하셨는지 바라보세요."

당시 신앙을 갖고 있지 않은 상태였는데도 주님이 그에게 역사하셨다. 기도하는 중에 어릴 적 외롭게 혼자 앉아 있는 그를 위로하시는 주님을 경험하게 된 것이다. 주님은 외로움과 상실감에 고통스러워하는 어린아이(상담받고 있는 여성)에게 "너는 나의 사랑하는 딸이다. 내가 너를 보호하고 있단다"라고 말씀하시며 큰 사랑을 베푸셨다. 지금 그 여성은 남편과 함께 행복한 결혼생활을 누리며 신앙생활도 신실하게 하고 있다.

이 외에도 상실감을 경험하게 되는 원인은 여러 가지가 있다.
- 중요한 타인의 갑작스러운 죽음으로 임종을 지키지 못하거나 작별인사를 할 수 없는 상황.
- 사랑하는 사람의 죽음으로 삶의 환경이 나빠지거나 자신 때문에 가족 중 누군가가 자살했다고 생각할 때(죄책감도 동반됨).
- 가족처럼 지내던 애완동물의 죽음.
- 자신이나 부모님, 친척, 친한 친구의 이혼(특히 이혼은 자녀들에게 큰 영향을 주고 가족 모두에게 상실감을 주지만, 다시 언급하면 상처와 아픔을 준다고 생각해서 다루려 하지 않는 경향이 많음).

- 배우자의 배신이나 간통.
- 어린 시절 부모와 떨어져 살 수밖에 없는 상황 때문에 생기는 부재와 결속(관계) 부족.
- 어린 시절 부모로부터 버림받아 입양되거나 가정형편 때문에 남의 집에 얹혀 살게 될 때.
- 아이의 좋은 행동에 대해 칭찬하고 인정해주기는커녕 잘못된 행동에 대해서도 무관심할 때.
- 임신 중절(낙태)하려는 생각이나 시도(나중에 그에 대한 이야기를 들어야 하는 경우).
- 외모나 신체적 결점, 장애로 친구가 없을 때. 그로 인해 놀림 받고 괴롭힘을 당했을 때.
- 약혼이나 친한 친구와의 절교.
- (성관계가 있었던) 첫사랑과의 이별 혹은 버림받음(성관계는 육체적인 것뿐만 아니라 정서적, 정신적, 영적으로 강한 결속을 가져오기 때문에 모든 것을 파괴할 수도 있다).
- 질병이나 사고로 장애가 생길 경우.
- 여성의 경우에는 폐경.
- 명예퇴직이나 파산, 장기 실직상태.
- 원하는 학교나 회사에 들어가지 못하는 것처럼 꿈꾸던 것을 이루지 못했을 때.
- 자녀가 군 입대나 유학, 결혼으로 집을 떠나는 것.

상실감이 만들어내는 생각과 행동

생각

- 아무도 날 사랑하지 않아. 난 버림받았어.
- 정말로 사랑했는데 그가 나를 떠나버렸어.
- 나는 혼자야. 아무도 나와 함께하려 하지 않아. 관심조차 없어.
- 그/그것을 절대 놓치지 않을 거야. 날 떠나면 안 돼.
- 마음에서 지워버릴 수 없어. 절대 놓지 않겠어.
- 텅 비었다. 나는 아무것도 없다. 이제 나는 어떻게 해야 하지?
- 너무 외롭고 공허하다. 다른 어떤 것으로, 무엇으로도 내 텅 빈 마음을 채울 수 없다.

행동

- 마음속으로 떠난 것을 깊이 생각하며 자기연민에 빠진다.
- 계속해서 과거를 회상하며 현실을 부정한다.
- 괴로움을 피하려고 다양한 것(여러 가지 도피 반응)을 시도한다.
- 자기 정죄(떠난 것을 자기 탓으로 돌림)에 빠진다.
- 우울함에 스스로를 방치한다.
- 떠나간 것을 되찾으려 한다(혹은 다른 것을 찾고 그것을 놓지 않음).
- 고향이나 살던 곳을 그리워하며 감정적으로 그곳에 매인다.
- 추억이 될 물건과 그리운 사람에게 과도하게 애착한다.

상실감으로 인해 일어나는 영적인 문제

앞에서 반복해서 언급한 대로 관계 안에서 거절이나 분리를 경험하고 상실감을 갖게 된 사람은, 자신을 떠나고 거절한 사람을 미워하거나 반대로 여전히 마음속에서 붙잡고 있는 상태가 된다. 그래서 떠난 사람과 여전히 교감(미워하거나 그리워하거나 혹은 말하거나 생각하면서)하는 상태가 되고 자기 스스로 파괴적인 대화로 자기를 비하하고 정죄하면서 자신을 돌보거나 사랑하지 않는다. 또한 하나님과의 친밀한 관계를 갖지 못하게 될 뿐 아니라 하나님이 말씀하시는 내 자신의 영적인 정체성을 잃어버리게 되는 영적 혼란 상태가 된다. 또한 과거의 상처와 그로부터 얻은 부정적인 감정(예를 들면 미움 같은)을 떠나보내지 않고 묶여 있는 속박의 상태가 된다. 그래서 자신을 위로해 주고 사랑해 줄 것 같은 사람을 붙잡고 그에게 집착하게 되어 결국 하나님과의 관계나 자신과의 관계 그리고 다른 사람과의 관계 모두를 잃어버리는 영적인 고립상태가 된다.

상실감 회복 과정에 필요한 요소

마음에서 떠나보내지 못한 사람 떠나보내기

상실감을 회복하려면 먼저 묶여 있는 모든 것(상황, 사람, 감정, 고통)을 끊고, 사랑하고 의지했지만 상처를 주고 떠난 사람을 완전히 떠나 보내야 한다. 그렇게 하기 위해서는 먼저 그 대상에게 하고 싶은 말을 해야 한다. 사랑하고, 의지하고, 신뢰하고, 기대하고, 함께해서 좋았다고 말하라. 그리고 (그 대상이) 영원히 내 곁에서 사랑해 줄 줄 알았는데 떠나서 얼마나 아프고 힘들고 고통스러웠는지도 표현하라. 오래 전 일이라도 상관없다. 지금이라도 하고 싶었던 말을 하면 된다. 마음이 시원해질 때까지 말하라.

어떻게 우리는 상처를 주고 떠난 사람을 마음속에서 완전히 떠나보낼 수 있을까? 방법은 하나밖에 없는데 바로 용서다. 아무리 기억하지 않으려고 노력해도 그 영향력이 여전히 마음속에 남아 있을 수 있다. 하지만 용서할 때, 상실감을 주고 떠나간 대상을 마음속에서 보낼 수 있다.

주님의 넓은 마음으로 용서하라. 용서할 마음을 달라고 기도하지 말라. 용서할 마음이 생기지 않아도 의지적 결단으로 용서를 선포해야 한다. 직면과 애도를 통해 그 대상을 떠나보내는 것이다. 주님은 이미 용서할 마음을 우리에게 주셨다. 용서는 그냥 해야 하고 그냥 하면 되는 것이다. 그럴 때 우리 안에 묶여 있는 것이 풀어지고 떠나가게 된다.

하나님과의 관계, 임재하심 훈련하기

하나님과 관계를 훈련을 해야 한다. 지속적인 성경 읽기와 기도, 묵상과 찬양 등을 통해 그분과 인격적인 만남을 가져라. 메마르고 외로운 광야에서, 풍성하고 떠들썩한 광장에서 말씀하시는 그분의 음성을 모두 들을 수 있어야 한다. 이것은 한 번의 기도나 금식이 아니라 삶을 통해 배울 수 있다. 오직 주의 성령으로 가능한 일이다(잠 1:20-23).

하나님은 우리 아버지이며, 말씀이기에 우리에게 계속 말씀하신다. 그러므로 그분의 음성을 분별하는 훈련을 해야 한다. 가만히 앉아 주님이 말씀하실 때까지 기다려보라. 세미한 음성으로, 감동으로 함께하시는 그분의 음성을 듣게 될 것이다. 주님은 당신이 얼마나 사랑스럽고 괜찮은 존재인지에 대해 말씀하실 것이다.

당신이 사랑받기 위해 태어난 사람이며 수많은 가능성을 갖고 있는 하나님의 자녀라고 말씀하신다. 바로 그 말씀으로 우리의 존재 가치를 확증해 주신다.

나는 어렸을 때부터 부모와 가족과 떨어져 살았고 친구들에게 왕따를 많이 당했다. 그래서 가족과 친구에 대한 거절감이 상당히 컸다. 또한 '결혼을 해서 아이가 태어나면 절대로 전학은 보내지 말아야지. 절대로 집을 떠나게 하지 않을 거야. 어디를 가든 항상 같이 다닐 거야'라는 내적 결심을 많이 했었다. 그래서였는지 사역을 시작하고 한동안은 아내와 아이들을 데리고 다니곤 했다.

한번은 어떤 모임에 가기로 했는데 아내가 가지 않겠다고 말했다. 그게 무슨 말이냐고 아내를 설득하다가 문득 '나는 왜 억지로라도 가족들과 같이 다니려고 하는 걸까?'라는 생각이 들었다. 그래서 주님께 나아가 기도하기 시작했다.

"하나님, 저는 아내가 곁에 없으면 마음이 불안하고 불편합니다. 혹시 지난날의 상처나 아픔 때문에 나타나는 모습은 아닌가요?"

갑자기 바닥이 차갑고 묘한 냄새가 나며, 외롭고 쓸쓸한 분위기의 방이 생각났다. 가만히 생각해보니 그곳은 오래 전 홀로 하숙생활을 하던 방이었다. 외출했다가 하숙방에 돌아올 때마다 느꼈던 냉랭함과 외로움, 서글픔이 되살아나면서 싫은 감정이 강하게 올라왔다. 그때 주님이 내 안에 이렇게 말씀하셨다.

"이 시절에 너는 참 많이 외로워했었지. 나도 그때 너와 함께 있었고 곁에서 너를 인도하고 있었단다. 물론 너는 나를 바라보지 않았지. 나는 외로워하고 힘들어하고 괴로워할 때마다 너와 함께했다."

그제서야 비로소 주님이 나와 함께하신다는 것을 지식이 아니라 경험된 믿음으로 깨닫게 되었다.

주님은 부산에서 사고를 치고 호주에 가 있던 시절도 기억나게 하셨다. 당시 나는 아무 의미 없는 육체노동을 반복하며 우울증에 걸려있었다. 사역도 하고 싶지 않고, 아무도 만나고 싶지 않고, 모든 것을 포기하고 싶은 마음으로 가득 차 있었다. 머물고 있던 선교단체의 베이스에 캥거루가 뛰어다니고 앵무새가 날아다니는 축구장 크기의 넓은 잔디밭이 있었는데, 하루는 그곳에 있는 벤치에 앉아 석양을 바라보며 죽고 싶다는 생각을 하고 있었는데, 주님이 내 마음속에서 "내가 너를 사랑한다"라고 말씀하셨다. 그런데 나는 화를 벌컥 내며 말했다.

⑦ 거절로 인한 감정, 상실감

"하나님. 거짓말하지 마세요. 사랑하신다면서 저를 이런데 데려오셨습니까? 이런 고생을 시키면서 저를 사랑하신다고요? 그런 리더만 만나지 않았어도 제가 이 지경이 되지는 않았을 거라고요. 하나님이 저를 사랑하신다면 앞길을 열어주셔서 중요한 직책을 맡은 리더가 되게 해주셔야죠. 지금 제 모습을 좀 보세요. 말 한마디 통하지 않는 외국에서 매일 잔디나 깎고 땅이나 파고 있지 않습니까? 사랑하신다면 잘 되게 해주셔야 하는 것 아닌가요?"

그럼에도 불구하고 주님은 계속해서 "그래도 내가 너를 사랑한단다"고 말씀하셨다.

"일을 열심히 해서 너를 사랑하는 것이 아니다. 물론 낙심해서 벤치에 널브러져 있다고 너를 싫어하는 것도 아니고 나는 네가 나의 아들이기 때문에 사랑하는 거란다."

주님의 따뜻한 말씀에 돌덩어리처럼 굳어있던 마음이 깨졌고, 나는 펑펑 울며 주님께 이렇게 고백했다.

"하나님. 지금도 변함없이 저를 사랑하시는군요. 제가 잘해도, 잘못해도, 투정부려도, 우울증이 있어도, 분노해도, 다른 사람을 때려도 사랑하시는군요. 끝까지 저를 버리지 않으시는군요."

나는 지금도 그날의 감격을 안고 살고 있다. 이제는 혼자 있어도 외로움을 느끼지 않는다. 혼자 있어도 나는 일을 하거나 책을 읽거나 사람들과 만나 대화하고 교제할 수 있다.

하지만 무엇보다 중요한 것은 언제든지 주님과 대화할 수 있다는 사실이다. 얼마나 감사한 일인가. 그러므로 우리는 반드시 하나님과 관계하는 법을 배워야 한다. 상실감 때문에 괴로워했던 과거의 상황 가운데 주님이 어떻게 당신을 위로하고 격려하셨는지 다시 확인하고 경험하기 바란다.

자신과의 관계 회복하기

배신과 거절과 버림받음으로 분리된 자아는 스스로를 거절하고 평가절하한다. 자아가 깨졌기 때문에 스스로를 비하하고 사랑하지 않는다. 속사람과 겉사람이 서로 다른 말을 하거나 한 목소리로 스스로를 비난한다. 그러므로 '속사람과 겉사람이 관계하는' 것을 연습해야 한다.

먼저 누구에게도 방해받지 않는 혼자만의 시간을 마련하라. 자신의 입을 만지면서 이렇게 말하라.

"입아, 좋은 말을 하고 다른 사람을 세우는 말을 해줘서 고맙다."

귀를 만지면서 이렇게 말하라.

"귀야, 좋은 소리를 들려줘서 고마워. 네가 있어서 좋지 않은 소리가 들릴 때도 지혜롭게 분별할 수 있단다. 정말 고맙다."

계속해서 신체의 여러 부분에 감사의 말을 하라.

"머리야, 좋은 생각을 해줘서 고맙다."

"발아, 어디든 갈 수 있도록 힘써줘서 고맙다."

"손아, 나를 돕고 다른 사람들을 도와줘서 고맙다."

"오장육부야, 언제나 나를 위해 열심히 일 해줘서 고맙다."

"심장아, 늘 힘차게 뛰어줘서 고맙다."

나도 자주 이런 시간을 갖는데, 놀랍게도 그렇게 할수록 나 자신을 사랑하고 일체감을 경험하게 된다. 그리고 정말로 건강해지는 효과가 나타난다. 자신과 관계하는 것을 연습해야 한다. 자신이 쓸모없고 사랑받을 수 없는 존재라는 생각을 던져버려라.

주님과의 인격적 관계 안에서 스스로에게 "너는 좋은 사람이야. 너를 사랑해"라고 말하라. 겉 사람이 속사람을, 속사람이 겉 사람을 격려하고 축복하고 사랑한다고 고백하는 시간을 지속적으로 가져야 한다. 하나님의 말씀을 날마다 우리 영혼에게 선포하라.

다른 사람과 관계하는 훈련하기

예수님은 제일 먼저 하나님을 사랑하고 그분과 교제하며, 다음으로 자기 자신과 이웃을 사랑하라고 말씀하셨다.

네 마음을 다하고 목숨을 다하고 뜻을 다하여 주 너희 하나님을 사랑하라 하셨으니 이것이 크고 첫째되는 계명이요 둘째도 그와 같으니 네 이웃을 네 자신 같이 사랑하라 하셨으니 이 두 계명이 온 율법과 선지자의 강령이니라 (마 22:37-40).

하나님을 사랑하는 만큼 자신을 사랑할 수 있고, 자신을 사랑하는 만큼 다른 사람을 사랑할 수 있다.

영적으로 정서적으로 건강한 사람은 다른 사람에게 사랑받으려고 애쓰거나 노력하지 않는다. 상실감과 거절감의 문제를 가진 사람들은 거절당하지 않으려고 (원하지 않아도) 다른 사람의 요구를 들어주며 그들의 눈치를 본다. 하지만 우리는 더 이상 눈치볼 필요가 없다. 더 이상 사랑을 갈구하지 않아도 된다. 이미 하나님이 아들을 죽게 하시기까지 우리를 사랑하셨기 때문이다. 또한 공동체에서 서로 격려하고 받아주고 사랑하는 것을 배웠다면, 사람들에게 인정받지 못하고 따돌림을 당해도 하나님이 나와 함께 계실 뿐 아니라 내가 여전히 귀한 존재이기에 다른 사람을 의지하지 않을 수 있다.

이런 마음의 준비가 되었다면 당당하게 다른 사람과 관계 맺는 것을 시작할 수 있다. 우리의 목표는 사람들과 인격적인 관계를 맺고 유지하는 것이다. 이것은 사람을 과도하게 의지하지 않으면서도 적절하게 친밀하고 상호보완적인 관계이며, 함께하지만 필요하면 언제든지 혼자 있을 수 있는 관계이고, 상대방이 싫어할 것에 대한 두려움에서 벗어나 자신의 의사에 따라 긍정하고(Yes) 부정할(No) 수 있는 관계다. 즉 자신이 모든 것을 결정할 수 있다. 이런 관계 훈련은 혼자서 할 수 없기 때문에 건강한 경계선(boundaries)을 가진 성숙한 이들과 좋은 공동체가 필요하다.

다른 사람과 관계하는 법을 배울 때, 제일 먼저 할 것은 듣는 훈련이다.

> 듣기는 속히 하고 말하기는 더디 하며 성내기도 더디하라(약 1:9).

상대방의 필요가 무엇인지, 무슨 말을 하고 있는지, 어떤 감정을 갖고 있는지, 어떤 생각을 갖고 있는지를 듣는 것이다. 말하는 것은 그 뒤에 해도 충분하다. 물론 말하는 훈련도 필요하다. 건강하게 자신을 주장하고, 자신의 감정을 표현하고, 긍정(Yes)과 부정(No)을 정확하게 말하는 연습을 해야 한다. 말하는 기술인 '나' 전달법 혹은 듣는 기술인 공감 경청을 연습해서 자신의 삶에 적용하는 것이 필요하다.

또한 분노나 두려움, 상실의 문제를 처리하려면 치유 공동체가 필요하다. 서로의 상하고 힘든 마음을 받아주고 나누고 지지해 주는 그룹이 있어야 한다. 앞에서 나눈 훈련들도 이런 치유 공동체 안에서 하는 것이 좋다.

치유와 회복은 한두 번 강의를 듣고 세미나에 참석하고 기도한다고 해서 이루어지지 않는다. 복잡한 훈련 과정을 거쳐야 하고 많은 시간이 필요하다. 이것을 적절하게 도와줄 수 있는 공동체와 함께할 때에만 온전한 회복을 경험할 수 있다.

상실감 요약 도표

상처의 원인	상처로 인한				회복 훈련 과정
	행동 증상	핵심 감정	내적 생각	영적 문제	
거절	거절 행동	상실 거절	난 버려졌어 함께하는 자가 없어 또 버림당할 거야	관계가 하나님	떠난 자들을 떠나보냄 하나님과 만남, 관계 회복 자신과 관계 회복 타인과 관계 회복

 그룹 나눔

① 좋은 추억을 떠올릴 때 당신은 어떤 느낌이 드는가?
② 당신은 잃어버리거나 떠나보낸 것으로부터 어떤 영향을 받고 있는가?
③ 아직 용서하지 못했거나, 떠나보내지 못한 것이 있다면 무엇인가?
④ 떠나보내는 과정을 통과하고 있다면, 당신이 얼마나 힘든지 다른 사람들에게 나눠라.

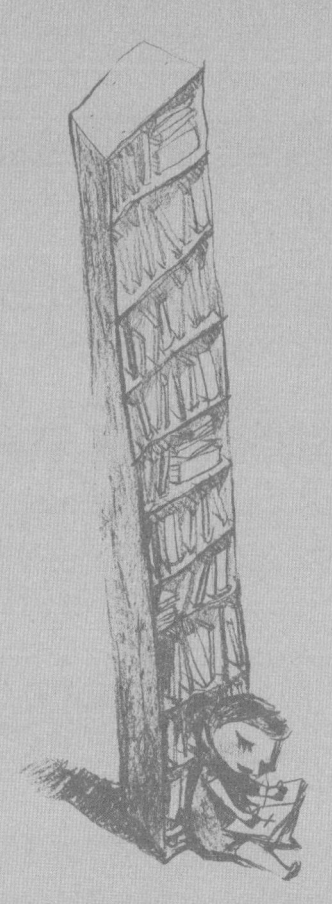

❽ 모든 상처로 인한 감정 – 수치심

모든 상처로 인한 감정, 수치심

- 주를 바라는 자들은 수치를 당하지 아니하려니와 까닭 없이 속이는 자들은 수치를 당하리이다(시 25:3).

이에 그들의 눈이 밝아져서 자기들이 벗은 줄을 알고 무화과나무 잎을 엮어 치마로 삼았더라(창 3:7).

수치심은 지금까지 설명한 상처의 원인과 행동, 감정 증상을 모두 포함하는 감정다발이다. 각각의 핵심 감정, 즉 분노와 두려움, 상실감이 수치심을 만들기도 하고 반대로 수치심이 세 가지 감정을 강화하기도 한다(상호 연결). 따라서 각각의 핵심 감정을 치유하는 것과 함께 가장 중심이 되는 수치심도 반드시 다뤄야 한다. 그러나 수치심은 단번에 치유되는 것이 아니라 지속적인 과정을 통해 해결된다는 것을 기억해야 한다. 그렇기 때문에 다른 감정들보다 치유하는 데 더 많은 시간이 필요할 수도 있다.

수치심이란

죄책감과 수치심의 비교

수치심은 죄책감과 비교할 때 그 진면목을 파악할 수 있다. 죄책감은 실수나 잘못된 행동에 대해 후회하고, 양심의 가책을 느끼거나 뉘우치는 것이다. 그래서 "내가 실수(잘못)했어"라고 말하고, 다시 실수하지 않도록 행동을 조심하게 된다. 반면에 수치심은 죄책감을 넘어 자신의 존재를 평가절하하고 폄하하는 것이다. 자신이 실수 덩어리이며 문제가 많은 존재, 태어나지 말았어야 할 존재라고 믿는 내적 자각이다(다른 사람들도 그렇게 생각한다고 믿는다).

수치심은 행동과 존재를 분리해서 사고하지 못하도록 방해하며, 실수한 행동을 자신의 존재 가치에 이입시켜 자신의 모든 것이 잘못되었다고 생각하도록 만든다. 그래서 자신의 잘못과 연약함, 무가치한 행동이 드러나 심각한 타격(손상)을 받게 될 것을 두려워하는 사고체계와 신념을 가지고 있다. 그래서 수치심의 문제를 갖고 있는 사람은 수단과 방법을 가리지 않고 자신을 철저히 숨기며, 사람들이 알아줄 만한 외적인 것(돈, 명예, 학벌, 집, 자동차 등)으로 자신을 포장하는 데 모든 에너지를 사용한다.

자신이 원하는 사람처럼 보이거나 다른 사람에게 인정받았다고 느껴지면 자신을 위대한 존재라고 생각하고 자신이 남과 다르다는 착각에 빠진다. 자신보다 못하다고 생각한 사람에 대해 비난하고 무시하면서 주변 사람들을 속이거나 아프게 한다. 하지만 실제로 높은 자리에 오르고 성공한다 해도 여전히 자신을 숨기고 감추려는 삶의 태도를 유지한다(방어기제가 강함). 거짓말을 많이 하기 때문에 그것을 진짜 자신이라고 생각하는 경향이 있다. 심한 경우는 자신이 누구인지조차 모르게 되기도 하는데 그것은 거짓 인식으로 인해 머릿속이 복잡하고 혼란스러워져서 인식 자체가 깨어졌기 때문에 나타나는 현상이다.

상처의 원인과 그로 인한 행동, 감정이 연결되어 있다

수치심은 상처의 원인(결핍, 학대, 거절)과 그 고통에서 벗어나려는 행동(보상, 보호, 거절), 그로 인해 발생하는 감정(분노, 두려움, 상실감)을 스스로 평가하고 형성한 내적 자아의식과 연결되어 있다.

'나는 과거에 사람들에게 인정도 칭찬도 사랑도 받지 못했고, 먹을 것과 입을 것이 없을 정도로 가난했으며 공부도 못하고 재능도 없었다'고 생각하는 자의식이 낮은 사람은 자신이 형편없는 사람으로 낙인찍히고, 별 볼일 없는 존재라는 것이 입증될까봐 철저하게 과거를 숨기고 괜찮은 사람으로 보이기 위해 노력한다.

"나는 학대당하고 외상을 경험했다. 매일 두드려 맞으며 욕을 먹었고, '너는 태어나지 말았어야 해. 너 같은 건 쓸모없어. 진작 갖다 버렸어야 했는데'라는 소리를 들으며 살았다"는 자신의 과거를 자랑하고 싶은 사람은 없다. 그래서 학대받은 사람은 그런 사실을 숨기고 다른 사람이 인정해줄 만한 것을 내세워서 좋은 평가를 받으려고 한다. 그래서 수치스럽게 생각되는 진짜 이야기는 모두 숨기는 것이다. 이런 사람은 자신의 비밀이 들통났을 때 다른 사람들이 손가락질하고 정죄하며 떠날 것이라 생각해 전전긍긍하며 살아간다.

'나는 사람들로부터 거절을 많이 당했다. 미움받고 왕따당하고 집에서 쫓겨났다. 부모의 편애로 늘 비교당하며 괄시받았다'고 생각하는 사람은 자신을 불량품처럼 생각하며, 사랑받기 위해 늘 눈치보며 다른 사람의 마음을 붙들려고 노력한다. 반대로 아예 대인관계를 맺지 않는 사람도 있다.

다른 사람에게 숨기고 있는 비밀이 있는가? 절대로 남에게 이야기할 수 없고 다른 사람들이 알아서 안 되는 것, 심지어 하나님에게도 숨기고 싶은 것, 너무 부끄럽고 창피하고 고통스러워서 말하는 순간 사람들로부터 버림받고 무시와 멸시를 당할 거라 여기는 것이 있는가? 최선을 다해 숨기고 감추기 위해 노력하는 것이 있다면, 아마도 이런 것일 게다.

어떤 사람은 자기가 아니라 부모가 거짓말과 부도덕한 행동을 한 것인데, 그런 부모 밑에서 성장한 자신도 쓸모없는 존재라고 생각해서 수치심을 느끼기도 한다.

성수대교와 삼풍백화점 붕괴사고가 일어났을 때 나는 해외에 있었다. 사고 소식을 들은 외국인들이 나에게 물었다.

"도대체 얼마나 오래 된 다리이기에 무너진 겁니까? 지은 지 얼마나 되었기에 백화점 건물이 내려앉은 겁니까?"

나는 너무 창피해서 할 말이 없었다. 국회에서 사람들이 싸우는 모습이 방송에서 나올 때도 차마 눈을 뜰 수 없었다. 대한민국이 나의 일부라고 생각하기 때문에 수치심을 느끼는 것이다. 자신이 소속된 단체의 비리가 드러나고 단체의 이름이 알려질 때 창피하고 난감하게 느끼는 것도 같은 맥락이다. 그래서 사람들은 떳떳하게 이야기할 수 없는 부분들을 빼고 사람들이 받아줄 것들만 이야기한다. 마음속 깊은 곳에 비밀을 묻어두려 한다. 문제는 그것이 계속 생각나고 자극에 반응한다는 것이다. 처리하지 못한 수치심은 의도적이든 아니든 누가 마음속에 숨겨놓은 것을 건드리면 자기도 모르게 폭발한다. 끝까지 비밀을 숨기기 위해 거짓말하고 축소하고 합리화하고 멋진 자랑거리를 만들려고 모든 에너지를 쏟는다. 그래서 삶이 힘들고 괴롭다. 늘 거짓으로 자신을 포장해야 하니 얼마나 내적 갈등이 심하겠는가? 이것이 바로 수치심 때문에 일어나는 증상이다.

수치심의 문제가 있는 사람은 스스로에게 분노하고, 숨겨둔 비밀을 드러내는 사람에게 분노하며, 자신을 좋은 사람으로 인정해 주지 않는 사람에게 분노하고 짜증낸다. 그리고 그 사실이 알려질까 두려워하고 그런 조짐만 생겨도 불안해한다. 슬퍼서 눈물을 흘리기도 한다. 사람들이 자신을 거절하고 떠날 것에 대해 상실감을 갖고 있다.

수치심에 대한 오해

일반적으로 수치심을 부끄러움의 감정이나 수줍음을 많이 타는 성격 정도로 여긴다. 그리고 부끄러움은 어느 정도 가지고 살아야 한다고 생각하고 그래야 겸손할 수 있고 남의 눈치를 살피면서 원만하게 살 수 있다는 것이다. 또한 고치거나 바꿀 수 없는 성격이기에 그냥 살아야 한다고 이야기한다.

하지만 수치심은 일반적인 감정이 아니라 파괴적이고 심각한 문제를 일으키는 성격 그 이상의 것이다. 수치심은 자신의 존재를 부정적으로 평가하게 하는 감정이며, 인생을 올바로 살지 못하게 하는 영적 질병이며, 하나님을 대적하면서 세상적인 기준과 삶을 추구하는 불신앙의 근원이다. 뿐만 아니라 하나님을 의지하는 삶, 그분이 나의 존재를 아무 조건없이 인정하는 구속의 원리에서 벗어나 세속적인 가치관으로 살게 하는 심각한 영적 문제이기도 하다. 그런 이유로 반드시 하나님 앞에서 치유해야 하는 것이다.

자신은 부끄러움을 타지 않기 때문에 수치심이 없다고 이야기하는 사람이 있다. 하지만 부끄러움을 느끼지 못한다고 수치심이 없는 것은 아니다. 스스로를 어떻게 생각하고 평가하는지에 대한 감정과 생각의 문제이기 때문에 부끄러움을 느끼는 것과는 상관없다.

그래서 하나님의 기준에서 평가하고 자신을 세우는지, 세속적인 기준으로 자신을 세우는지를 살펴보면 수치심이 있는지 없는지를 판단할 수 있다.

당신에게 기쁨과 안정감을 주며, 당신이 자신을 평가할 때 기준으로 삼는 것은 무엇인가? 하나님의 말씀인가, 세상적인 것인가, 아니면 사람들에게 인정받는 것인가?

열심히 노력해서 괜찮은 사람이 된다고 해도 수치심은 없어지지 않는다. 열심히 노력하는 것은 좋은 일이다. 하지만 가치 있는 존재가 되기 위해 노력하는 것은 하나님의 기준과 그분의 관점에서 벗어나는 일이다. 그것은 세상적인 것을 기준으로 삼고, 사람들에게 인정받는 것에 자아 개념을 두기 때문에 온전하지 않다.

수치심을 느끼지 말라는 것이 아니다. 수치심은 감정이기 때문에 느낄 수밖에 없다. 중요한 것은 '수치심에 건강하게 반응하느냐 세속적으로 반응하느냐, 하나님의 관점에서 그분을 의지하느냐 세상의 것을 의지하느냐'에 달려있다.

하나님이 의도하신 수치심

남자와 여자가 창조되었을 때에는 벌거벗고 다녀도 전혀 부끄러워하지 않았다. 선악과를 먹고 죄가 들어오면서부터 수치심을 느끼게 되었고, 올바른 행동과 마음으로 하나님께 나아가지 않았기 때문에 수치심은 사람들의 마음에 독하고 악한 것이 되었다.

사람들은 잘못(죄)을 인식하면서 죄악된 행동이 드러날 것을 두려워하기 시작했고 자신들이 벗었다는 것을 알게 되었다. 그래서 벗은 몸을 감추기 위해 나뭇잎으로 부끄러움을 가렸다. 벗은 것, 죄를 범하는 것이 창피하고 괴로운 것임을 느끼면서 수치심은 내재화되고 강하게 사람을 묶게 되었다.

실수를 인정하고 잘못을 뉘우치고 용서를 구하며 하나님 앞에 용기있게 나아갔다면, 죄를 지은 책임과 결과를 정당하게 받고 수치심 대신 죄책감의 감정을 느낄 수 있었을 것이다. 하지만 자신의 벗은 몸과 악한 행동으로 자신의 존재까지 부끄럽게 생각하게 됨으로 수치심이 마음속에 자리잡게 되었다. 스스로를 손상된 존재, 죄를 짓고 실수하고 바보 같은 짓을 하는 사람으로 생각하고 느끼는 것이다. 그래서 자신의 연약함을 숨기고 진짜가 아닌 가짜를 추구하고, 지금의 자신보다 더 나은 자신이 되려고 세상의 영광스러운 것을 얻기 위해 몸부림치며 살아간다. 자신의 힘, 실력, 노력, 재물, 세상적인 열심과 노력으로 자신을 하나님과 같은 존재로 만들려고 시도하는 것이다.

이런 삶은 십자가와 하나님을 의지하지 않고 세상의 것으로 자신을 괜찮은 존재로 포장하려는 시도이며, 주님을 멀리 떠난 삶으로 우리를 구원하여 새사람으로 이끄시는 십자가의 은혜를 뿌리치는 것이다. 수치심에 사로잡힌 사람은 교만하거나 좌절하게 되고 세상에서 높아지고 괜찮은 존재가 되기 위해 수단과 방법을 가리지 않는 교활한 사람이 되기도 한다.

반면 수치심에 올바르게 반응하면 삶에 유익을 준다. 자신의 연약함을 인정하고 주님을 의지하며 십자가 은혜를 힘입어 살려고 노력하기 때문이다. 수치심이 있을 때 건강하게 반응하는 방법은, 하나님께 자신의 실수와 교만, 죄된 행동과 악독한 마음을 솔직하게 말하고 인정하는 것이다. "저는 죄인입니다. 십자가 앞에 죄의 모든 행동과 마음을 내려놓습니다. 십자가 보혈의 은혜로 정결케 해주십시오. 주님의 십자가 은혜로 새롭게 해주십시오"라고 부르짖으며 십자가 앞으로 나아간다. 그러면 하나님은 십자가의 은혜로 우리를 구원하셔서 자녀 삼아 주시고 의로운 자로 인정해주신다. 이것이 수치심이 있을 때 하나님이 우리에게 바라시는 태도와 마음 자세이다.

하나님 앞에 나아간 후에는 사람에게도 연약함을 고백하고 인정해야 한다. 수치심 때문에 자신을 숨기는 것은 하나님을 두려워하기보다는 사람들을 권위자로 인정하고 그들의 평가를 두려워해 의식하는 행동이다. 사탄은 바로 이런 것으로 우리를 공격한다. "그 사실을 알게 되는 순간 사람들은 너를 형편없는 사람이라고 놀리며 떠나갈 것이다"라며 우리를 속일 것이다. 그런데 사람들에게 자신의 연약함을 고백하고 인정하면, 더 이상 사람들이 나에게 권위자로 서거나 내 마음의 평강을 빼앗아가는 두려운 존재가 될 수 없다. 그러므로 다른 사람에게 자신의 연약함을 고백하는 것은 사탄이 공격할 수 있는 빌미를 제거하고 영적 싸움에서 승리할 수 있는 비결이다.

예수님도 광야에서 사탄에게 시험을 받으셨지만, 모두 말씀으로 물리치셨다(마 4:1-11).

시험하는 자가 예수께 나아와서 이르되 네가 만일 하나님의 아들이어든 명하여 이 돌들로 떡덩이가 되게 하라(마 4:3).

이에 마귀가 예수를 거룩한 성으로 데려다가 성전 꼭대기에 세우고 이르되 네가 만일 하나님의 아들이어든 뛰어내리라 기록되었으되 그가 너를 위하여 그의 사자들을 명하시리니 그들이 손으로 너를 받들어 발이 돌에 부딪치지 않게 하리로다 하였느니라(마 4:5-6).

말씀을 볼 때 사탄의 공격 초점은 바로 존재(자아정체성)였다. 그는 예수님에게 '돌을 떡덩이로 만들 수 있어야 하나님의 자녀'라는 생각을 집어넣으려 했다.

돌을 떡덩이로 만들지 못하면 하나님의 자녀가 아닌가? 높은 곳에서 뛰어내렸을 때 (천사들이 받아주지 않아서) 다치거나 죽으면 하나님의 자녀가 아닌가? 상처나 고통이 없어야 하나님의 자녀이고, 삶에서 그런 것을 경험하면 하나님의 자녀가 아니란 말인가? 그렇지 않다. 능력이 없어 돌로 떡덩이를 만들지 못해도, 높은 곳에서 뛰어내리다 다쳐도, 죄를 짓고 실수해도 우리는 여전히 하나님의 자녀다.

잘못된 행동과 죄 때문에 창피하고 수치스러울 수 있다. 하지만 그렇다고 하나님의 자녀라는 신분을 잃는 것은 아니다. 사탄은 계속해서 우리가 능력있고, 완벽하고, 더러운 것이나 악한 마음이 없어야 한다고 공격하지만 이것은 사탄의 거짓이며 속임수다.

예수님을 공격한 사탄의 또 다른 전략은 '쉽게 자신의 존재를 드러내고 높이는' 방법에 관한 것이었다.

마귀가 또 그를 데리고 지극히 높은 산으로 가서 천하 만국과 그 영광을 보여 이르되 만일 내게 엎드려 경배하면 이 모든 것을 네게 주리라 (마 4:8-9).

자신의 존재를 의심하는 사람은 최대한 빠르고 손쉽게 스스로를 더 나은 존재로 만들고 싶어 한다. 이것은 사람들이 수치심을 해결하기 위해 일반적으로 선택하는 방법이다. 사탄은 많은 것을 소유하고 높은 자리를 차지하면 멋진 존재, 즉 하나님과 같은 존재가 될 거라고 속삭이지만, 실상은 자기 힘, 세상 것을 의지해서 십자가 앞으로 나가지 못하도록 속이는 것이다. 이것이 우리를 세속적인 것에 몰두하게 하는 사탄의 전략이다. 수치심은 자신의 힘과 능력, 세상적인 것으로 자신을 높이거나 자신의 죄와 연약함을 하나님께 고백하고 십자가의 은혜를 구하는 갈림길에 서게 한다. 이 영적 갈림길에서 하나님 앞에서의 회복을 선택하는 용기와 결단이 있어야 한다.

그러나 내게는 우리 주 예수 그리스도의 십자가 외에 결코 자랑할 것이 없으니 그리스도로 말미암아 세상이 나를 대하여 십자가에 못 박히고 내가 또한 세상을 대하여 그러하니라(갈 6:14).
그러나 하나님께서 세상의 미련한 것들을 택하사 지혜 있는 자들을 부끄럽게 하려 하시고 세상의 약한 것들을 택하사 강한 것들을 부끄럽게 하려 하시며 하나님께서 세상의 천한 것들과 멸시받는 것들과 없는 것들을 택하사 있는 것들을 폐하려 하시나니 이는 아무 육체도 하나님 앞에서 자랑하지 못하게 하심이라 너희는 하나님으로부터 나서 그리스도 예수 안에 있고 예수는 하나님으로부터 나와서 우리에게 지혜와 의로움과 거룩함과 구원함이 되셨으니 기록된 바 자랑하는 자는 주 안에서 자랑하라 함과 같게 하려 함이라(고전 1:27-31).

수치심은 두 가지 마음의 싸움이며 충돌이다. 그것은 연약함을 숨기고 자신의 노력과 세상 것으로 '더 멋진' 내가 되려는 마음과 연약함을 인정하고 주님의 십자가를 의지하며 그 안에 기반을 두는 마음이 충돌하는 것이다.

수치심의 원인

- 사람들 앞에서 말이나 행동으로 실수한 경험.
- 지능이 낮거나 힘이나 능력이 없어 놀림당할 때.
- 사람들 앞에서 배변을 가리지 못했을 때.
- 성적인 문제(자위행위, 포르노, 성추행, 동성애 등).
- 자신이 저지른 충격적인 일들(범죄, 성추행, 불륜, 낙태 등).
- 고백하지 않은 죄(욕심, 탐욕, 정욕 등).
- 고아원 같은 보육시설에서 생활한 것.
- 직장생활, 결혼생활, 기업경영에 실패했을 때.
- 자녀양육에 실패해서 아이의 생활이 엉망일 때, 자녀가 공동체와 환경에 적응하지 못할 때, 자녀가 다른 아이들과 비교당할 때.
- 낮은 사회적 지위.
- (어떤 것을) 할 수 없거나 하지 못하는 자신의 연약함을 깨달을 때.
- 자신의 상태가 최악일 때(교육, 경험, 상태 등).
- 숨겨진 중독들(알코올, 도박, 섹스 등).

- 학대를 주거나 받은 일.
- 부모의 상태와 환경 등.
- 가족의 비밀, 가족의 범죄, 가족 안에서 일어난 자살이나 살인, 이혼, 동성애 등.
- 이복형제들.
- 부모의 삶의 태도와 상황(막노동을 한다거나 상사에게 인격적 무시를 당해도 굽신거리는 태도 등).
- 외국에서 부끄러운 모국의 소식을 듣거나 사람들이 가족에 대해 좋지 않게 말할 때.

수치심의 원인은 이외에도 다양하게 찾을 수 있다. 상처의 원인인 결핍과 학대, 거절을 경험하거나, 더 좋은 자신이 되려고 하거나, 더 이상의 상처와 어려움을 겪지 않으려고 하다가 수치심이 생길 수도 있다. 또한 자신이 느끼는 부정적인 감정이 수치심의 원인이 되기도 한다.

지역 교회에서 내적 치유 강의를 할 때 상담했던 자매가 있었다. 그는 다른 교인들의 눈에 띄지 않는 은밀한 곳에서 만나고 싶다며 고집을 부렸다. 다른 사람이 자기 이야기를 들을 수 있으니 안 된다는 것이었다. 겨우 설득해 그의 지인 한 사람을 약간 떨어진 곳에 있게 하고 상담을 시작했다.

한참을 머뭇거리던 그는 겨우 입을 열었다.

"목사님. 제가 예전에 껌 좀 씹었습니다."

무슨 말인가 했더니 학창시절 학교 폭력 서클의 대장 노릇을 하며 '껌 좀 씹고 칼 좀 씹었다'는 소리였다. 그의 아버지는 술에 취해 폭력을 일삼고, 어머니는 그런 아버지와 다투는 것이 일상인 가난한 가정에서 자랐다. 집에 정을 붙이지 못해 불량 학생들과 어울리기 시작했는데, 나중에는 경찰서에 드나들 정도로 나쁜 짓에 빠져있었다. 당연히 학업과는 담을 쌓고 지냈는데, 감사하게도 예수님을 만나 과거를 청산하고 새로운 삶을 살기 시작했다는 것이다. 그런데 문제는 창피하고 죄스러운 자신의 과거였다. 그는 다른 사람들이 자신의 과거를 알게 될까 두려워 꽁꽁 숨기며 살고 있었다. 게다가 학창시절에 공부를 너무 등한시 한 탓에 영어나 한자는커녕 한글도 제대로 쓰지 못하는 상황이었다. 그래서 교회에서 활동하는 것도 늘 부담스러웠다. 지금까지는 기지를 발휘하고 임기응변으로 겨우 위기를 모면했지만 더는 그럴 수 없는 상황이 되었고, 내게 도움을 요청한 것이었다.

"지난 일을 숨기며 사느라 많이 힘드셨겠네요. 그 과거의 영향력으로부터 벗어나려면 제 말대로 해야 하는데 하실 수 있겠어요?"

"네. 그렇게 할게요. 말씀해 주세요."

"목사님이나 자매님이 신뢰할 수 있는 장로님을 만나서 정직하게 이야기하세요. '옛날에 공부와 담 쌓은 불량학생이었기 때문에 지금 한글도 잘 모른다. 도저히 교회 직분을 감당할 수 없으니 도와달라'고 말이죠."

내 말을 들은 자매는 벌컥 화를 냈다.

"그걸 어떻게 이야기해요? 부끄러운 과거를 숨길 방법을 찾기 위해 왔는데 오히려 이야기하라니요? 그건 말도 안 돼요. 교회를 안 다니면 안 다녔지 전 그렇게는 못해요."

한참을 설득했지만 끝까지 대답을 듣지 못했다. 수치심은 본인 외에 누구도 이야기할 수 없으며, 오직 본인이 고백할 때만 벗어날 수 있다. 수치심은 반드시 다른 사람에게 그것을 고백하는 과정을 거쳐야 하기 때문에 치유와 회복이 더디고 어렵다.

수치심의 치유과정에는 기도가 반드시 필요하다. 그러나 기도 몇 번 했다고 해서, 또는 열정적으로 기도했다고 해서 회복되는 것이 아니다. 죄의 문제를 기도로 고백할 때 주님은 우리의 죄를 사하신다고 말씀하셨다. 더 나아가 죄로 인한 수치심은 용기를 내어 자신의 약점이나 죄의 문제, 실수나 창피함을 말할 때 더 이상 수치심을 느끼지 않으면 회복된 것이다.

우리는 내적인 문제, 쓴 뿌리와 같은 상처를 너무 가볍게 생각하는 경향이 있다. 기도하면 하나님이 광선을 발하셔서 치유가 일어난다고 생각하는 것이다. 그러나 쓴 뿌리와 수치심의 치유는 오직 당사자의 고백으로부터 시작된다.

거리낌 없이 몇 번이든 이야기할 수 있고 아무 영향도 받지 않을 정도가 될 때까지 반복해서 고백하는 훈련이 필요하다. 또한 주님의 십자가가 모든 연약함을 파괴하고, 주님 안에서 자신이 누구인지 깨닫고, "이전 것은 지나갔으니 보라 새것이 되었다"라는 하나님의 말씀을 입술로 선포하고 확증해야 회복이 일어난다. 그래서 기도와 고백 두 가지가 모두 필요하다.

세상은 수치스러운 것이 있어도 큰일을 성취하고 남들에게 인정받는 사람이 되면 다 괜찮아진다고 이야기한다. 열심히 노력해서 연약함을 극복하고 부족한 것을 채우면 그만이라는 것이다. 하지만 그것으로는 수치심의 문제를 해결할 수 없다. 십자가가 아니라 세상의 것을 의지해서 괜찮은 존재가 되려고 하는 사람에게는 절대 회복이 일어날 수 없다. 제자훈련을 받았거나 내적 치유 집회에 참석해 본 사람들은 이런 말을 많이 한다.

"전에 다 고백했습니다. 그래서 할 게 없습니다."

"눈물 흘리면서 죄를 고백하고 회개하고 다 처리했기 때문에 이제는 안 해도 됩니다."

진정으로 자신의 연약함을 고백하고 처리했다면 왜 다시 이야기하지 못하는 것일까? 아직도 수치심이 남아 있어서 그런 것은 아닐까? 이런저런 훈련을 받고 세미나에 참석한 것으로 존귀한 존재가 되고 남들과 다른 사람이 되었다고 착각하는 것은 아닌지 돌아봐야 한다. 과거에 수치심의 문제를 다뤘지만 여전히 다른 사람들의 생각과 평가를 신경 쓰고, 부정적인 결과를 두려워하는 것은 아닌지, 또 은밀하게 포장된 자기 기만과 자기 방어가 아닌지 살펴봐야 한다.

이 사람한테는 이야기할 수 있는데 저 사람한테는 할 수 없다면, 아직도 수치심에 사로잡혀 있으며 치유받지 못했다는 증거다. 하나님이 아니라 사람들을 자신의 권위자로 두고, 사람의 시선을 두려워하고 남들이 어떻게 바라볼까를 두려워한다. 만나는 모든 사람에게 계속 자신의 연약함을 이야기하라는 것은 아니지만 누구에게 이야기해도 괜찮을 정도가 되어야 수치심이 사라질 것이다.

필요하다면 자신의 과거를 몇 번이든 다시 이야기해야 한다. 과거에 고백의 경험을 통해 어떤 회복이 일어났는지, 또는 어떤 과정이 힘들고 어려웠는지 이야기하는 것도 좋다. 그것을 통해 주님의 십자가 앞에서 수치스럽지 않고 자신을 용납할 수 있는지 확인해야 한다. 사람들은 누구나 연약하기 때문에 다른 사람보다 괜찮은 존재로 보이기 원하는 마음을 갖고 있다. 과거의 상처를 처리했기 때문에 나는 남들보다 건강하고 성숙한 사람이라고 생각하는 마음이 내면 깊은 곳에 남아 있다면 아직은 수치심의 영향력 아래 있는 것일 수도 있다. 그러므로 계속해서 자신의 연약함을 고백하며 십자가의 은혜 가운데 머물러야 한다.

학창시절, 나는 공부를 잘하지 못했다. 고등학교 때까지 탁구선수 생활을 해서 공부는 아예 하지 않았기 때문이다. 돌머리라는 소리를 자주 듣다보니 나도 내가 형편없는 존재, 바보, 태어나지 않았어야 할 사람으로 생각했다. 수학, 영어를 못하고 역사를 모르는 것이 너무 창피했고 그런 과거의 삶을 숨겼다. 그래서 아이들이 공부하는 것을 도와달라고 하면 화를 냈다. 아이들 때문에 화가 난 것이 아니라 내 자신에게 화가 났던 것이다. 내가 얼마나 형편없는 존재인지 생각났기 때문이다.

하지만 사실(fact)은 이것이다. 운동하느라 공부를 안 한 것뿐이다. 수업 대신 운동을 했으니 학업을 잘 따라가지 못한 것이고, 성적이 형편없다고 해서 태어나지 말았어야 할 존재는 아니다. 운동선수는 민첩하고, 유연하고, 상황 판단이 빠르며, 강한 체력이 있다. 나는 여전히 부족한 것이 많은 사람이다. 그러나 은혜받고 사명을 받아 사역하는 가운데 책을 읽고 공부하면서 나도 남들 못지않게 똑똑하고 머리가 좋은 사람임을 깨닫게 되었다.

자신의 어떤 부분에 대해 수치심을 느끼는 것은 불신앙이다. 십자가에서 너를 구원했고, 너를 새롭게 했다는 주님의 말씀을 믿지 않는 것이며 그분을 신뢰하지 않는 것이기 때문이다.

건강한 수치심은 오히려 십자가를 붙들고 의지하게 한다. 이것은 신앙의 연륜이나 경건생활의 열심, 직분과는 상관없다. 온전한 믿음이 있다면 자신의 연약한 부분을 사람들과 나누며 "나는 이런 사람입니다. 그런데 주님이 나를 위해 십자가에 못 박혀 죽으셨습니다. 그래서 난 죄인이지만 의인이 되었습니다. 이제 나는 주의 십자가만 자랑하겠습니다. 내 모든 것을 배설물로 여기고 주님만 따르겠습니다"라고 당당하게 이야기할 수 있다.

이것은 누구도 강요할 수 없다. 사람들에게 자신의 연약함을 고백하는 것은 전적으로 자신에게 달려있다. 아프고 힘들고 괴로운 시간이지만 그 뒤에는 회복이 있다. 이 과정을 통과하지 않으면 절대 회복이 일어날 수 없다.

그러므로 너희 죄를 서로 고백하며 병이 낫기를 위하여 서로 기도하라 의인의 간구는 역사하는 힘이 큼이니라(약 5:16).

성적인 문제도 수치심에 심각한 영향을 주는 이슈다. 성은 그 자체가 개인 존재와 인격의 중심이자 핵심이기에 소중하고 귀하게 여겨야 한다. 이것이 파괴되고 빼앗기면 모든 것이 무너진다.

성욕을 이기지 못하고 성 관계를 했을 때도 이것이 드러날 것에 대한 두려움으로 수치심에 사로잡히게 된다. 이 문제를 해결할 때도 다른 것과 마찬가지로 안전하고 신뢰할 수 있는 사람에게 고백해야 한다. 여러 사람에게 공개적으로 이야기하는 것은 위험한 일이다. 그래서 비밀을 지켜주고 이해하고 감싸줄 최소한의 사람에게 이야기해서 처리하는 것이 좋다. 배우자가 이런 말을 들을 준비가 되어 있지 않을 때는 더욱 그렇다. 성적인 문제는 상대가 있고 각자의 배우자와 자녀들이 있기 때문에 매우 조심스럽게 다루어야 한다. 무조건 배우자에게 숨겨야 한다는 것은 아니지만, 배우자에게 이야기할 때는 깊이 생각하고 기도하면서 결정해야 한다. 만약 주님께서 이야기하라고 말씀하시면 결과가 어떠하든지 있는 그대로 이야기해야 한다. 그리고 배우자의 결정을 기다리면서 결과를 받아들여야 한다.

내 강의를 듣던 중에 총각 때 술집 접대부와 성관계를 맺은 일을 기억해내고 어떻게 해야 할지 도움을 요청한 남성이 있었다. 그와 아내는 어릴 때부터 한 동네에서 자라 사랑에 빠져 결혼까지 약속한 커플이었다. 아내를 너무 사랑했던 이 남성은 결혼할 때까지 순결을 지켜야겠다고 마음먹었다. 하지만 군 복무 시절 첫 휴가 때 함께 나온 고참들의 꾐에 빠져 (술도 잘 안 마시는 사람이었는데) 만취 상태에 그런 일을 저지르고 말았다. 너무나 부끄럽고 창피하고 화가 났지만 돌이킬 수 없는 상황이라 당시 여자 친구였던 아내에게는 비밀로 하고 지금까지 지내왔다고 했다. 과거 자신의 행동이 얼마나 큰 죄인지를 인식한 이 남성은 하나님 앞에서 정직하고 겸손히 회개하는 시간을 가졌다. 그가 내게 이렇게 물었다.

"아내에게도 이 사실을 고백해야 하지 않을까요?"

나는 조심스럽게 그에게 대답했다. "이미 주님 앞에서 죄를 회개했고 나에게도 고백했으니 그것으로 충분할 것 같습니다."

하지만 집에 돌아가서 아내를 본 순간, 그는 아내에게 죄를 고백하라는 주님의 내적 음성을 듣게 되었다. 마침내 그는 어떤 대가를 지불하더라도 아내에게 과거의 일을 숨김없이 말하고, 정직하고 거룩하게 살기로 결정했다. 이야기를 들은 아내는 충격과 배신감으로 한동안 눈물을 흘렸다. 그러고는 남편을 더 이상 믿을 수 없다며 분노했다. 하지만 지금까지의 상황을 설명하고 정직하고 깨끗하게 살고 싶은 남편의 진심을 알려주자 조금씩 안정감을 찾기 시작했고, 나중에는 화해하고 신뢰를 회복하며 이전보다 더 깊이 사랑하게 되었다.

이 사례는 해피엔딩으로 끝났지만, 부부 간에 성적인 문제를 고백하는 것은 심각한 결과를 초래할 수 있어서 매우 신중하게 검토하고 고민해야 할 주제이다.

수치심이 가져오는 생각

- 내게는 숨겨야 할 비밀이 있다.
- 진짜 내 모습이 드러나면 모든 사람들이 나를 좋아하지 않을 거야.
- 누구도 내 실수를 알면 안 돼. 끝까지 숨기고 말하지 않을 거야.
- 나는 불충분하고 결함이 있고, 무가치한 존재다. 하지만 끝까지 인정하면 안 된다.
- 실수하는 사람은 사랑받을 수 없다. 완벽해야 하고 온전해야 한다.
- 나는 내 자신이 만족스럽지 못하다. 나는 늘 뭔가가 부족하다.
- 사람들에게 인정받으려면 능력 있고 완벽해져야 한다.

수치심 때문에 나타나는 신체적 반응과 행동

- 부끄러움을 잘 탄다.
- 위축되며 숨는다.
- 가슴이 두근거리는 증상이 나타난다.
- 얼굴이 빨개진다.
- 한숨을 많이 쉰다.
- 거짓말을 하거나 속마음과 다른 이야기를 한다.
- 자연스럽게 행동하지 못함.
- 말을 적게 하고 말하는 것을 싫어함.

- 자신의 진짜 모습을 숨기고 가면을 쓰고 살아감.
- 좋은 사람, 온전한 사람이 되려고 열심히 노력함.
- 자신이 얼마나 좋은 사람인지 증명하려고 노력하고, 실패하면 삶을 포기한다.
- 자신을 숨기기 위해 거짓말을 많이 한다(타인과의 친밀한 관계를 거부함).
- 남들 눈에 예의바르고 똑똑하고 강한 사람으로 보이고 싶어함.
- 완벽하게 행동하고 인정받을 만한 일을 함.
- 사람 의존적이 된다(열등한 관계를 받아들임).
- 수치심이 없는 것처럼 행동함(도덕, 종교적 규범을 엄격히 지킴).

수치심으로 인해 일어나는 영적인 문제

앞서 말한 대로 수치심은 과거의 여러 가지 부정적이고 부끄러운 경험 때문에 갖게 된 자신의 존재 가치에 대한 자아 의식이다. 그래서 수치심의 문제를 갖고 있는 사람은 스스로를 더 나은(좋은) 존재로 인정받게 해줄 만한 것을 의지하며 그것을 얻기 위해 노력하며 세속적인 것에 자신의 안정감을 두는 영적 질병의 문제를 일으킨다. 이것이 물질적이든, 세상의 어떤 것이든 자신의 수치를 감출 만한 것에 집착하고 자신이 높아지는 것은 어떤 것이든 상관없이 타협하고 몰입하게 된다. 따라서 정체성을 예수 그리스도의 십자가 은혜로

규정하는 것이 아니라 자신의 자원과 세상 것에 두는 불신앙적이고 행위중심적이며, 세상 가치중심적인 삶을 살게 된다.

수치심 회복 과정에 필요한 요소

경험한 (수치스러운) 사건이 누구의 문제인지 인식하기

　수치심은 대부분 자신의 실수나 연약함 때문에 경험하게 된다. 하지만 어떤 경우에는 다른 사람의 실수나 범죄 때문에 수치심을 갖게 되거나 스스로를 더럽고 추한 사람이라고 생각하기도 한다. 그 대표적인 예가 성추행이다. 성추행은 가해자가 부끄러워하고 수치스러워해야 한다. 하지만 오히려 성추행을 당한 뒤 인생이 파괴되어 모든 것을 잃고 고통받던 피해자가 수치심 때문에 자책하고 자학하는 경우가 더 많다. 또한 자신의 문제가 아닌데도 부모님의 중독이나 학대, 연약함과 질병 때문에 수치심을 갖는 자녀도 있다. '혈연'으로 묶여 있는 관계이기 때문에 가족들 간에는 본능적으로 서로에게 충성하려는 경향이 강하다. 그렇기 때문에 부모의 문제가 곧 자녀의 수치심이 되는 것이다.

　그러므로 우리의 부정적 경험이 누구의 문제인지 분리해서 생각할 수 있어야 한다. 그렇게 하지 않으면 주변 사람이나 중요한 타인이 당신의 작은 실수를 잘못 평가하고 부풀려서 정죄할 때 고스란히 수치심을 경험하게 될 수 있다.

수치를 준 이들에게 아팠고 고통스러웠고, 수치스러웠다고 말하기

수치스럽고 고통스러운 상황을 떠올리며 그 사건에 연결된 사람들에게 자신의 상처와 수치, 손상된 자아에 대해 이야기해야 한다. 수치심의 경우에는 다른 핵심 감정을 다룰 때 함께 정리될 수도 있고 반대로 그것을 다룰 때 다른 핵심 감정과 연결된 것들이 치유될 수도 있다. 수치심의 상처를 이야기하고 처리하는 것이 필수적인 또 하나의 이유다.

하나님과 신뢰할 수 있는 사람에게 수치스러운 것 말하기

제일 먼저 하나님께 죄와 연약함과 실수 같은 수치스러운 일들을 모두 말씀드려야 한다. 하나님은 우리의 부끄러운 일과 수치스러운 것을 제하시고 다시는 수치를 당하지 않을 거라고 선언하셨다.

두려워하지 말라 네가 수치를 당하지 아니하리라 놀라지 말라 네가 부끄러움을 보지 아니하리라 네가 네 젊었을 때의 수치를 잊겠고 과부때의 치욕을 다시 기억함이 없으리니(사 54:4).

성경에 이르되 누구든지 그를 믿는 자는 부끄러움을 당하지 아니하리라 하니(롬 10:11).

우리에게 있는 대제사장은 우리의 연약함을 동정하지 못하실 이가 아니요 모든 일에 우리와 똑같이 시험을 받으신 이로되 죄는 없으시니라(히 4:15).

중요한 것은 수치심과 관련된 모든 것을 빠짐없이 고백하는 것이다. 그 다음에는 사람에게도 이야기해야 한다. 다른 사람과 나누는 것도 하나님께 말씀드리는 것만큼이나 중요하다. 다른 사람에게 이야기하지 못하는 것은 아직도 수치심에 사로잡혀 있으며, 여전히 사람을 두려워하고 그들을 하나님보다 더 큰 권위자로 생각한다는 증거다. 쉽지 않겠지만 용기를 내어 우리를 정죄하지 않고 감싸주고, 격려해 줄 사람에게 마음속에 꽁꽁 숨겨놓은 이야기를 꺼내 보라. 수치심을 치유받고 주님 안에서 회복과 자유를 맛보기 원하는 사람들이 모여 서로에게 자신의 연약함을 이야기하고, 함께 주님의 십자가 앞으로 나아가 그분의 도움을 구하는 은혜의 자리를 찾거나 마련하는 것도 필요하다.

하나님 안에서 정체성 훈련하기

수치심으로 인한 상처를 치유하고 회복하려면 하나님 안에서 자신이 누구인지 반복해서 확증하는 훈련이 필요하다. 사람들은 정체성을 재산이나 지위, 스펙 같은 것으로 평가하는 경향이 강하다. 하지만 올바른 정체성은 조건이나 상황, 시대와 세대의 변화에 흔들리지 않는 기준 위에서만 세울 수 있다. 그 기준이 바로 우리를 창조하고 구속하신 하나님과 그분의 진리의 말씀이다. 하나님 안에서 자신이 누구인지 읽고, 듣고, 찾고, 보고, 느끼면서 자신의 안정감을 그분 안에 두는 훈련을 지속적으로 해야 한다.

그리고 곁에 있는 사람에게도 그가 하나님 안에서 어떤 존재인지 이야기해줘야 한다. 믿지 않고 받아들이지 않는다 해도 중단하지 말고 말해줘라. 주님 안에서 내가 누구인지 스스로에게도 계속해서 말해야 한다. 주님의 말씀 안에서 속사람과 겉 사람이 하나의 정체성으로 연합할 때, 비로소 건강한(수치심 없는) 사람이 될 수 있다.

자신을 멋지게 포장하고 남들에게 좋은 사람으로 보이기 위해 주님의 말씀보다 더 의지하고 집착했던 것(재산, 지위, 스펙 등)을 내려놓는 훈련도 필요하다. 세상적인 기준과 남의 눈치를 보는 것은 그 자체가 하나님을 대적하고 십자가를 무시하며, 우상숭배하는 행위이기 때문이다. 하나님이 우리에 대해 말씀하신 바를 믿음으로 선포하고 확증하며, 그분과의 인격적이고 친밀한 관계 가운데 살아야 함을 기억하라.

수치심 요약 도표

상처의 원인	행동 증상	핵심 감정	상처로 인한		회복 훈련 과정
			내적 생각	영적 문제	
원인, 행동, 감정, 생각 모든 것이 수치심			누가 날 알면… 난 쓸모없는 존재야 괜찮은 존재가 되려면	세상 모든 것이 하나님	위에 언급한 프로세스와 함께 정체성 훈련 믿음으로 살기

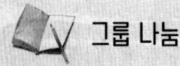 **그룹 나눔**

① 당신에게 가장 수치스러웠던 순간은 언제인가?

② 지금도 당신을 수치스럽게 하는 것은 무엇인가?

③ 수치스러울 때 당신은 어떻게 반응하며 행동하는가?

❾ 치유의 열쇠 - 용서

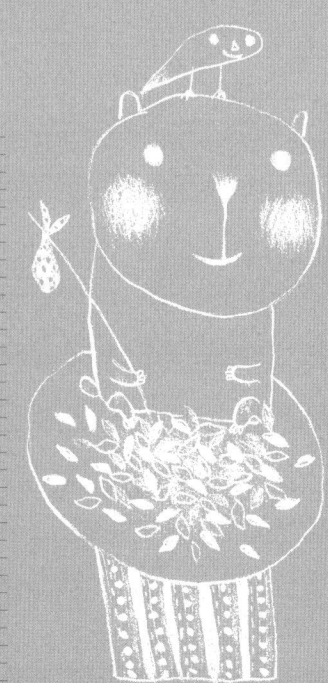

치유의 열쇠, 용서

- 서로 친절하게 하며 불쌍히 여기며 서로 용서하기를 하나님이 그리스도 안에서 너희를 용서하심과 같이 하라(엡 4:32).

  사람이 무엇을 심든지 심은 대로 거두리라(갈 6:7).

지금까지 앞에서 언급한 것들은 자기의 내면과 삶에 어떤 문제가 있는지를 점검하는 것이라면 이제부터는 그것을 어떻게 스스로 치유할 수 있는지를 이야기할 것이다.

용서는 치유의 핵심이다. 상처받은 마음과 쓴 마음에서 자유케 되는 유일한 길이 용서다. 진정한 용서를 하기 위해 밟아야 할 과정은 무엇이며, 우리가 일반적으로 알고 있는 용서에 관한 지식에 대해 우리 내면에 무의식적으로 갖고 있는 생각들을 성경적 관점에서 살펴보자.

상처가 발생한 기억의 그림 발견하기

기억의 그림을 발견하는 것이 가장 중요하다

용서의 첫 번째 출발점은 상처가 된 기억 속의 상황을 직면하는 것인데 그렇게 하려면 상처와 아픔이 생긴 사건과 상황을 우선 생각해내야 한다. 어떤 경험이 상처를 만들었는지, 상처와 아픔을 가져온 근본적인 상황을 기억해내야 한다. 그리고 그 상황 속에서 누구에게 어떤 상처를 받았었는지, 그 고통이 얼마나 컸는지와 내적 맹세 때문에 형성된 가치관으로 인해 얼마나 삶을 허비하며 인생을 고달프게 살았는지 솔직한 감정을 말해야 한다. 이것이 바로 직면이고 용서의 출발점인 것이다.

우리나라처럼 남아선호사상이 강한 유교적 문화권에서 가장 흔히 경험하는 거절은 딸을 낳거나, 딸로 태어났다는 이유로 겪는 냉대와 구박이다.

목회자 사모를 상담한 적이 있는데, 이분은 전화를 일부러 안 받고 쇼핑에 빠져 늘 새로 산 옷만 입는다는 것이다. 그리고 누군가 "여자가 그것도 못해"라고 여성비하 발언을 하면, 안면이 없는데도 불같이 화를 내며 싸움을 벌인다. 워낙 이상한 행동을 하니 사모님 때문에 남편의 목회까지 어려움을 겪는 지경이 되었다고 했다.

대화를 통해 이분은 어릴 적부터 전화 기피증와 패션 강박증(옷을 못 입으면 사람들이 자기를 무시할 거라는 생각), 여성비하 적대시 증상을 갖고 있었다. 왜 그런 행동을 하게 되었는지 정확한 원인을 몰랐는데, 할머니가 "여자가 배워서 뭘 하려고 그래"라고 하시던 잔소리가 자주 생각난다는 것이었다. 그래서 함께 그 근본 문제가 무엇인지 깨닫게 해달라고 하나님께 기도하는데 갑자기 사모님이 펑펑 울기 시작했다. 하나님이 이제껏 보고들은 적이 없는 장면 하나를 떠오르게 하신 것이었다. 바로 그 사모님이 태어나던 순간이었는데 할머니가 "또 딸이네"라며 실망한 표정으로 포대기에 싼 갓난아기(그 사모님)를 윗목에 밀어놓는 장면이었다고 했다.

이후에 사모님이 친정어머니에게 이 장면에 대해 물어봤더니, 친정어머니가 그걸 어떻게 알았냐며 깜짝 놀랐다고 한다. 실제 일어난 일로 친정어머니는 딸을 낳고 속이 너무 상해서 3일 동안 포대기에 싼 채 내버려두었다가 아기가 너무 기진맥진하기에 불쌍해서 젖을 물렸다는 것이다.

그 사모님은 여자라는 이유 때문에 태어날 때부터 거절당했던 것이다. 전화를 안 받고, 계속해서 새 옷을 사고, 여성비하 발언에 지나치게 분노하는 것은 사모님이 성장하면서 할머니에게 받았던 상처 때문에 만들어진 증상들이었던 것이다.

지금 그분은 모든 상처를 치유하고 건강하게 성도들을 돌보고 챙기는 귀한 사역자로 변화되었다.

이 이야기가 신기하게 들릴 수도 있겠지만, 우리가 기억하지 못하는 부분까지 보여주시고 치유하시는 하나님이 계시기에 상처받은 기억을 직면하는 것은 치유의 매우 중요한 첫걸음이다.

상처 입은 최초의 사건을 보여주실 것을 주님께 요청하라

감정의 동요가 일어나는 과거의 상황에 대해 아는 사람은 자신뿐이지만 우리보다 더 정확하게 우리의 상황을 아시는 분은 주님이시다. 그래서 평상시 어려움을 겪는 감정과 행동들이 어떤 사건과 연관되어 있는지 주님께 묻고 기다리는 것이 필요하다. 만나고 싶지 않은 사람은 누구이며 싫어하는 상황과 분위기는 무엇인지, 중요한 타인들에게 받은 것(결핍, 학대, 거절)을 다시 경험하게 해달라고 요청하는 것이다. 그리고 그 사건과 상황 가운데 나타난 나의 행동과 감정과 생각을 다루기 위해 보여달라고 기도해야 한다.

주님이 보여주시고 들려주시고 다시 경험하게 하시는 것은, 대부분 자신이 알고 있고 마음에 품고 있는 것들이다. 하지만 주님은 명확하게 인도하시는 분이기 때문에 그 상황을 분명하게 보여주실 것이다.

상처와 아픔의 경험을 표현하고 나누다 보면 이야기의 소재나 대상, 시간대, 내용, 관련 인물이 뒤죽박죽 섞여서 쏟아져 나올 때가 있다. 도무지 어느 것이 이야기의 핵심인지 파악할 수 없고 듣는 사람이 정확한 상황, 감정, 생각을 이해하고 공감하기가 쉽지 않다. 말하는 사람이 "아마 이런 문제와 상황이 이런 상처를 만들었는지도 모르겠어요"라고 짐작과 추측으로 말할 수도 있다.

기억이 전혀 나지 않고 주님께 기도해도 끝내 보이지 않는다면 지금은 그 상황을 다룰 시점이 아니라는 의미일 수도 있다. 하나님은 우리가 감당할 수 있는 것만 보여주고 다루기 원하신다. 그럴지라도 낙심하거나, 뭔가 잘못되었다고 평가하지 말고 그냥 주님께 감사의 고백을 드리라.

기억한 상황 속에서 말하고 감정을 표현하라

　기억의 상황 속에서 중요한 타인이나 주변 사람들에게 하고 싶은 말이나 했어야 하는 말을 표현하라.

　"나쁜 사람, 왜 떠났어?"

　"왜 그렇게 심하게 때린 겁니까?"

　하지만 많은 사람들이 그 상황을 직면하기보다는 하나님만 의지한다며 문제를 해결해 달라고 매달리거나, 자신에게 용서할 마음과 힘을 달라는 식의 기도를 하는 것을 보게 된다. 이렇게 하면 근본 문제인 상한 감정과 거짓된 생각을 파악할 수 없기 때문에, 치유가 된 것 같지만 전혀 치유가 일어나지 않아 시간이 지나면 다시 상한 마음이 튀어나오는 상황으로 돌아가게 된다. 그래서 기도보다 그 상황을 직면하고 표현해 자신의 내면에 어떤 것이 있는지 살펴보는 것이 더 중요하다.

　이 과정에서 감정이 너무 격해지면 기물을 파손하거나 다른 사람에게 폭력을 행사할 수도 있는데, 서로에게 신체적 물질적 피해가 가지 않도록 내담자와 상담자 간에 반드시 표현 방법의 한계를 정하는 것이 좋다.

　어떤 경우에는 사건의 상황은 기억하는데 감정이 무덤덤한 사람도 있다. 그 일에 대해 아무것도 느끼지 않기로 결심하고 차단해버린 사람에게 나타나는 모습인데, 그럴 때는 관련된 감정을 느끼기 위해 노력해야 한다. 그리고 감정을 차단한 문제의 핵심인 내적 맹세와 신념을 다뤄야 한다. 그래도 아무 감정이 없다면 그 사건에 관해 자신의 생각을 말해보는 것도 좋다. 그러면 숨겨진 생각을 끄집어낼 수 있고 그 상황 속에 어떤 것이 있었는지도 볼 수 있다.

이 과정은 과거의 사건 속에서 자신에게 상처준 사람을 용서하려는 것임을 기억해야 한다. 이것은 시간이 많이 걸릴 수도 있다. 한 가지 사건을 정리했다고 해서 모든 문제가 사라지거나 해결되지 않는다. 계속해서 한 가지씩 사건을 말로 표현하고 용서하면, 주님이 은혜를 부어주셔서 온전히 회복될 것이다.

용서하기 위해서는 반드시 용서할 대상과 근본적인 상황을 알아야 한다. 그리고 차례대로 하나씩 처리하며 용서하는 과정을 거쳐야 한다. 한꺼번에 모든 것을 용서하는 것은 지혜롭지 않으며, 치유에도 도움이 되지 않는다.

'그 일 때문에 상처받았을 것이다. 그 사람 때문에 상처받았을 것이다'라는 짐작만으로 상담을 받거나 내적 치유 과정에 임할 수도 있다. 하지만 내 경험상 그런 짐작과 추측이 맞아떨어진 적도 있지만 그렇지 않은 적도 많이 있다. 반드시 상처의 근원이 되는 기억의 그림을 보여달라고 주님께 요청하는 기도를 하라. 상처를 바라보는 주님과 나의 관점이 다를 수 있기 때문에, 전적으로 주님을 의지하여 시작하는 것이 가장 좋은 마음 준비다.

주의 사항

- 아픔을 직면하는 용기가 필요하다. 힘들고 어렵더라도 말하고 마음이 시원해질 때까지 감정을 표현해야 한다.
- 생각하고 정리해서 말하지 말고 그냥 마음에서 떠오르는 대로, 실제 상황이라 생각하고 말해야 한다. 그냥 하고 싶은 말을 하면 된다.
- 폭력적인 행동, 예를 들어 물건을 집어던지거나 파괴하고 사람을 때리는 행위는 안 된다. 이런 것을 표현하라고 하는 상담가도 있는데, 잘못하면 폭력성만 강화시키는 결과를 가져올 수 있다.
- 욕설이나 험악한 말을 해도 좋다. 하지만 앞에서 언급했듯이 고착화될 수 있기 때문에 조심하는 것이 좋다. 자신과 주변 사람을 상하게 하는 행동은 자제하되 감정을 말로 표현하는 것은 매우 중요하다.
- 대역을 세워놓고 말할 수도 있다. 그럴 때는 행동이 아니라 언어로만 표현하는 것이 좋다. 상황극은 안전한 장소에서 경험이 많은 전문 사역자들과 해야 한다.
- '감정을 표현해서 무슨 소용이 있지? 고통스러운 일을 기억하는 건 힘들어'라는 생각에 표현하지 않으려고 하는 사람들이 있다. 하지만 생각과 감정을 표현하지 않으면 상처의 근본 원인을 발견할 수 없기 때문에 회복되기 어렵다. 이 과정은 반드시 거쳐야 하며 누구나 이런 상황을 극복해야 한다.

그룹 나눔

① 평상시 가장 쉽게 생각나는 과거의 충격적인 사건은 무엇인가?
② 평상시 당신을 가장 힘들게 하는 감정과 행동에 연결된 기억의 그림은 무엇인가?
③ 대역이 있을 경우에는 대역에게 말하고 감정을 표현하라.

개인 작업

① 혼자만의 시간에 그룹에서 나눴던 이야기를 끄집어내서 다시 생각해 보라.
② 그룹에서 (과거 상황과 연결되어 있는 사람들에게) 미처 나누지 못했던 이야기를 나눠라.
③ 치유 기도를 할 수 있는 사람에게 기도 사역을 받는 것도 좋다.

상처준 사람 용서하기

서로 친절하게 하며 불쌍히 여기며 서로 용서하기를 하나님이 그리스도 안에서 너희를 용서하심과 같이 하라(엡 4:32).
만일 하루에 일곱 번이라도 네게 죄를 짓고 일곱 번 네게 돌아와 내가 회개하노라 하거든 용서하라(눅 17:4).

기억의 그림을 보고, 그 상황에서 일어났던 감정과 말하고 싶었던 것을 말하고, 자신에게 내적 묶임이 있음을 인식했다면 치유의 핵심인 용서를 할 준비가 된 것이다. 용서는 치유의 첫걸음이며 회복 과정에서 매우 중요한 부분이다. 용서는 한 번의 행위가 아니라 상처가 치유될 때까지 수차례 반복해야 하는 과정이다.

용서의 성경적 의미

성경에 기록된 어원적 의미

아폴뤼오(apoluo, 헬라어) : 자유하다. 구원하다. 놓아주다, 떠나게 하다, 가게 하다, 풀어주다

압히에미(aphiemi, 헬라어) : 떠나보내다, 버리다, 따로 내놓다, 면제하다, 포기하다

압헤시스(aphesis, 헬라어) : 자유, 탕감. 잘라냄

용서가 자신에게 빚진 사람을 '풀어주고 놓아주며, (빚진 것을) 탕감해주는' 의미를 갖고 있기 때문에 용서하지 않는 것은 '풀어주지 않고 묶으며, 떠나보내지 않고 잡으며, 탕감해주지 않고 받으려 하고, 자유케하는 것이 아니라 속박으로 가두는' 것이 된다. 스스로를 상처의 고통 가운데 묶고 가두며, 상처준 사람에게 (자발적으로) 사로잡혀 있는 셈이다.

쓴 마음과 용서하지 않으려는 마음, 복수심은 사고와 정서적인 면에서 아픔을 준 사람에게 연결되어 묶이는 증상을 가져온다. 육체적, 정서적, 정신적으로 상처준 사람들을 계속 생각하거나 상처를 계속 묵상하며 살아가는 것인데, 이것이 바로 마음의 묶임이다. 묶임을 묘사하는 헬라어 'kollao'는 영어로 'cleave'로 번역된다. 이 단어는 '자신의 혼을 다른 사람의 혼에 접착한다.' 또는 '매거나 묶는 것'을 의미한다. 성경에서 이 단어는 어떤 대상과 묶이거나 뒤엉켜 있고, 혼합되어 분리할 수 없는 상태를 묘사할 때 사용되었다.

이것은 신체에 영향을 미쳐 행동을 제한하거나 장애를 일으키며, 상처를 떠올리게 하는 상황이나 자극하는 말을 들었을 때 정서적 불안과 감정적 혼란을 가져온다. 또한 복수심이나 생각, 상처로 인해 형성된 가치관과 신념의 영향으로 하나님의 뜻이 아닌 자신의 기준과 생각으로 판단하고 행동하게 된다. 이런 묶임은 치유와 회복에 커다란 장애물이 되는데 이 묶임을 끊을 수 있는 유일한 방법이 용서이다.

예수님도 비유를 통해 용서하지 않는 사람이 겪게 되는 정서적 대가를 감옥에 갇히는 것으로 표현하셨다(마 18장).

일곱 번씩 일흔 번까지라도

마태복음 18장에는 베드로가 예수님께 용서에 관해 질문하는 장면이 기록되어 있다.

그 때에 베드로가 나아와 이르되 주여 형제가 내게 죄를 범하면 몇 번이나 용서하여 주리이까 일곱 번까지 하오리이까(마 18:21).

베드로는 일곱 번 정도면 용서할 만큼 한 거라고 생각했던 것 같다. 당시 서기관과 바리새인들은 세 번까지 용서해주라고 가르쳤다(네 번째부터는 '눈에는 눈, 이에는 이'로 갚아주라고 복수를 허용했다). 베드로는 서기관과 바리새인들이 가르친 것보다 많이 이야기했으니 예수님이 칭찬하실 거라고 기대했을 것이다. 그런데 주님의 대답은 상상을 초월하는 것이었다.

예수께서 이르시되 네게 이르노니 일곱 번뿐 아니라 일곱 번을 일흔 번까지라도 할지니라(마 18:22).

베드로가 제안한 일곱 번에 70회를 곱한 490번까지 용서하라는 것이다. 아니, 490번 용서했어도 온전한 용서가 힘들다면 그보다 더 많이 용서해야 한다는 것이다. 사실 무제한적인 용서를 말하는 것이다. 이 말을 들은 베드로는 깜짝 놀라며 '그게 가능한 일인가? 어떻게 그렇게 할 수 있지?'라며 의아해했을지도 모르겠다.

용서는 참는 것이 아니다

당신에게 상처와 아픔과 고통과 학대를 준 사람이 있다. 여전히 계속해서 당신을 괴롭히고 있다. 처음에는 그래도 쉽게 용서할 수 있었다. 예수님도 당신을 용서해주셨으니까. 그런데 그 사람이 똑같은 일로 다시 당신에게 상처를 주었다. 그래도 꾹 참고 용서해 주기로 한다. "다시는 그러지 마세요. 한 번 더 용서해주겠습니다."

하지만 또 같은 상황이 반복된다. 그가 똑같은 일로 당신에게 상처를 준 것이다. 당신은 (마음은 전혀 그렇지 않지만 의지적으로 결정하며) 이를 악물고 그를 용서한다.

"벌써 세 번째네요. 이번까지는 봐주겠습니다. 다시는 그러지 마세요. 한 번만 더 그러면 나도 가만히 있지 않을 거예요."

그런데 또 다시 그가 당신에게 상처를 준다면 어떻게 하겠는가? 대부분의 사람들은 "더는 안 돼!"라고 분노하며 '눈에는 눈, 이에는 이'라는 식으로 앙갚음하고 복수하려 할 것이다. 더 이상 참는 건 바보 같은 짓이기 때문이다.

그렇다면 앞서 당신이 했던 세 번의 용서는 과연 진정한 용서였는가? 당신은 (대부분의 사람들이 그렇듯) 자신이 한 것이 진정한 용서인지 아닌지 생각해볼 겨를도 없이 바로 보복 공격에 착수했을 것이다. 결론부터 말하자면, 당신이 한 것은 진정한 용서가 아니다. 당신은 그저 세 번을 '참고 인내한' 것뿐이다. 당신은 참고 인내하는 행동을 통해 '더 이상 내게 상처주지 마시오'나 '그 사람이 바뀌어서 올바른 행동을 하고 변화된 삶을 살아야 돼'라는 생각을 나타낸 것이다. 즉 상처준 사람이 변화되어야 한다는 조건을 걸고 용서했다는 것이다. 이것은 잘못된 용서의 출발점이며 성경에서 말하는 용서가 아니다.

대부분의 사람들은 '내가 용서해주면 내게 잘못을 저지른 사람들이 말과 행동을 바꿔서 내게 상처를 주는 것을 멈춰야 한다'고 여긴다. 그리고 자신에게 입힌 피해에 대한 적절한 보상을 해야 한다고 생각한다. 최소한 직접 찾아와서 "제가 잘못했습니다. 용서해주세요"라고 이야기해야 한다는 것이다. 이것은 '네가 변한다면 나도 용서해주겠어. 내가 용서하면 너도 변화되어야 해'라는 조건이 딸린 용서다. 하지만 성경은 전혀 다른 용서를 이야기한다.

성경적 의미의 용서는 피해자(상처받은 사람)가 가해자(상처준 사람)에 대한 마음을 바꾸는 것이다. 상처준 사람이 아니라 자신(상처받은 사람)을 변화시키는 것이며, 자신에게 상처준 사람을 마음속에서 놓아주고 풀어주고 (그들이 치러야 할 대가를) 탕감해주는 것이다. 이것이 성경적인 용서의 출발점이다.

그런데 사람들은 용서에 대해 '내게 상처준 사람이 변화되어야 한다'는 착각을 하고 있다. 용서에는 상처준 사람을 변화시킬 힘이 없다. 오히려 자신의 마음을 변화시키고, 자기 마음속에서 상처준 사람을 놓아주고 아픔과 괴로움을 떠나보내는 것이 용서이기 때문이다.

입으로는 용서하지만 실제 마음에서 용서하지 못하고, 쓴 마음이 사라지지 않으며, 용서를 통한 치유와 회복의 역사가 일어나지 않는다면, 성경적인 원리가 아니라 잘못된 생각과 마음으로 용서한 것이다. 진정한 용서가 없이는 진정한 용서의 은혜를 기대할 수는 없다.

기억하라. 용서는 다른 사람을 변화시킬 수 없고 나를 변화시키는 것이다. 상처준 사람을 생각할 때마다 고통스럽고 아팠던 마음에서 벗어나 자유하게 되는 것이다. 이것이 용서의 출발점이자 기본원칙이다.

용서에 관한 내 강의를 듣던 목사님 한 분이 찾아와 이런 질문을 했다. 아니 그것은 분노에 찬 거친 항의에 가까웠다.

"상처준 사람이 아니라 상처받은 사람이 자신의 마음을 변화시키는 것이 용서라구요? 그게 말이 됩니까?"

그는 강의를 듣다가 '남이 아니라 자신이 변화되는 것이 용서'라는 대목에서 잔뜩 찌푸린 얼굴로 신음소리까지 내며 책상에 엎드려 있었다. 강의 내용 때문에 마음이 불편하고 화가 난 모양이었다. 알고 보니 그 목사님은 사모님에게 상처를 받아 목회까지 접은 상황이었다.

십여 년 동안 대형 교회에서 부목사로 열심히 사역하던 그는, 섬기던 교회의 재정 지원 약속을 받고 교회를 개척하게 되었다. 상가 건물을 임대해서 목회를 시작했는데 3년이 지나도 자립할 수가 없었고 결국 재정 지원도 끊어져 생활비까지 염려해야 하는 상황이 되고 말았다. 그 와중에 격려차 방문한 장인이 그에게 약간의 돈을 내놓았다. 극구 사양했지만 "이것은 하나님께 헌금하는 것이며, 당장 필요한 생활비를 해결해야 하지 않느냐"고 말하며 황급히 가버리는 통에 받을 수밖에 없는 상황이었다.

그런데 이 사실을 안 사모가 "무능하다. 부모를 공경하지 않는다"며 남편에게 화를 냈고 부부싸움이 벌어졌다. 감정이 격해지면서 목사님이 거친 말을 내뱉자, 사모님이 "이 무능하고 나쁜 목사, 폭력적인 목사야! 당신 같은 사람이 무슨 목회를 하냐?"고 소리를 지르며 남편의 얼굴에 침을 뱉었다는 것이다. 결국 이 일로 낙심한 목사님은 한동안 목회를 접었다가 우여곡절 끝에 훈련을 받고 새롭게 목회를 시작하려고 준비하는 중이었다. 그런데 내가 한 강의 내용이 상처를 건드려 화가 난 것이다.

목사님은 이렇게 말했다.

"아내가 먼저 찾아와 잘못을 뉘우치고 빌지 않으면 절대 용서 못합니다."

진정한 용서가 무엇인지 설명하기 위해 여러 가지로 설득했지만 그는 내 이야기를 듣기는커녕 오히려 이런 부탁을 했다.

"목사님, 남편에게 용서를 구하라고 제 아내에게 이야기해 주실 수는 없습니까?"

"기꺼이 그렇게 해드릴 수 있습니다. 하지만 목사님은 아무런 마음의 변화없이 사모님에게만 용서를 구하라고 하는 것은 조건적인 용서이고 성경적인 용서가 아닙니다."

안타깝게도 그 목사님은 더 이상 내 말을 듣지 않았고, 이후의 강의 내내 딴짓을 하며 시간을 보내고 말았다.

'상대가 먼저 변하지 않으면 나도 변하지 않겠다'는 것은 조건적인 용서다. 그것은 참된 용서가 아니다. 그 불쌍한 목사는 자신의 모든 것을 아내(타인)에게 던져버리고 말았다. 이제 그의 마음과 삶은 자신이 아니라 다른 사람의 것이 되어버렸다.

용서는 상처준 사람의 변화와는 상관이 없다

당신은 (진정한 성경적 의미의 용서라는 것은 몰랐지만) 당신에게 상처준 사람을 용서했다. 그런데 그 사람이 변화되었다. 행동과 삶이 변화되어 새사람이 된 것이다. 그가 당신을 찾아와 자신의 잘못을 용서해 달라고 간청한다. 그리고 하나님께 나아가 죄를 자백하고 은혜를 구하면서 기도하고 헌신하며 살아간다. 그래서인지 모르지만 높은 자리에 오르고, 물질로 부요해지고, 사람들의 칭찬과 인정까지 받으면서 완전히 다른 인생을 살게 되었다.

당신이 우연히 이 소식을 듣게 되었다. 그는 당신에게 상처를 주고 학대하고 성추행하고, 다른 사람 앞에서 당신을 모욕하고 멸시하고 조롱한 사람이었다. 그 때문에 당신은 한동안 다른 사람들 앞에 설 수도 없었는데, 그 사람이 하나님의 용서와 복을 받아 승승장구하며 행복하게 살고 있다면, 당신은 어떤 기분이 들겠는가? 당신도 다른 사람들처럼 그를 칭찬하고 인정해줄 수 있는가? 정말로 아무렇지 않게 그의 변화와 성공을 축하해줄 수 있는가? 상처의 아픔을 기억하지 않고 아무런 거리낌 없이 홀가분한 마음으로 축하해 줄 수 있는가?

어쩌면 당신은 배 아파하거나 하나님을 원망할지 모른다. '하나님, 어떻게 그러실 수 있어요? 저 사람이 어떤 사람인지 아시면서…. 난 이 모양인데 제게 상처를 준 사람에게 그런 복을 주신다는 게 말이 됩니까?'

만약 그 사람이 벌받기를 바라고 잘못한 것의 대가를 치러야 한다고 생각한다면, 입으로는 용서했지만 마음의 준비는 전혀 하지 못한 것이다. 용서는 상처준 사람의 변화와 아무 상관이 없다. 그 사람이 어떻게 되느냐와 상관없이 내 마음 속의 상처를 정리하고 처리하는 것이 필요하다. 용서는 오직 자기 자신만 변화시킬 수 있으며 이것이 하나님의 은혜다.

만일 상대방이 변화되는 것으로 용서를 허락하시고, 마음의 치유가 일어난다면 우리는 늘 아픔과 고통 속에서 살면서 영원히 저주 아래에 있게 될 것이다. 그러나 그에게 내 마음의 치유를 양도하지 않고 내가 내 삶의 주도권을 갖고 살면서 용서와 치유의 은혜로 나아갈 수 있다. 이것이 은혜임을 아는 것이 은혜다. 이것이 성경적인 용서의 출발점이다.

용서는 삶의 주도권을 되찾는 것이다

용서는 삶의 주도권을 자신이 가지고 있는 것이다. 상처준 사람에게 넘겨주었던 삶의 주도권을 되찾고 사탄의 속임과 시험에서 벗어나는 것이다. 또한 이것은 마음의 주인을 바꾸는 것으로 우리 마음의 주인이 주님이시다. 오직 주님만이 모든 것의 주인이시며 가장 높으신 분이다.

너희도 그 안에서 충만하여졌으니 그는 모든 통치자와 권세의 머리시라(골 2:10).

그분은 우리를 기쁨과 감사, 평강으로 인도하신다. 하지만 우리가 용서하지 않으면 문제가 달라진다. 용서하지 않는 사람은 쓴 마음과 상한 마음, 번갈아 요동치는 부정적 감정들로 평강을 잃고 자유를 빼앗기게 된다. 상처준 사람이 내 마음과 삶의 주인이 된다는 것은 바로 이런 상황이다.

용서는 우리 마음에 기쁨과 평강을 주시는 주님을 우리 삶의 주인과 하나님으로 인정하는 실제적인 신앙고백이다. 용서할 때 우리는 마음의 주인을 바꿀 수 있는 기회를 얻게 된다.

용서는 자신의 힘과 지혜, 방법 대신 주님만 의지하며 그분의 방법으로 살아가는 믿음의 결단이며, 우리를 대신해서 원수를 갚아주시겠다는 주님의 약속을 신뢰하며 기다리는 것이다(롬 12:19).

우리가 원수를 갚으면 또 다른 죄로 이어지는 행동과 마음을 가질 수 있기 때문에 하나님이 원수를 갚아주시겠다는 것이다.

용서한 사람만이 그 기쁨을 알 수 있다

상처를 준 사람을 용서했다고 해서 그 사람이 용서의 은혜를 알고 기쁨과 감격을 누리는 것은 아니다. 그는 우리가 용서했다는 사실을 모른다. 어쩌면 우리가 자기 때문에 상처받고 아파했다는 사실조차 모를 수도 있다. 용서의 기쁨은 용서한 사람 자신만이 알 수 있다. 용서한 사람만이 고통과 아픔에서 놓여나 기쁨이 넘치고 자유케 되는 것을 경험할 수 있기 때문이다.

마태복음 18장에서 예수님은 일만 달란트의 빚을 탕감받은 사람의 예화를 말씀하셨다. 한 달란트가 금 34킬로그램이니 일만 달란트는 무려 34만 킬로그램이나 된다. 지금의 금값으로 환산하면 어마어마한 액수이다. 이렇게 엄청난 빚을 탕감받고 감옥에서 풀려나 자유의 몸이 되었으니 얼마나 기뻤겠는가? 그러나 일만 달란트의 빚을 탕감받은 사람은 자신에게 백 데나리온 빚진 사람을 감옥에 가둬버렸다.

한 데나리온이 당시 품꾼의 하루 품삯 정도였으니 백 데나리온은 백 일 정도 일하면 갚을 수 있는 금액이었다. 일만 달란트나 되는 어마어마한 빚을 탕감받았다면 그 정도 액수는 탕감해줄 수도 있는 것이다. 그런데 그는 채무자를 감옥에 가뒀다. 결국 이 사실을 알게 된 왕은 일만 달란트를 탕감해준 사람을 잡아들여 감옥에 가둬버렸다.

용서받은 사람들은 용서의 은혜를 모른다. 자신이 상처준 사람이 그를 용서했는지 안 했는지도 모른다. 용서의 은혜는 용서한 그 사람에게 임하기 때문이다. 기쁨과 자유가 임하는 용서의 은혜를 알았다면 일만 달란트 탕감받은 사람도 백 데나리온 빚진 사람을 용서했을 것이다. 하지만 그는 용서의 은혜를 알지 못했기 때문에 빚진 자를 탕감해주지 않고 감옥에 가둔 것이다.

우리는 모두 수많은 죄를 지은 악하고 추한 사람들이다. 그런데 주님은 그런 죄인을 십자가에서 용서해 주셨다. 우리가 치러야 할 모든 것을 탕감해주시고 죄와 속박으로부터 자유케 하셨다. 죄 사함과 자유케 되는 은혜를 진정으로 체험한 사람은 말할 수 없는 감격과 기쁨을 맛보았을 것이다. 하지만 기쁨도 잠시 우리는 우리에게 죄 지은 자를 용서하지 않고 상처와 쓴 마음으로 자신을 감옥에 가두고 말았다. 사실 우리에게 상처 준 사람은 여전히 자신의 삶을 자유롭게 살아가고 있는데, 오히려 용서하지 않는 자기 자신이 상처와 아픔의 감옥에 갇혀 있는 것이다.

주님이 우리를 용서하신 것처럼 우리도 우리에게 죄 지은 자를 용서하는 은혜를 베풀어야 한다. 그럴 때 우리는 넘치는 자유와 기쁨을 맛보게 될 것이다.

"그러나 너희가 이른 곳은… 새 언약의 중보자이신 예수와 및 아벨의 피보다 더 나은 것을 말하는 뿌린 피니라"(히 12:22상, 24).

히브리서 기자가 말하는 '아벨의 피'란 무엇일까? 창세기 4장에서 아벨은 하나님 앞에서 믿음의 제사를 드렸다. 하지만 그의 형 가인은 믿음으로 제사를 드리지 않았고, 하나님은 그의 제사를 받지 않으셨다.

하나님이 아벨 때문에 자신의 제사를 받지 않았다고 생각한 가인은 동생 아벨을 죽였다. 하나님은 가인에게 "아벨의 피 소리가 땅에서부터 호소한다"고 말씀하셨다(창 4:10). 아벨이 형에게 돌로 맞아 죽으면서, 억울하고 기가 막힌다고 하나님께 호소한 것이다. 자신은 잘못한 것이 없는데 이렇게 죽게 되었다며 부르짖은 것이다.

히브리서 기자는 우리가 지금 '아벨의 피보다 더 나은 것을 말하는 뿌린 피' 앞에 있다고 이야기한다. 여기서 '뿌린 피'란 예수 그리스도의 십자가를 의미한다. 예수님은 십자가에 달려 모든 사람과 세상을 위해 자신의 피를 한 방울도 남기지 않고 모두 쏟으셨다. 그리고 "아버지, 저들을 용서해주십시오. 저들은 자기들이 지금 무슨 짓을 하고 있는지 모르고 있습니다'라고 중보하셨다(눅 23:34). 자신의 피를 뿌려 우리에게 용서를 베풀어주신 것이다.

우리는 "너희를 용서한다"는 죄 사함의 선언 앞에 서 있다. 주님은 우리의 모든 죄를 사하셨다. 그것도 엄청난 죄를 단번에 사하셨다. 주님의 십자가는 우리에게 이렇게 말한다. "예수님이 너희를 용서하신 것처럼 너희도 너희에게 죄 지은 사람에게 은혜를 베풀어 용서해 줘라." 이것이 아벨의 피보다 더 나은 것을 말하는 뿌린 피 앞에 있다는 의미다. 용서하지 않는 것은 아벨의 피 앞에, 원망하며 원통함을 호소하는 피 앞에 머물러 있는 것이다.

용서는 선택이며 결정이다

용서의 은혜를 모르는 사람은 기쁨과 감격을 모르고 스스로를 상처와 아픔의 감옥에 가둔다. 이 감옥에서 벗어날 수 있는 열쇠는 조건없는 용서다. 우리에게 용서할 수 있는 선택권을 주신 하나님은 우리가 그것을 사용하여 상처의 고통과 아픔에서 자유롭게 되기 원하신다.

용서는 고통에서 벗어나겠다는 결단에서 나온다. 용서하고 싶은 마음이 없을 수 있다. 그러나 용서하기로 결정해야 한다. 그냥 용서의 마음이 일어나기를 기다린다 해도 용서하고 싶은 마음은 절대 생기지 않을 것이다. 그런 마음이 없을지라도 용서하기로 결정하고 선포해야 한다.

"나는 너를 용서한다."

"지금 당신이 준 상처를 내 마음속에서 떠나보낸다."

"더 이상 원망하며 살지 않을 것이다. 나는 용서를 통해 얻은 주님의 평강으로 새로운 삶을 살아갈 것이다."

용서는 하나님의 뜻을 따르겠다는 순종이자 믿음의 반응이며, 십자가 보혈의 은혜를 삶에 적용한 결과다. 하나님의 뜻에 순종해서 용서를 선택하고 보혈의 은혜로 살려고 하면, 주님이 진정으로 용서할 수 있는 은혜를 주실 것이다. 그래서 상처준 사람에 대해 불쌍히 여기는 마음이 일어나도록 하실 것이다.

나에게도 용서할 수 없는 몇 사람이 있었다. 그중에 한 명은 군대

고참이었다. 그는 예수 믿는 부모로부터 학대를 많이 당한 사람이었다. 교회에 가는 것부터 시작해서 군종이 되려고 했던 것까지 나의 전부를 싫어했고, 이루 말할 수 없는 고통을 주며 나를 핍박했다. 낙하산 훈련을 받을 때, "이렇게 해도 하나님이 구해주신다며? 사고 나지 않게 막아주신다며?"라며 내 낙하산을 발로 밟는 등 목숨을 위협하는 짓까지 서슴지 않았다. 하지만 군대라는 구조의 특성상 고스란히 당할 수밖에 없었다.

(제대 후) 한참이 흐른 뒤에 용서에 대한 강의를 들을 기회가 있었다. 자신에게 상처를 준 사람을 용서하라고 하는데 문득 그 고참이 떠올랐다. 하지만 그를 용서할 수 없었다. 용서는커녕 복수하고 싶었다. 그런데 강의는 억지로라도 용서해야 할 것 같은 분위기로 흘러갔고 나는 너무 괴롭고 힘들었다. 용서할 수 있는 마음을 달라고 기도하면서도, 마음속에서는 그렇게 할 수 없어서 그냥 밖으로 나가버릴까도 생각했다. 하지만 용서하지 못하는 나를 위해 기도하는 강사와 간사들 때문에 차마 그럴 수 없었다.

그런데 갑자기 오래 전에 그 고참이 했던 말이 생각났다. 하나님이 기억나게 하신 것이었다. 먹을 것이 없을 정도로 가난한 집에서 매일 예수 믿는 아버지에게 욕먹고 매 맞으며 살던 그는 고등학교만 졸업하면 자원입대해서 '이놈의 집구석을 떠나겠다'고 결심했다. 그래서 군대에 들어와 그토록 그리던 자유를 찾았고, 자기 아버지처럼 예수 믿는 사람들에게 복수하기로 결심한 것이었다.

이런 이야기를 들려주던 그의 모습이 떠오르자 마음속에서 불쌍한 마음이 일어나기 시작했다. '얼마나 힘들었으면, 얼마나 상처받았으면, 얼마나 배고팠으면 그렇게 했을까? 내가 더 잘해주었다면, 힘들고 어려울 때 감싸주고 그의 이야기를 들어주었다면 좋았을 텐데'라는 생각이 들면서 그를 용서하겠다고 주님께 기도하게 되었다. 그런데 기도하면 할수록 정말 그가 불쌍하게 느껴지고 안타까운 마음이 일어나는 것이었다. 그를 축복하고 싶고 그가 잘되었으면 좋겠다는 소망이 생기기 시작했다. 그렇게 그를 용서하고 나자 가슴이 막혔던 속이 시원하게 뚫리는 기쁨이 밀려왔다.

이것이 바로 주님의 은혜이다. 주님이 마음을 주지 않았다면 절대 일어날 수 없는 일이었다. 그래서 용서는 주님의 은혜로 하는 것이고, 시작은 용서하기로 결정하는 것이다. 내 안의 상한 마음과 싸워야 한다. 그래서 용서는 힘들고 어렵다. 하지만 그 가치는 놀랍다.

때로는 '괜찮아. 그 사람이 일부러 그런 것은 아니니까'라며 상대를 정당화하거나 용서하지 않는 것을 합리화하는 사람도 있다. 특히 부모나 사랑하는 사람, 친한 사람들이 상처를 주었을 때 그런 경향이 나타난다. 그래서 용서할 부분이 아니라고 생각한다. 하지만 상처는 그대로 남아 더욱 혼란스럽게 될 뿐이다.

용서는 잘잘못을 따지는 것이 아니다. 마음속에서 아픔을 처리하기 위한 과정일 뿐, 부모에게 불효하거나 친구와 멀어지고 적대적인 관계를 만들려는 것이 아니다.

마음의 상처는 용서만으로도 처리하고 회복할 수 있다.

용서와 화해

용서한다고 해서 무조건 용서의 대상을 신뢰해야 하는 것은 아니다. 신뢰는 그 대상이 새롭게 변화되어서 믿을 만하고 관계를 맺을 만하다고 느껴질 때 생기는 것이다. 용서한다고 해서 당장 화해해야 하는 것도 아니다. 오히려 자신을 보호하는 차원에서 그 대상과 거리를 두어야 할 수도 있다. 그래서 화해는 대상을 관찰하고 판단해서 마음을 정할 때까지 많은 시간이 걸리고, 무조건적으로 해야 하는 용서와 달리 상대의 삶의 변화를 지켜본 후에 선택할 수 있다.

용서한다고 해서 과거의 상한 감정과 아픔이 단번에 사라지는 것은 아니다. 용서했지만 다시 고통스러울 수 있다. 그러면 다시 용서의 과정을 밟으면서 안정을 찾을 수 있다. 그런 의미에서 용서는 반복적인 의지의 표현이다. 용서는 일방적으로 하는 것이기에 불공평할 수 있다. 하지만 용서는 마음을 변화시킨다. 상처와 아픔, 복수심을 멈출 수 있다. 용서함으로 상처에서 벗어나 주 안에서 기쁨으로 사는 것이 가장 큰 복수이기 때문이다.

무술인들이 문파를 이루어 강호를 주름잡던 시대를 배경으로 하는 쿵푸 영화를 보면 대부분 무술 실력이 별로 없는 주인공이 악당들에게 가족을 잃는 데서 이야기가 시작된다.
가족의 원한을 갚기 위해 열심히 무술을 연마하던 주인공은 준비

되지 않은 상태에서 악당들에게 덤비다가 치명적인 상처를 입고 절대 절명의 위기를 맞는다. 하지만 이것이 전화위복이 되어 주인공은 은둔해 있던 최강 고수를 만나 절대 무공을 전수받게 된다.

주인공이 힘든 수련을 견뎌내고 무적의 경지에 오르던 날, 사부는 자기를 찾지 말라는 쪽지 한 장을 남긴 채 홀연히 그의 곁을 떠난다. 절치부심하며 복수의 날만 기다려온 주인공은 악당들을 찾아 길을 떠나고 힘없는 백성들을 돕다가 아주 우연한 기회에 원수를 만나 일전을 벌인다. 악은 정의를 이길 수 없다. 주인공은 통쾌한 승리를 거두며 복수극을 마무리한다. 영화는 거기서 끝난다.

그런데 만약 주인공에게 죽음을 당한 원수의 가족 중 한 사람이 복수를 결심한다면 어떻게 될까? 그가 또 다른 무림 고수를 만나 무공을 연마한 뒤 주인공을 찾아와 결전을 벌인다면? 그리고 주인공이 패해서 목숨을 잃고 주인공의 가족 중 한 사람이 다시 복수를 결심한다면? 이 같은 '복수의 네버엔딩스토리(never-ending story)'를 끝낼 수 있는 방법은 오직 용서뿐이다.

우리의 삶이 이런 쿵푸 영화와 비슷한 것은 아닌지 생각해봐야 한다. 끊임없이 복수가 복수를 낳는 고통의 시간을 보내고 있는 것은 아닌지, 목숨을 끊어야 지옥 같은 삶에서 벗어날 수 있다고 생각하는 것은 아닌지 돌아봐야 한다.

진정한 해결책은 복수를 주님께 맡기는 것뿐이다. 주님이 모든 것을 적절한 때 적절한 방법으로 갚아주실 것이다. 용서는 복수를 끊

고 생명을 살린다. 복수하려고 애쓰는 모든 것을 내려놓고 주님의
은혜 안에 머물기를 바란다.

용서하지 않으면?

너희가 사람의 잘못을 용서하면 너희 하늘 아버지께서도 너희 잘못을
용서하시려니와 너희가 사람의 잘못을 용서하지 아니하면 너희 아버지
께서도 너희 잘못을 용서하지 아니하시리라(마 6:14-15).

너희가 각각 마음으로부터 형제를 용서하지 아니하면 나의 하늘 아버
지께서도 너희에게 이와 같이 하시리라(마 18:35).

너희가 누구의 죄든지 사하면 사하여질 것이요 누구의 죄든지 그대로
두면 그대로 있으리라 하시니라(요 20:23).

우리가 우리에게 죄지은 자를 사하여 준 것 같이 우리 죄를 사하여 주
옵시고(마 6:12).

우리는 예수 그리스도의 피로 모든 죄를 사함받았다. 예수 그리스
도 안에서 그분이 풍성하게 베풀어주신 은혜와 그분의 보혈로 죄 사
함을 받았다(엡 17장). 그런데 주님은 우리가 우리에게 죄 지은 자
를 용서하지 않으면 주님도 우리를 용서하지 않으신다고 말씀하신
다. 죄를 속량하고 죄 사해준 것을 모두 거둬들이신다는 것이다. 용
서받지 못하고 죄가 그대로 남아 있다면 우리는 결코 하나님의 영광

에 이를 수 없다(롬 3:23). 예수 그리스도의 은혜가 없다면 우리는 가망 없는 존재로 돌아가 징계와 형벌을 받을 수밖에 없는 처지가 된다(롬 6:4).

예수님이 용서하라고 우리에게 협박하시는 것처럼 느껴지는가? 이 말씀은 겁을 주려는 것이 아니라 오히려 자유를 주시기 위한 은혜로운 선언이다. 용서하기만 하면 모든 상처가 풀어지고 과거의 상처준 사람에게 묶여 있던 마음과 삶이 자유함을 받는다는 것이다. 얼마나 놀라운 은혜인가. 용서는 우리를 치유하기 원하시는 하나님의 놀라운 계획이며, 우리를 과거의 상처와 뿌리 깊은 고통에서 벗어나게 할 유일한 방법이다.

용서하는 것은 당신의 자유다. 하나님은 당신에게 용서를 선택하거나 거절할 수 있는 자유를 허락하셨다. 하지만 어떤 것을 선택하느냐에 따라 당신은 전혀 다른 삶을 살게 될 것이다. 하나님의 놀라운 은혜의 세계가 당신 앞에 열려있다. 용서라는 문을 통과할 때 당신은 그 세계 안으로 들어갈 수 있을 것이다.

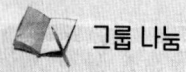 **그룹 나눔**

① 지금 당신이 용서하지 못하고 있는 사람이 있다면, 누구인가?
② 어떤 일 때문에 그를 용서하지 못하고 있는가?
③ 용서하는 내용의 편지를 작성한 후 나누기(빈 의자나 인형에게 말하고 신체에 어떤 반응이 나타나는지 살펴보라. 용서한 뒤에는 편지를 찢거나 불태워라)

*그룹 나눔을 가진 뒤에는 반드시 함께 기도하는 시간을 가져야 한다. 특히 용서를 다룬 뒤에는 용서를 통해 마음에 묶여 있던 사람이 떠날 것. 떠난 것을 선포하는 기도 시간을 가지라

⑩ 변화와 성숙의 출발 — 회개

변화와 성숙의 출발, 회개

상처와 아픔으로 인해 지은 죄 회개하기

죄를 짓는 자마다 불법을 행하나니 죄는 불법이라(요일 3:4).
죄의 삯은 사망이요(롬 6:23).
오라 우리가 여호와께로 돌아가자 여호와께서 우리를 찢으셨으나 도로 낫게 하실 것이요 우리를 치셨으나 싸매어 주실 것이라(호 6:1).

용서는 상처 난 마음을 치유로 이끌고, 기쁨과 자유로 인도하며 그 안에서 안식하게 한다. 하지만 용서만으로 모든 것이 변화되는 것은 아니다. 주님 안에서 온전한 변화와 성장이 있으려면 회개의 합당한 열매를 맺어야 한다(마 3:8). 회개의 합당한 열매는 온전히 회개할 때 나타나는데, 그것은 변화와 성장이 이루어지고 성화되는 과정을 밟는 것이다.

성경에 기록된 회개의 의미

구약성경에서 회개로 번역된 히브리어 '슈브(shuve)'는 '돌이키다. 지금까지 가던 길을 돌이켜 바른 길로 가다'라는 의미를 갖고 있다. 이것은 백 퍼센트 방향전환, 즉 삶이 백팔십도 달라지는 것이며 마음과 의지와 감정과 생각의 영역을 포함한 삶 전체의 변화를 말한다. 또한 신약성경에서 회개로 번역된 헬라어 '메타노이아(metanoia)'는 '죄와 그 원인에 대한 생각과 태도가 진정으로 바뀌는 것'이라는 뜻이 있다. 일반적으로 사람들은 회개를 '지은 죄를 자백하고 슬퍼하거나 탄식하는 것, 한순간의 고백이나 행위 혹은 잘못됨을 깨닫는 마음'으로 생각하지만, 그것이 전부가 아니다.

회개는 죄로부터 돌아서기 위해 가치관과 신념과 세계관을 바꾸고 생각이나 삶의 방식을 바꾸는 과정이다. 하나님을 아는 것을 대적하여 높아진 것을 다 무너뜨리고 그리스도께 복종시키는 것이다(고후 10:5). 이것은 내면의 생각이 진리로 변화되고 완전히 새로운 방향으로 돌아서서, 생활방식을 바꾸고 죄를 미워하며 하나님께 전심으로 나아가는 전인격적인 변화인 것이다.

히브리인의 회개와 헬라인의 회개

히브리 사람이 말하는 회개는 '가던 길과 삶을 돌이키는 것'이다. 하나님의 과녁에서 벗어나 다른 길로 가던 것을 멈추고 돌이켜 하나님을 향해 살아가는 것이다. 그냥 단순히 회개한다고 입술로 말만 하는 것이 아니라 자신의 생각과 뜻대로 살아가던 것을 돌이켜 하나님의 뜻과 계획과 방법을 따르는 것이다. 헬라 사람이 말하는 회개는 '죄를 짓게 하는 생각을 바꾸는 것'이다. 모든 것의 기반인 생각이 변화되면 다른 것도 변화되기 때문이다.

요약하면 회개는 입술로 죄를 고백하고 인정하는 것을 포함해서 생각과 감정과 행동, 더 나아가 전인격이 주님을 향해 새롭게 변화되는 과정이다.

죄는 무엇인가?

진정한 회개로 삶과 생각을 바꾸려면 먼저 죄가 무엇인지 알아야 한다. 죄가 무엇인지 정확하게 알려면 성경 말씀으로 돌아가야 한다. 세상이 말하는 죄와 성경에서 말하는 죄가 너무 다르기 때문이다. 세상에서는 피해나 상해를 주는 행위가 죄라고 이야기한다. 하지만 성경은 행동과 함께 마음속에 품고 생각하는 것, 즉 내면의 동기부터 죄로 인식한다. 사람들은 모르지만 하나님은 모든 것을 정확하게 판단하고 알고 계시기 때문이다(잠 21:2). 신약성경 로마서에서 말씀하고 있는 죄는 무엇인가?

하나님을 알되 하나님을 영화롭게도 아니하며 감사하지도 아니하고 오히려 그 생각이 허망하여지며 미련한 마음이 어두워졌나니 스스로 지혜있다 하나 어리석게 되어 썩어지지 아니하는 하나님의 영광을 썩어질 사람과 새와 짐승과 기어다니는 동물 모양의 우상으로 바꾸었느니라(롬 1:21-23).

로마서 1장에서 사도 바울은 사람들이 행하는 여러 가지 죄에 대해 죄의 뿌리와 그 삶의 행태를 말해준다. (성경에서는 생각과 감정과 의지를 마음과 동의어로 사용한다.) 생각이 허망해지고 마음이 미련하여 어두워지면 하나님의 영광을 우상의 모양으로 바꾸어 섬기게 되는데 이것도 곧 생각에서 온다는 것을 의미하는 것이다.

우리는 앞에서 부모의 영향력이 어떻게 자기에게 흘러오는지 살펴보면서 상처받은 상황과 사건에서 빚어지는 내적 대화와 다짐, 내적 맹세가 얼마나 큰 문제가 되는지 나누었다. 내적 맹세는 자기도 모르게 세상적인 것을 하나님보다 더 크게 생각하여 섬기거나 의지하면서 살게 한다. 또한 그것은 우상숭배 같은 영적인 문제부터 사고와 감정과 의지와 행위에 이르기까지 모든 것의 출발점이 되는데 이와 같은 죄의 근원과 동기가 모두 마음에서 온다는 것이다.

> 그러므로 하나님께서 그들을 마음의 정욕대로 더러움에 내버려 두사 그들의 몸을 서로 욕되게 하셨으니(롬 1:24).
> 이 때문에 하나님께서 그들을 부끄러운 욕심에 내버려 두셨으니 곧 그들의 여자들도 순리대로 쓸 것을 바꾸어 역리로 쓰며 그와 같이 남자들도 순리대로 여자 쓰기를 버리고 서로 향하여 음욕이 불일 듯하매 남자가 남자와 더불어 부끄러운 일을 행하여 그들의 그릇됨에 상당한 보응을 그들 자신이 받았느니라(롬 1:26-27).

사도 바울은 그 뒤를 이어 성적인 부분과 동성애를 언급하면서,

이것도 마음의 정욕으로부터 일어나는 부끄러운 욕심 때문이라고 말한다. 생각과 마음이 정욕에 사로잡혀 있기 때문에 정욕에 빠져 성행위를 하게 된다는 것이다.

동성애도 마찬가지다. 동성애자들이나 동성애를 인정하는 사람들은 동성 혹은 양성을 사랑하고 관심을 갖는 것은 개인의 취향이나 성격, 성적 기호라고 말한다. 하지만 아무리 그렇게 주장해도 그들의 생각은 허망한 생각, 정욕의 생각, 부끄러운 욕심의 생각에서 나오는 욕망이며 성적 타락의 죄인 것이다. 성소수자의 인권을 보장하고 허용해야 한다는 이야기 자체가 성적 욕심에서 나온 것임을 그들 스스로도 알고 있다. 다만 인정하지 않고 무시하고 있는 것이다.

사도 바울은 그들이 그렇게 생각하도록 하나님이 허용하셨다고 이야기한다. 그들의 생각이 좋기 때문에 허용하시는 것이 아니라 허망하고 부끄러운 욕심이기 때문에 그냥 내버려 두시는 것이며, 그들은 자신의 그릇된 행동과 생각에 합당한 보응을 받으며 또 받게 될 것이라고 확증한다. 성적인 죄의 근원도 마음, 즉 생각인 것이다.

또한 그들이 마음에 하나님 두기를 싫어하매 하나님께서 그들을 그 상실한 마음대로 내버려 두사 합당하지 못한 일을 하게 하셨으니 곧 모든 불의, 추악, 탐욕, 악의가 가득한 자요 시기, 살인, 분쟁, 사기, 악독이 가득한 자요 수군수군하는 자요 비방하는 자요 하나님께서 미워하시는 자요 능욕하는 자요 교만한 자요 자랑하는 자요 악을 도모하는 자요 부모를 거역하는 자요 우매한 자요 배약하는 자요 무정한 자요 무자비한 자라 그들이 이같은 일을 행하는 자는 사형에 해당한다고 하나님께서 정하심을 알고도 자기들만 행할 뿐 아니라 또한 그런 일을 행하는 자들을 옳다 하느니라(롬 1:28-31).

계속해서 사도 바울은 하나님이 자신의 마음에 그분을 모시고 싶어 하지 않는 자들도 그 상태 그대로 살면서 합당치 못한 일을 하도록 내버려두셨다고 말한다. 그들은 자신의 죄가 사형감이라는 것을 잘 알지만, 스스로를 정당화하고 합리화하고 있다. 이와 같은 죄의 근원과 근본 원인도 바로 우리의 마음, 곧 생각이라는 것이다.

그것은 각 사람 안에 있는 상실한 마음(생각), 정욕의 마음, 부끄러운 욕심, 허망한 생각을 말한다. 이런 생각들 때문에 사람이 악한 행동을 하며 악한 삶을 살아가는데 그것은 행위와 관계와 삶이 생각의 결과이기 때문이다.

죄를 온전히 회개하려면 자신이 갖고 있는 허망하고 정욕적인 생각, 어리석은 생각, 상실한 마음이 무엇인지 찾아내어 적극적으로 바꾸려는 노력이 필요하다. 이것은 우리의 힘과 지혜만으로 할 수 없는 일이다. 여기에는 반드시 주님의 은혜가 필요하다. 지속적인 회개를 통해 겉으로 드러나는 행동만이 아니라 그 행동 이면에 뿌리박힌 생각까지 제거해야 한다.

죄의 본질

예레미야 선지자는 죄에 대해 "내 백성이 두 가지 악을 행하였나니 곧 그들이 생수의 근원되는 나를 버린 것과 스스로 웅덩이를 판 것인데 그것은 그 물을 가두지 못할 터진 웅덩이들이니라"(렘 2:13)라고 기록하고 있다.

첫 번째 악은 생수의 근원이신 하나님을 버린 것이다. 생수의 근원이신 하나님을 떠났기 때문에 목이 마르고 마음이 허망해져서 어두운 마음이 될 수밖에 없다.

하나님을 생명의 구주로 섬기기 싫어하고, 우상을 만들어 자신이 옳은 대로, 자신이 편한 대로 살아가려 한다. 그렇게 하면 즐겁고 행복해질 거라 믿기 때문이다. 하지만 돌아오는 것은 더 많은 고통과 어려움뿐이다.

안타깝게도 이런 사람들은 누가복음 15장에 등장하는 가출한 둘째 아들처럼 아버지(하나님)께 돌아오지 않는다. 스스로의 노력으로 목마름을 해결하고 욕구를 채우며 살기 위해 애쓴다. 하나님을 떠나 살면서 채움받지 못한 것을 자기 힘으로 채우려 하는 것을 예레미야 선지자는 첫 번째 죄악이라고 말한다.

하나님이 아닌 자신의 생각과 경험과 힘, 지혜에 순종하는 모든 생각(가치관)과 행위는 죄다. 하나님의 기준에 미치지 않는 것, 자신의 기준과 세상적인 힘이나 만족으로 살아가려는 것도 죄다. 한마디로 하나님의 진리에서 벗어난 마음과 생각과 행동에서 나오는 모든 것이 죄인 것이다.

자신의 욕망을 스스로 채우려는 것이 죄이기 때문에, 범죄한 사람들은 자기중심적인 삶을 살 수밖에 없다. 믿음 자체가 없고 하나님을 거역하는 무법 상태인 것이다. 이것이 죄의 근원인 생각에서 나오는 것임을 인정하고 이 죄를 하나하나 명확하게 고백해야 한다.

두 번째는 스스로 웅덩이를 판 것이다. 스스로 웅덩이를 판다는 것은 자기 힘과 지혜로 더 좋은 나를 만들려고 시도하는 모든 것을 말한다.

우리는 앞에서 보상행동으로 자신을 높이려는 증상을 살펴보았다. 어떻게 해서든 자기가 듣고 싶은 (하지만 결핍된) 칭찬과 인정을 얻으려고 세상적인 것을 추구한다.

우월과 열등의 비교, 평가에 매달리며, 학대의 상처에서 벗어나겠다고 자신의 아픔을 숨기고 아닌 척하며 살아간다. 고통을 잊기 위해 술이나 마약 등에 중독되어 산다. 자신을 거절한 사람들이 미워서 다른 모든 관계를 거절함으로 스스로를 고립시키거나 끊임없이 자신을 사랑해줄 것 같은 사람에게 집착하고 매달리는 것 등 이 모든 것들이 스스로 웅덩이를 파는 행동들이다.

물론 분노와 두려움, 상실과 수치심의 감정을 따라 살아가는 것도 스스로 웅덩이를 파는 행동들이다. 이것을 주님께 고백하며 더 이상 세속적인 것으로 '더 좋은 나'를 만들려는 행동과 감정과 생각을 내려놓고 마음에서 삶의 모든 부분에 이르기까지 변화를 소망하며 나아가야 한다.

회개의 방법

하나님께 죄 고백하기

죄의 길에서 돌이키려면 어떻게 해야 할까? 참된 회개란 어떤 것일까? 첫 번째는 생수의 근원이신 하나님께 돌아가는 것이며, 그 지름길은 바로 자신의 죄를 인정하고 고백하는 것이다.

성경은 "만일 우리가 우리 죄를 자백하면 그는 미쁘시고 의로우사 우리 죄를 사하시며 우리를 모든 불의에서 깨끗하게 하실 것이며"(요일 1:9), "이제는 전에 멀리 있던 너희가 그리스도 예수 안에서 그리스도의 피로 가까워졌다"(엡 2:13)고 말씀하고 있다.

하나님께 돌아가는 것은 예수 그리스도의 십자가 보혈을 의지해서 자신의 죄를 인정하고 고백할 때 가능하다. 그럴 때 주님은 우리의 죄를 용서하신다. 예수 그리스도의 십자가에서 용납받지 못하고 용서받지 못할 죄는 없다.

세상의 "높음이나 깊음이나 다른 어떤 피조물이라도 우리를 우리 주 그리스도 예수 안에 있는 하나님의 사랑에서 끊을 수 없고"(롬 8:39) "그리스도 안에는 결코 정죄함이 없다"(롬 8:1)고 말씀하신다. 그러므로 자신의 죄가 무엇인지 정확히 깨닫고 주님께 가지고 나아가라.

죄의 근원은 우리의 생각이다. 행동으로 죄를 범하는 지경까지 이르게 하는 사고방식, 즉 생각을 죄로 인정하고 주님께 고백해야 한다.

죄를 서로 고백하기

그런데 하나님께 죄를 고백하는 것으로 끝나지 않는 경우도 있다. 우리의 죄는 당연히 하나님 앞에서 지은 것이다. 하지만 어떤 죄는 사람들에게도 피해를 입혔을 수도 있다. 참된 회개에는 사람들에게 죄를 고백하는 것까지 포함된다. 야고보서는 "그러므로 너희 죄를 서로 고백하며 병이 낫기를 위하여 서로 기도하라 의인의 간구는 역사하는 힘이 큼이니라"(약 5:16)고 말씀한다.

죄를 서로 고백하며 서로 병이 낫기를 위해 기도해야 한다. 이렇게 할 때 우리는 온전히 주님께 돌아갈 수 있다. 하나님께 죄를 고백하는 것은 그래도 쉬운 편이다(어려운 사람도 있겠지만). 하나님 앞에서 자신의 죄를 마음속으로 인정하고 고백하면 된다. 하지만 사람들에게 죄를 고백하는 것은 두려운 일이다. 뿐만 아니라 자신의 죄가 알려지면 자존심에 상처를 입거나 평판에 금이 가거나 불이익을 당하지는 않을까 하는 염려 때문에 결코 쉬운 일이 아니다.

하지만 분명한 것은 사람들에게 고백해야 한다는 것이다. 사람에게 죄를 짓고 피해를 주었다면 반드시 잘못을 뉘우치고 겸손히 회개함으로 더 이상 그런 일을 하지 않겠다고 약속해야 한다. 그런데 이것을 당사자만이 아니라 서로서로 하라고 한다. 치유와 회복을 위한 모임이 필요한 이유가 바로 이것 때문이다.

회복 그룹은 이것을 효과적으로 도울 수 있는 모임이다. 나는 이런 모임이 한국 교회에 계속해서 일어나기를 소망한다. 교회 공동체에도 자신의 연약함을 정직하게 인정하고 고백하며 주님의 도우심과 동역자들의 합심기도를 경험하는 자리가 필요하다. 사도바울은 이렇게 고백하고 있다.

나에게 이르시기를 내 은혜가 네게 족하도다 이는 내 능력이 약한 데서 온전하여 짐이라 하신지라 그러므로 도리어 크게 기뻐함으로 나의 여러 약한 것들에 대하여 자랑하리니 이는 그리스도의 능력이 내게 머물게 하려 함이라(고후 12:9).

연약함을 서로 나누는 것은 그리스도께서 우리 가운데 머물러 계시게 하는 것이다. 우리는 약한 데서 온전해지기 때문이다. 지금은 연약함을 나누는 것이 기쁨이 되고 서로에게 위로가 되는 교회 공동체가 그 어느 때보다 필요한 때이다(공동체 안에서 서로의 이야기를 나눌 때 주의할 점은 11장을 참고하라).

숨겨져 있는 뿌리의 죄 고백하기

죄악 된 행동이나 삶의 열매를 맺게 하는 것은 내면에 깊이 뿌리 내린 사고와 신념들이다. 성경은 "우리의 싸우는 무기는 육신에 속한 것이 아니요 오직 어떤 견고한 진도 무너뜨리는 하나님의 능력이라 모든 이론을 무너뜨리며 하나님을 아는 것을 대적하여 높아진 것을 다 무너뜨리고 모든 생각을 사로잡아 그리스도에게 복종하게"(고후 10:4-5)할 것을 말씀하신다.

우리가 싸워서 무너뜨려야 할 첫 번째 대상은 하나님을 대적하는 견고한 진이다. 그러려면 먼저 이런 것들이 우리 안에 있다는 사실을 인정하고 고백해야 한다. 마음과 생각에 뿌리내린 상처로 인한 초기 결정과 내적 맹세, 거짓말과 가치관을 고백하는 것이다.

그런데 이런 것을 어디에서 찾아 처리해야 할까? 바로 다툼과 갈등, 고통과 아픔의 경험과 기억 속에서 찾을 수 있다. 그 속에서 살아남기 위해 자신이 어떤 다짐을 했고 그것이 어떤 생각으로 자리잡았는지 살펴보는 것이다(히 6:16).

두 번째 대상은 성경적 원리보다 높아진 이론과 생각들이다. 예를 들어 높아지고 싶은 사람은 낮아져야 하는데 계속 높아지려 하고, 받고 싶은 사람은 줘야 하는데 계속 받고 싶어만 한다. 바로 이런 생각을 주님께 고백해야 한다. 내적 다짐과 맹세를 할 때 세상적인 것을 추구하거나 내가 이렇게 저렇게 하겠다고 말한 대부분이 가치관이고 신념이기 때문에, 주님 앞에 그것도 가지고 나가야 한다. 또한 죄의 뿌리가 되는 다른 생각이나 신념이 있는지 보여달라고 지속적으로 하나님께 기도해야 한다.

드러난 열매의 죄 고백하기

마음과 생각이 행동이나 삶으로 나타난 것, 즉 자신을 높이고 남을 무시하는 보상행동, 자신을 고통 가운데 방치하고 쾌락을 도피처로 삼아 중독에 몸과 마음을 던져버리는 보호행동, 거절의 상처 때문에 다른 사람과 자신을 미워하고 거절하며 특정 대상에 집착해서 안정감을 취하려고 하는 거절행동을 죄로 인정하고 회개하는 것이

⑩ 변화와 성숙의 출발, 회개

다. 감정과 행동으로 지은 죄도 모두 숨김없이 고백해야 한다. 하나님과 사람 앞에서 행한 모든 불의, 추악, 탐욕, 악의가 가득하고, 시기, 살인, 분쟁, 사기, 악독, 능욕, 교만, 자랑, 악을 도모함, 부모를 거역함, 우매함, 배약함, 무정함, 무자비함 등 마음에 품었던 것을 모두 고백해야 한다(롬 1:28-32).

이장 마지막 부분에 있는 고백 목록 리스트를 참고해서 자신에게 해당되는 죄에 대해 주님께 고백하는 시간을 갖기 바란다.

회개와 후회

진정한 변화를 위해서는 반드시 회개해야 한다. 그러나 안타깝게도 사람들은 회개를 하지 않는다. 회개한다고 이야기하면서도 회개가 아닌 후회를 하는 경우가 많다.

후회는 자신이 한 일에 대해 미안한 느낌은 갖지만 진정한 변화를 위한 행동이나 과정을 밟지 않는 것이다. '이렇게 했어야 하는데 저렇게 했네. 좀 더 신중하게 했어야 했는데 그러지 못했어'라고 생각하며 진정으로 뉘우치거나 변화하려는 마음은 없는 것이다. 그래서 후회하는 사람은 다른 사람을 탓하거나, 환경 혹은 여러 가지 핑계를 대면서 책임을 전가한다. 오직 자기 자신을 위해서만 상한 마음을 가지고 아쉬움을 나타내는 것이다.

후회는 진정한 변화나 회복을 가져다주지 못한다. 자신이 책임져야 할 부분을 전가하거나 핑계로 무마하려는 의도가 있으며, 죄의 대가를 온전히 지불하지 않는다.

사울의 후회

이런 삶을 살았던 사람이 바로 사울 왕이다. 사울은 죄를 범하고도 언제나 자신을 높이고 다른 사람들에게 존중받으려고 행동했다. 그는 늘 자신이 그렇게 할 수밖에 없는 이유와 상황을 늘어놓으며 정당화했다.

사무엘 선지자가 제 시간에 오지 않아서, 백성들이 전쟁터를 떠나자 흩어지는 백성들을 모으기 위해, 백성들이 전쟁을 해야 하니 어서 제사하라고 독촉하는 등 온통 핑계뿐이다. 언제나 자기 뜻에 따라 편리하게 생각하고 타협하며 살아간다. 자신의 상황을 사람들이 알아주기 바라며, 하나님도 자신을 이해하고 용서해주실 거라 기대한다. 그 때문에 자신의 상태나 상황, 행동을 제대로 볼 수 없고 파악할 수 없다. 여전히 다른 것에만 신경 쓰고, 자신을 위협한다는 생각에 다윗만 쫓아다니며 평생을 보낸다. 계속해서 상처준 사람에게 집중하면서 자신이 피해자라고 생각하는 사고에 매여 있는 것이다.

이런 사람들은 절대 자신의 잘못을 고백하거나 죄를 인정하지 않는다. 합당한 대가를 지불하지 않는다. 자신은 잘못한 것이 없다고 믿기 때문에 대가를 지불할 생각조차 하지 않는 것이다. 오히려 자신에게 등을 돌린 백성들과 제사장들, 다윗 같은 자들이 대가를 치러야 한다고 생각한다. 그것도 생명을 내놓는 엄청난 대가를 말이다.

귀가 막히고 마음의 문이 닫혀있었던 사울은 끝까지 권면하시는 하나님의 말씀을 듣지 않았고, 결국에는 하나님의 복을 놓치고 버림받아 전장에서 비참하게 죽고 말았다(삼상 13-31장). 후회만 하고 열심히 남 탓만 하다가 회개하지 못하고 최후를 맞이한 것이다.

다윗의 회개

다윗은 사울과 달리 자신의 잘못을 이야기하는 사람들을 피하거나 공격하거나 괴롭히지 않았다. 그는 다른 사람이 아니라 자신의 내면을 들여다볼 줄 알았고, 그가 무엇을 잘못했는지 하나님이 진리의 말씀으로 직면하실 때 인정했다. 하나님과 사람 앞에서도 변명하거나 남을 탓하지 않았다.

다윗은 자기 행동에 대해 철저히 책임을 졌으며 그 대가가 어떤 것이든 기꺼이 그리고 잠잠히 치렀다. 창피와 수치, 육체적인 고통, 사람들의 비난과 모욕 등, 죄의 결과라면 그것이 무엇이든 받아들일 준비가 되어 있었다. 그리고 하나님께서 자신의 마음과 생각을 바꾸시도록 순복했다. 또한 사람들의 말에도 귀기울여 경청했다. 무슨 말을 해도 불이익을 당하지 않았기 때문에 사람들이 용기를 내서 다윗을 찾아왔고, 그는 결코 왕의 자리나 권세로 숨거나 피하거나 도망하지 않았다. 오히려 왕권과 지위를 내려놓고 겸손하게 하나님과 사람에게로 나아갔다.

하나님은 광야 훈련을 통해 다윗의 마음을 넓히고 새롭게 하셨으며 인간관계가 더 깊어져서 그의 주변에는 늘 사람들이 모이고 머물렸다. 그래서 다윗은 하나님의 복을 받으며 지혜가 자라났고, 나중에는 자신이 받은 것을 다른 이들과 나누는 복의 근원으로 세워지면서 이스라엘의 위대한 제왕과 주 예수 그리스도의 조상으로 세워지는 영광을 얻게 되었다.

우리는 회개와 후회 중 어느 쪽에 반응하며 살고 있는가? 회개는 말로 고백하는 것이 아니라 생각과 삶이 변화되고 성숙해 성화에 이르는 것임을 알았다. 용서는 치유를 가져오고 회개는 삶의 변화를 가져와 진정한 그리스도인의 삶을 살게 하는 것이다. 이것은 하나님께서 우리에게 주신 특권이며 은혜이다.

진정한 회개의 삶은 다음과 같이 행하는 것이다.

- 죄를 고백하고 잘못된 길에서 옳은 길로 돌이킨다.
- 마땅히 해야 할 것과 하지 말아야 할 것을 구분한다.
- 습관이 되어 굳어진 것(행동, 마음, 태도 등)을 스스로 부정하고 되돌려 삶을 바꾼다.
- 잘못된 관계를 바로잡는 과정에서 손해를 보거나 자신의 모든 업적과 삶을 뒤엎는 최악의 상황이 온다해도 기꺼이 죄의 대가를 지불한다.
- 자신의 잘못을 한탄하고 몸부림치며 정직하고 거룩하게 살려고 하는 인내의 작업이다. 그래서 오랜 시간이 걸리며 생각과 행동을 바꾸는 훈련에 많은 노력과 에너지가 필요하다.
- 허물을 숨기고 의인인 것처럼, 멋진 사람처럼 행했던 것을 돌이

켜 자신이 허물 많은 죄인임을 하나님과 사람에게 고백하고 자신을 낮추어 겸손하게 다른 사람들을 세우고 높이는 삶을 산다.

진정한 회개는 다음과 같은 삶의 변화를 가져온다.
- 누군가를 미워하며 복수하려던 사람이 돌이켜 다른 사람을 사랑하고 살리며 세운다.
- 음행하던 사람이 돌이켜 순결을 사모하고 거룩한 신부로 변화되어간다.
- 도둑이 돌이켜 도둑질을 멈추고 다른 사람을 도우며 봉사한다.
- 성질이 포악해서 툭하면 남을 어렵게 하는 자가 돌이켜 부드럽고 친절한 사람이 된다.
- 온갖 거짓과 모략을 일삼던 사람이 돌이켜 진실과 정직함으로 사람들과 사귀며 공의를 베푼다.
- 술과 마약에 취해 방탕하던 사람이 돌이켜 정결함과 거룩함을 좇고 생명을 살리는 일을 한다.
- 하나님을 부정하던 사람이 하나님을 믿고 삶의 주인으로 모시고 살아간다.

회개는 변화와 연결되어 있으며 생명을 얻는 일이다. 사도행전은 "이방인에게도 생명 얻는 회개를 주셨다"(행 11:18)고 말씀한다. 회개는 단회성이 아니라 계속 진행되는 과정이며 회개하는 마음이 삶 전체의 기반이 될 때 열매로 나타나게 될 것이다.

회개하지 않으면

후회는 기만적이고 사악하며, 진정한 변화를 만들어내지 못하기 때문에 큰 문제다. 후회만 할 뿐, 회개하지 않는 사람들에 대해 성경은 매우 심각하고 무섭게 경고하고 있다.

"만일 우리가 범죄하지 아니하였다 하면 하나님을 거짓말하는 이로 만드는 것이니 또한 그의 말씀이 우리 속에 있지 아니하니라"(요일 1:10).

시편 7편은 다윗이 베냐민 사람 구시 때문에 쓴 시다. 앞서 언급했듯이 그 분노가 11절에 기록되어 있다. 다윗이 왕위에 있을 때 베냐민 사람 구시가 왕과 관련한 악성 루머를 퍼뜨린 모양이다. 다윗은 자신의 왕권을 이용해서 잘못된 소문을 퍼뜨린 구시를 처벌할 수 있었지만 그는 먼저 그 문제를 하나님 앞으로 가져가 기도하며 시를 썼다.

시편 7편의 전반부는 다윗이 하나님 앞에서 구시의 말을 반박하는 내용이다. 다윗은 자신이 구시의 말대로 그런 일을 했다면 생명을 빼앗아가도 좋다고 항변한다. 그리고 중반부에서는 하나님이 재판장이시니 성실함을 따라 판결하고 심판하라고 간구한다.

11절에서 "하나님은 의로우신 재판장이시며 잘못한 사람에게 매일 분노하신다"고 이야기한 뒤, 12절부터는 구시를 향해 "남을 비방하고 잘못된 소문을 이야기하는 짓을 회개하라"고 권고한다. 그리고 회개하지 않으면 어떤 일이 벌어지는지 시편을 통해 그림 언어로 두

가지를 말씀하신다.

사람이 회개하지 아니하면 그가 그의 칼을 가심이여 그의 활을 이미 당기어 예비하셨도다 죽일 도구를 또한 예비하심이여 그가 만든 화살은 불화살들이로다(시 7:12-13).

첫 번째, 회개하지 않으면 "하나님이 칼을 가신다"고 말씀하신다. 이 말은 문자 그대로 '칼을 아주 날카롭게 간다'는 의미다. 과거에는 전쟁을 할 때 강하게 위협하거나 사기를 떨어뜨리려는 심리전 차원에서 칼로 포로의 목을 잘라 성벽에 내거는 일이 많았다. 또한 아주 심각한 범죄가 일어난 경우에도 백성들에게 죄의 심각성을 깨닫게 하기 위해 죄인의 목을 잘라 효수하곤 했다.

다윗은 지금 하나님이 남을 비방하고도 돌이키지 않는 죄를 그렇게 다루신다고 이야기한다. 하나님이 친히 칼을 갈아 회개하지 않는 죄인의 목을 치신다는 것이다.

비방하는 것보다 더 큰 죄는 비방하고도 회개하지 않는 것이다. 하나님은 그런 자의 목숨을 취하시는 분이다. 그런데 우리는 크고 심각한 죄를 수없이 범하며 살면서도 회개하지 않고 돌이키지도 않는다. 이것이야말로 가장 큰 죄다. 회개로 변화되어 성화될 수 있는 은혜를 주셨는데, 그 은혜를 사용하지 않고 오히려 더 깊은 죄악 가운데 머무는 것을 하나님은 용납하지 않으신다.

죄를 대속하고 삶을 변화시키기 위해 당신의 아들 예수 그리스도를 십자가에 못 박아 죽게 하셨는데도 회개하지 않고 십자가의 은혜, 피 흘림의 은혜, 죄 사함의 은혜, 변화되는 은혜를 저버리는 사람들을 단호히 정죄하고 죄를 물으시겠다는 것이다.

두 번째, 하나님은 회개하지 않는 자들을 향해 "활을 조준하신다." 그것도 날카롭고 활활 타오르는 불화살을 준비하셨다고 말씀하신다. 불화살은 스쳐가기만 해도 깊은 화상을 만들기 때문에 치명적인 살상도구이다. 또한 불은 재생할 수 없도록 모든 것을 태워버린다.

성경에서 불은 "누구든지 생명책에 기록되지 못한 자는 불못에 던져지더라"(계 20:15)는 말씀처럼 대개 지옥을 연상케 한다.

얼마나 끔찍하고 무서운가. 하나님은 회개하지 않는 사람들을 말씀처럼 엄격하고 심각하게 다루겠다고 하신다. 하지만 이 말씀은 징계의 메시지가 아니라 회개를 촉구하는 부름의 메시지이다.

다윗이 구시에게 회개를 요구한 것처럼, 하나님도 우리에게 회개를 통해 정결하고 온전한 삶으로 어서 나오라고 권면하신다. 죄를 회개하고 그분이 허락하신 은혜의 삶으로 들어오라고 말씀하신다. 물론 죄를 고백하고 삶의 온전한 변화가 일어난다 해도, 우리는 주님 앞에 서는 날까지 회개의 삶을 살아야 한다.

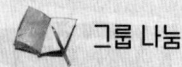 **그룹 나눔**

죄 고백 목록 리스트를 보고 주님께 고백하고 사람에게 고백하기
① 리스트를 보고 다른 종이에 자신의 죄를 자세히 적어보라.
② '열매로서의 죄-행동 / 뿌리로서의 죄-생각' 부분을 각각 적어보라.
③ 기록한 것을 그룹에서 정직하게 고백하고 나눠라.

언제, 누구에게, 어떤 상황에서 죄를 지었는가?
① 잘못한 것에 대한 인식이 있지만 회개하기 힘든 것이 있다면, 무엇인지 나눠라.
② 과거 회개하지 않을 때의 마음과 삶의 결과는 어땠는지 나눠라.

고백 목록 리스트 사용 가이드

- 고백 목록 리스트는 자신의 범한 죄를 생각해볼 수 있도록 간략하게 기록한 것이다.
- 이것은 내면의 부도덕한 죄에서부터 법을 어긴 행동까지 모두 포함해서 고백하는 것이다. '외적, 내적 행동의 죄' 바로 아래에 '보상/결핍'이라고 적혀 있다. 이것은 결핍에 대한 보상행동으로 지은 죄를 고백할 경우, 나의 보상행동을 통해 다른 사람에게 결핍을 준 것에 대해 회개하는 것이기 때문에 하나의 목록에 두 가지를 적어놓았다. 따라서 옆에 있는 '보호/학대, 거절/거절'은 자신의 행동뿐 아니라 그것을 통해 상처받은 것까지 회개하라는 뜻이다.
- '감정의 단어'로 되어 있는 부분도 자신의 내적 대화로 인해 형성된 구체적인 다짐을 찾고, 그것을 주님께 회개하며 용서를 구하라. 아래에 있는 내면의 생각과 거짓말 역시 '감정' 파트의 '생각'과 유사하다.

고백 목록 리스트

외적 부도덕한 죄 : 법을 어긴 것 (법규위반, 교통법규, 도벽, 빼앗은 것, 보상하지 않은 것들)			은밀한 죄
외적, 내적 행동의 죄 다른 사람과 자신에게 한 보상, 상처, 학대, 거절한 일 회개, 용서 목록			*혼전관계, 혼외관계 자위행위, 성적공상, 근친상간, 강간(부모, 여동생, 친척), 수간 *인터넷 성인사이트, 음란 비디오, 잡지 보면서 행한 성적 망상, 폰 섹스 등 *음담패설: 생각, 말 *이성에 대한 감정, 생각을 계속 떠올림 *부부 사이에 결혼 전 성 관계 *여성/남성기호증 *이성의 특정 신체부의 혹은 벗은 몸을 보려 함 자신의 몸을 노출함 *성추행 혹은 성폭행당한 것 (용서 필요) *하나님 외에 다른 것을 사랑한 모든 것들: 돈, 명예, 권력, 외로움
보상 / 결핍	보호 / 상처, 학대	거절 / 거절	
자신을 높이려는 행위 물건, 차, 집, 자녀, 배우자 심한 분노(적개심) 자만심, 자존심, 지배욕 논쟁적(생각을 관철시키려 함) 우월감, 경쟁심, 반항적 군림, 완고, 조종, 고집 가르침을 받기 싫어함 망상 쓴 뿌리, 원망, 증오 비판 위로를 거절 인정 중독, 성취 중독	다른 것으로 대치하려 함 술을 마심 / 폭식을 함 마약, 본드 자위행위, 성적 공상과 상상, 포르노그라피 도벽 음악, 영화, 쇼핑 동물에게 집착 일로 도피(중독), 완벽주의 모든 중독들 죄를 고백하지 않으려는 죄 다른 사람을 과하게 보호하고 돌봐줌 다른 사람의 일을 대신함	자기 자학 자기 정죄, 고소 비탄, 자기 연민 자기 증오 / 소망 없음 무관심(자신과 타인) 비교-열등감 불안(불신) 실패로 인한 다른 사람 거절 수치심, 죄책, 숨기고 싶은 것 낮은 자존감 죽고 싶은 말 행위 시도 집착행위(지나친 애착)	

분노	두려움	상실	수치
내 맘대로 되어야 해 내 필요가 채워져야 해 내 생각이 옳다 왜 저렇게 하는 거야 내가 높아져야 해	나는 약하다 / 나는 혼자다 나는 안전하지 않다 고통을 잊기 위해 즐겨야 한다 나를 보호해 주는 것이 없어 세상은 참 험난 한 곳이야	나를 싫어해서 다 떠났다 난 버려졌고 혼자다 누구도 나와 함께하지 않아 모두 나를 싫어해 비열한 놈들, 가만 있지 않겠어	진짜 나를 알면 뭐라 할까 난 세상에 태어나지 말았어야 해 난 구제 불능, 바보, 멍청이야 이것은 치명적 실수야, 숨겨야 해 난 더럽고 추해

내면의 생각과 거짓말들			
성공해야 한다 / 돈이면 다 된다 부모는 나에게 관심이 없고 사랑하지도 않아 내가 없어도 슬퍼하지 않을거야 내가 아들(딸)이었으면 좋았을 텐데… 죽지 못해서 산다 난 사랑받을 자격이 없다 항상 티 안 나게 웃어야 한다	내 자신이 창피하고 부끄럽다 남자(여자)들은 다 똑같아 진정한 사랑은 없다 이 세상은 불공평하다 가난하면 무시받고 멸시받는다 형편없는 사람들이다 내 인생은 꼬인 인생이다 아빠, 엄마라는 존재는 필요 없다		절대로 남자를 믿지 말아야 해 결혼은 지옥으로 들어가는 문이야 인생은 즐기는 거야 울면 약한 사람이라 할 거야 여자와 아이들은 때려야 말을 듣는다 내 인생에서 행복한 일은 절대 일어나지 않을 거야

* 다른 것이 있는지 확인하라 |

부모의 죄 고백하기

책을 시작할 때 부모가 추구하는 삶의 패턴이 그대로 자녀에게 영향을 미친다고 말했었다. 부모라면 누구나 자녀에게 좋은 것을 주기 원한다. 그러나 부모 노릇을 어떻게 해야 하고, 자녀를 어떻게 양육해야 하는지 미리 배우거나 경험해 본 사람은 거의 없다. 그래서 본의 아니게 자녀에게 기본적으로 줘야 할 것을 주지 못하고(결핍), 사랑하고 감싸줘야 하는데 학대하고, 좋은 관계를 통해 자녀에게 안정감을 줘야 하는데 먹고살기 바쁘다는 이유로 거절했다(정서적 분리).

어떤 경우에는 이러한 부모의 잘못된 부분을 자녀가 대신 회개해야 할 필요가 있다. 물론 자녀가 대신 회개한다고 부모가 죄를 용서받는 것은 아니다. 이 회개는 부모로부터 받은 잘못된 영향력을 끊고 그 영향력이 자기 자녀에게 흘러가지 않도록 중보하는 것이며, 새로운 삶(패턴)으로 살겠다는 믿음의 선포와 선언이다.

세대적(가족) 영향력 네 가지 점검하기

<u>가계에 흐르는 저주</u> 앞서 언급했듯이 예수 그리스도 안에 있는 사람에게 저주는 없다(갈 3:13, 롬 8:1-2).

<u>가계의 유전</u> 모든 가정에는 유전적인 요소가 있다. 예전에는 '저주'라고 주장하던 사람도 있었지만 의학이 발달한 지금에는 유전적인 영향이라는 것을 알게 되었다. 하지만 이런 것들 중에는 아직도 의

학적으로 고칠 수 없는 사례들이 많다. 그래서 주님을 의지하고 고쳐달라고 기도해야 하는 것이다(창세기 30장에서 양과 염소의 유전적 변화가 등장하는데, 이것은 하나님을 향한 믿음으로 일어난 기적으로 생각할 수 있다).

환경의 영향력 요즘은 환경의 영향 때문에 다양한 문제들이 발생한다. 환경의 변화를 위해 기도하는 것도 필요하지만, 이런 경우에는 이사하거나 주택을 친환경적으로 바꾸고 의학적인 도움도 받아야 한다.

삶의 패턴 자녀에게 가장 큰 영향을 미치는 것이 바로 부모의 '삶의 패턴'이다. 자녀는 부모의 거울이다. 부모가 폭력적이면 자녀도 동일한 삶을 살 가능성이 높은 것처럼, 자녀는 부모가 살아가는 모습을 그대로 닮거나 학습한다. 삶의 패턴이 전수되는 문제는 기도만 해서 될 것이 아니라 삶을 변화시키려는 구체적인 노력(교육과 치유, 개인의 의지적 결단)이 필요하며 다루기 힘든 부분이다.

느헤미야는 자신들의 죄와 조상들의 죄로 나라를 잃고 고통받는 상황 앞에서 하나님께 회개하며 다시 부흥이 일어나도록 기도했다(느 9:16-28, 26). 또한 "이스라엘 자손이 다 모여 금식하며 굵은 베 옷을 입고 티끌을 무릅쓰며 모든 이방 사람들과 절교하고 서서 자기의 죄와 조상들의 허물을 자복"(느 9:1-2)했다.

죄를 고백하는 것과 함께 삶의 패턴을 바꾸기 위해 구체적인 행동을 취한 것이다. 그러고 나서 느헤미야는 하나님께 집중하고 그분의 뜻을 구하며, 그분을 사랑하는 삶을 살기 시작했다. 이것이 바로 조상과 자신의 죄를 고백하면서 마음과 삶의 생활방식까지 변화시키는 결단이다.

회개는 입술로 고백하고 삶의 모습을 바꾸는 작업이다. 하나님 앞에서 부모와 조상의 행동이 죄라는 것을 알았다면, 그것을 고백하며 "지금부터라도 하나님을 사랑하고 계명을 지키는 새로운 삶의 패턴으로 살겠다"는 결단의 행동을 보여야 한다(출 20:6).

당신의 가계에 동일하게 반복되는 삶의 패턴이 무엇인지 생각해 보라. 부모의 영향력을 정리하지 못하고 똑같이 행동하고 있다면, 그것을 주님께 고백하라. 부모의 영향력은 "이제부터 새로운 삶을 살겠다"는 자녀의 결단을 통해 끊어진다. 이런 과정을 통해 당신은 다음 세대에게 좋은 영향력을 주는 부모(부모 세대)가 될 수 있다.

생각 바꾸기

앞에서 설명한 것처럼 내적 대화는 신념과 가치관으로 우리 마음에 자리잡는다. 이것은 잘못된 이해와 상황 파악 때문에 일어나는 현상이다. 그래서 거짓 사고와 상처를 치유하고 변화시키려면 몇 가지 작업이 선행되어야 한다.

설명은 간단하지만 실천하고 행동에 옮기는 것은 쉽지 않은 과정이어서, 반복 훈련을 통해 다양한 상황 속에서 분별하고 구분하는 능력을 익히고 길러야 한다.

행동과 존재 분리하기

하나님은 "우리가 아직 죄인 되었을 때에 그리스도께서 우리를 위하여 죽으심으로 하나님께서 우리에 대한 자기의 사랑을 확증하셨다"(롬 5:8)고 말씀하신다. 그래서 우리는 죄인이지만 용서받은, 즉 '의로운 죄인'이 되었다. 또 주님은 간음 현장에서 잡혀온 여인에게 "너를 정죄하고 처벌하지 않을 테니 이제부터는 죄 짓지 말라"고 말씀하시며 그를 용서하셨다(요 8:11). 행위와 존재를 분리하셨다.

아이가 컵을 깨뜨렸다. 부모는 화가 나서 그를 야단친다.
"이 바보 같은 녀석아! 이것도 제대로 못하니? 컵은 왜 깨뜨려?"
부모에게 그런 의도가 없었다고 해도, 아이는 컵을 깨뜨린 것 때문에 쓸모없는 존재가 되어버렸다. 컵을 깨뜨리는 것은 누구나 할 수 있는 실수다. 부모도 그런 실수를 한다. 행위와 존재를 분리해서 판단하지 않으면 이런 안타까운 상황이 만들어지는 것이다.

사랑과 애정을 받지 못해 결핍이 있다 해도 우리는 귀한 존재다. 학대를 당해 어려움을 겪고 있어도 우리는 존귀한 사람들이다. 하지만 현실에서 우리는 그렇게 생각하지 않는다. 잘못은 학대한 사람에게 있는데 피해자 자신이 잘못된 존재라고 생각한다.

주님은 아무리 많은 사람에게 거부당하고 따돌림당할지라도 여전히 우리를 사랑하신다. 그러므로 사람들이 당신을 공격하고 비난할 때, 지혜롭게 분별해서 들어야 한다. '난 실수를 한 거야. 물론 내게는 연약한 부분이 있어. 하지만 나는 바보가 아니야. 하나님이 나를 얼마나 사랑하시는데. 큰 실수를 했지만, 나는 여전히 존귀한 존재야'라고 스스로에게 내적 대화로 격려해야 한다.

반대로 다른 사람에게 말할 때도 행동과 존재를 분리해서 대화해야 한다. 전에는 "난 당신이 그렇게 행동해서 정말 미치겠어! 당신은 형편없어. 당신은 전혀 가능성 없는 사람이야!"라고 말했다면, 이제는 이렇게 해보자. "저는 당신의 이런 행동 때문에 상처받고 마음이 아픕니다. 그렇게 하지 않았으면 좋겠습니다. 저는 당신이 그렇게 할 수 있는 사람이라는 것을 알고 있습니다."

물론 쉽게 할 수 있는 일은 아니지만, 계속 이렇게 듣고 말한다면 서로 상처를 주고받는 일을 막을 수 있다. 환경이나 자신의 상태, 경험도 존재와 분리해서 생각해야 한다. 그런 것들은 결코 사람의 존재 가치를 평가할 수 있는 기준이 될 수 없다. 의도와 목적이 잘못되어 좋지 않은 결과가 나타난다 해도 사람은 여전히 귀한 존재다. 잘못된 의도와 목적은 깨닫는 순간 돌이키면 된다.

인식과 사실 분리하기

인식은 특정 상황에 대한 개인적 해석과 견해다. 사람들은 하나의 상황이라도 저마다의 관점에서 바라보고 다르게 해석한다. 개인의 경험과 관점에 따라 해석하고 그것을 사실이라 믿는다. 하지만 그것은 사실이 아니라 자기의 주관적 견해일 뿐이다.

사실은 '실제로 발생한 것'이다. 그래서 언제 어디서나, 어떤 상황에서도 변함없다. 개인적 해석과 견해가 사실과 차이가 나서는 안 된다. 사실은 객관성에 근거해야 하며 성경의 진리와 하나님의 관점에 부합되어야 한다.

우리가 "쓸모없는 놈, 바보 같은 놈, 형편없는 놈"이라는 소리에 낙심하고 상처받는 것은 사람들이 우리를 보면서 사실이라고 생각해서 던진 말이다. 그러나 엄밀히 생각하면 그들이 사실로 생각한 인식의 말들을 우리가 사실로 받아들인 것이다. 바라보는 위치와 각도에 따라 인식한 것을 사실(진리)로 받아들였기 때문이고, 바라보는 위치와 각도에 따라서 보이는 것이 다르다. 또한 경험하고 배운 것에 따라 생각하는 것도 다르다. 그럼에도 불구하고 자신에게 중요한 사람이라는 이유로 그들의 말을 모두 사실로 받아들인다면, 당연히 상처와 잘못된 사고가 생길 수밖에 없다.

우리는 신묘막측하게 창조된 존재이며 하나님의 사랑으로부터 끊어지지 않는 그분의 자녀다(요 1:12, 시 139:14, 롬 8:39). 이것이 사실이다.

너와 나 분리하기

누군가의 말과 행동에 영향을 받았다면 그 사람은 우리에게 중요한 사람이며 권위자다. 그런 사람들은 대개 "이런 사람이 되어야 해. 이런 직업을 가져야 해. 이렇게 하라고 했는데 왜 안 했어?"라며 여러 가지 요구를 한다. 그런데 이들이 요구한 대로 하지 못했을 때, 스스로를 쓸모없는 존재로 생각하는 사람들이 많다. 과거에 우리에게 상처를 준 사람들이 어떤 말을 했었는지 생각해보라. 우리가 그들이 원하는 대로 행동하지 않았을 때 뭐라고 말했는가?

누구도 남이 원하는 대로 살아서는 안 된다. 우리는 자신이 원하는 것을 추구하고, 자신이 하고 싶은 일을 하고, 자신이 되고 싶은 사람이 되며, 주님이 원하시는 삶을 살아야 한다. 자기가 시키는 대로 하라고 우리에게 요구하는 사람들은 모두 "너를 위해서 그러는 거야"라고 말한다. 하지만 사실은 우리가 아니라 자기 자신을 위한 요구인 것이다. 이런 사람들은 남이 자기 말에 순종할 때 존재감을 느끼며, 그것을 통해 자신이 좋은 사람이고 좋은 부모이며 좋은 권위자라고 생각한다. 매우 심각한 정체성의 문제를 갖고 있는 것이다.

생각을 강요하고 감정을 상하게 하고 마음을 아프게 하는 사람으로부터 떨어져야 한다. 그 사람과 관계하지 말라는 것이 아니라 그의 말과 행동과 영향력에서 자신을 분리시키고 정리하라는 의미이다. 우리는 세상의 유일한 존재이며 누구도 우리 인생을 대신 살 수 없다. 다른 사람과 똑같이 생각할 수 없고, 느낄 수 없고, 똑같은 욕구를 가질 수 없다. 우리 인생에 대해 "싫다, 좋다"고 말할 수 있는 사람도 오직 우리 자신뿐이며 우리 자신에게만 결정권이 있다.

권위 아래에 있는 사람은 권위자의 소유물이 아니다. 하나님이 권위자에게 도와주라고 맡겨주신 사람들이다. 그러므로 권위자는 자신의 권위 안에 있는 사람들에게 자신이 원하는 바를 강요하지 말고, 그들이 주님이 원하시는 사람으로, 자기 자신으로 살아가도록 지지하고 섬겨야 한다.

과거와 현재 분리하기

그런즉 누구든지 그리스도 안에 있으면 새로운 피조물이라 이전 것은 지나갔으니 보라 새것이 되었도다(고후 5:17).

과거는 지나갔다. 우리의 기억 속에는 당신의 연약함, 죄, 가정 형편, 자신의 실력, 악한 마음, 상처, 아픔, 잘못된 행동들이 남아 있을지 모른다. 어쩌면 너무 창피하고, 아프고 고통스러운 것들이라 떠나보내지 못했을 수도 있다. 하지만 많은 시간이 흐른 지금, 우리는 어린아이가 아닌 성인이 되었다. 전에는 예수 그리스도를 몰라 저주 아래 있었지만 이제는 하나님의 자녀이며 그분이 사랑하시는 존재가 되었다. 모든 죄를 용서받고 복의 자녀가 되었다(시 103:12). 우리는 과거와 다른 오늘을 살고 있다. 미래는 더욱 그럴 것이다. 우리가 상처와 아픔을 청산하고 주님을 좇아 변화되고 있기 때문이다.

사도바울이 "전에는 우리도 다 그 가운데서 우리의 육체의 욕심을 따라 지내며 육체와 마음이 원하는 것을 하여 다른 이들과 같이 본질상 진노의 자녀이었더니… 허물로 죽은 우리를 그리스도와 함께 살리셨고 …그리스도 예수 안에서 함께 하늘에 앉히시니"(엡 2:3, 5)라고 선언한 것처럼 주님과 함께 하늘 보좌에 앉아 있는 존재임을 기억하기 바란다.

과거에서 완전히 벗어날 수 있는 사람은 없다. 그것이 우리의 이야기이자 역사이고 삶이기 때문이다. 그러나 과거의 상처를 그대로 끌어안고 현재를 살아갈 필요는 없다. 선택할 수 있는 권한은 우리 자신에게 있다. 이제 과거의 그늘에서 벗어나 미래를 향해, 소망을 향해 달려가라.

과거를 올바로 청산하지 못한 사람은 미래로 나아갈 수 없다. 지금 우리는 이 책과 함께 기도하며, 성경을 읽으며 과거의 아픔을 청산하고 미래를 향해 달려가는 길 위에 서 있다. 용서와 회개로 변화되는 과정을 통해 과거를 청산하고 현재를 살아가며 미래를 준비하고 있다. 시간이 갈수록 우리는 하나님 앞에서 지금보다 더 놀랍게 좋아진 자신을 발견하게 될 것이다.

세상과 나 분리하기

성경은 이 세대를 본받지 말라고 선언한다(롬12:2). 그러나 우리는 이 세대에 속해서 살고 있고 이 세대의 여러 가지 영향력 안에 살고 있다. 세상과 나를 분리하는 것은 세상을 떠나 세상 밖으로 나가서 살라고 하는 것이 아니다. 이 세대에서 나에게 거짓과 아픔을 주고 정체성을 혼란스럽게 하는 것으로부터 나를 분리해야 한다.

세상은 사람의 가치를 물질이 많거나, 많이 배우거나, 높은 지위에 있는 사람들 혹은 능력이 있거나 아름다운 미모를 가진 사람을 가치 있다고 이야기한다. 또한 미생물로부터 진화되어 우리의 가치를 정말로 하찮은 존재로 생각하게 한다. 뿐만 아니라 혼전 성관계나 동성애 등 분명한 죄를 죄가 아닌 것으로 말하고 있기 때문에 죄에 둔한 상태로 살아가게 한다.

그러나 이런 것은 수치심이나 아픔과 고통을 만들어내고 결국 존재가 손상되거나 혼동스러운 상태에서 살게 된다. 뿐만 아니라 종교적인 영향력과 세속적인 사상(합리주의, 이성주의, 포스트모더니즘…)의 영향력으로 우리가 그렇게 살지 않으면 안 된다는 메시지를 계속 주고 있다. 이런 세상의 영향력에서 나를 분리시켜야 한다. 그래서 오직 마음(생각)을 새롭게 함으로 변화를 받아 하나님이 선하시고 기뻐하시고 온전하신 뜻이 무엇인지 분별하도록 해야 한다(롬 12:2하).

이런 세속적인 사고 체계가 자신의 삶에 영향력을 주고 있는 것을 분별하고 성경적인 기반 위에서 내가 누구인지를 알 때 온전한 자기 평가를 하게 되고 많은 고통과 아픔을 극복하게 될 것이다.

지금까지 설명한 다섯 가지의 분리 과정은 매우 중요하다. 이것으로 상처가 더 깊어질 수도 있고, 건강하고 온전한 생각과 정체성의 기반을 얻을 수도 있다. 일상에서 자연스럽게 다섯 가지를 분리하며 살아갈 수 있도록 반복해서 연습해야 하며 이런 것이 잘 구분될 때 진정으로 변화된 삶을 살며 회개의 열매를 맺게 되는 것이다.

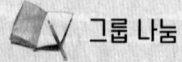 **그룹 나눔**

① 부모의 삶의 방식(패턴) 중에서 당신에게 가장 크게 영향을 미친 것은 무엇인가?

② 다섯 가지 분리 과제 중에서 당신에게 가장 어려운 것은 무엇인가?

③ 당신의 삶 가운데 한 가지씩 해당 사항을 찾아서 다섯 가지 분리 과제를 연습해보라.

⓫ 치유와 회복의 완성 — 내가 누구인지 확증하기

치유와 회복의 완성, 내가 누구인지 확증하기

하나님의 사랑 경험하기

사랑하지 아니하는 자는 하나님을 알지 못하나니 이는 하나님은 사랑이심이라(요일 4:8).

대부분의 사람들이 육신의 아버지와 중요한 타인으로부터 사랑과 격려와 인정과 축복같은 기본적으로 채움받아야 하는 것들을 받지 못한 채 성장했다. 그래서 결국에는 결핍이 발생하고, 받지 말아야 할 육체적, 정서적, 정신적, 영적 학대와 외상을 경험하게 되었다. 또 살아가면서 여러 가지 좋은 경험을 통해 풍성한 관계를 누려야 하지만 거절과 분리로 상처와 아픔이 생겼다.

이것은 하나님 '아버지'를 오해하게 만들어서 하나님과의 영적 친밀감을 형성하지 못하게 했다. 영적 건강과 정서적 성숙은 하나님 안에서 그분을 알아가고, 그분의 사랑으로 채움받고 보호받으며, 그분과 함께하는 경험을 통해 안식을 누릴 때 소유할 수 있다.

성경은 하나님을 육신의 아버지와 다르게 묘사한다. 그리고 그분이 우리를 어떻게 사랑하셨는지 가르쳐준다. 하나님은 우리를 바라보며 잠잠히 사랑하시고 즐거이 부르며 기뻐하시고 기쁨을 이기지 못하신다(습 3:17). 그 정도로 우리를 사랑하고 즐거워하신다.

하늘로부터 소리가 나기를 너는 내 사랑하는 아들이라 내가 너를 기뻐하노라 하시니라(막 1:11).

내가 진실로 너희에게 이르노니 누구든지 하나님의 나라를 어린 아이와 같이 받들지 않는 자는 결단코 그곳에 들어가지 못하리라 하시고 그 어린 아이들을 안고 그들 위에 안수하시고 축복하시니라(막 10:15-16).

너희 중에 아버지 된 자로서 누가 아들이 생선을 달라하는데 생선 대신 뱀을 주며 알을 달라 하는데 전갈을 주겠느냐 너희가 악할지라도 좋은 것을 자식에게 줄 줄 알거든 하물며 너희 하늘 아버지께서 구하는 자에게 성령을 주시지 않겠느냐 하시니라(눅 11:11-13).

자비롭고 은혜롭고 노하기를 더디하고 인자와 진실이 많은 하나님이라(출 34:6하).

주께서는 용서하시는 하나님이시라 은혜로우시며 긍휼히 여기시며 더디 노하시며 인자가 풍부하시므로 그들을 버리지 아니하셨나이다(느 9:17하).

높음이나 깊음이나 다른 어떤 피조물이라도 우리를 우리 주 그리스도 예수 안에 있는 하나님의 사랑에서 끊을 수 없으리라(롬 8:39).

우리를 (우리의 실제 나이와 상관없이) 그분의 어린 자녀로 보시며 안수하시고 복 주신다. 좋은 것을 넘치도록 풍족하게 주신다. 은혜롭고 긍휼이 많고 노하지 않고 우리를 버리지 않으며, 어떤 것도 그 사랑을 끊을 수 없다. 하나님은 그분의 독생자를 우리 대신 십자가에 못 박아 죽게 할 정도로 우리를 사랑하신다.

아픔과 상처의 기억 속에서 주님을 경험하기

우리는 아픔과 상처의 기억 속에서 고통과 직면했다.(여러 가지 상처와 상황에 직면하는 것이 아닌 하나의 사건을 직면하고 다뤄야 함.) 용서하고 회개하면서 주님의 치유와 회복을 경험했다. 그러나 보고 느끼고 경험해야 할 것이 한 가지 더 남아 있다. 그것은 고통의 순간에 함께하고 역사하셨던 주님을 만나는 것이다. 그때 주님이 우리에게 어떻게 하셨는지, 어떤 은혜와 말씀을 주셨는지 듣고 보고 경험하는 것이다. 그것은 성경 말씀일 수도 있고, 우리를 격려하는 누군가의 말일 수도 있고, 환상이나 꿈, 비전일 수도 있고, 마음의 확신일 수도 있고, 성령의 충만함일 수도 있다. 주님은 우리가 결정하고 맹세한 거짓신념과 반대되는 진리를 선포하시고, 우리가 느낀 감정들에 진리를 좇아 반응하셨다. 또한 우리의 행동을 격려하거나 그렇게 하면 안 된다고 교정하시며, 우리의 부족한 여러 부분을 채워주신다.

도대체 주님이 이런 일을 행하시는 근거는 무엇일까? 그것은 바로 우리를 향한 그분의 약속의 말씀 때문이다. 주님은 우리 곁을 떠나지 않겠다고 하셨다(렘 32:40). 하나님은 우리를 잊지 않는다고 하셨다(사 49:15). 또한 창세전에 우리를 가졌고 세웠다고 말씀하셨다(잠 8:22-23). 우리는 느끼지 못하고 보지 못하지만, 주님은 태초부터 지금까지 우리를 살피고 보호하며 지키셨다. 이것을 바라볼 때 비로소 진실을 깨닫게 되는 것이다. 우리가 갖고 있는 과거의 기억은 일부분에 지나지 않는다. 온전히 기억을 점검하려면 주님께서 행하신 것을 봐야 한다. 이제 하나님이 상처의 기억 가운데 당신에게 어떻게 행하셨는지 믿음으로 바라보라. 그분이 안아주시거나 손을 잡아주시거나 등을 어루만지며 격려해주실 수도 있다. 당신의 감정을 공감하고 함께 아파하며 눈물 흘리실 수도 있다. 지금 당장 하나님의 행하심을 경험하라.

1) 신체적 접촉을 경험하라.
 - 안수하고 복 주심(막 10:16).   - 만져주심(마 8:1-4).
 - 손을 잡아주심(막 5:41, 히 8:9).

2) 주님이 나를 어떻게 도우셨는지 경험하라.
 - 내 발을 씻기심(요 13장).   - 나를 위해 일하심.
 - 나를 도와주심.   - 나를 양육하심(사 1:2).

- 나를 위험한 곳에서 안전한 곳으로 인도하심(시 23:4).

3) 주님이 나와 함께한 시간을 경험하라.
- 그분의 이름은 임마누엘(우리와 함께하시는 하나님).
- 우리가 지음받기 전부터(모태부터, 시 22:9-10).
- 어떤 곳에 있든지(하늘과 땅과 바다 끝, 시 139:7-12).
- 기쁠 때, 슬플 때, 고통당할 때.   - 졸지도 주무시지도 않음.
- 항상 내 앞에 계신 주님(사 49:15-16).

4) 주님이 내게 주신 선물을 확인하라.
- 구원을 선물로 주심/아들을 선물로 주심(요 3:16).
- 성령을 선물로 주심/권세를 주심.
- 하늘과 땅의 모든 것을 주시고 다스리게 하심.
- 모든 순간마다 우리의 필요를 채우시는 분.

5) 주님이 내게 하신 격려의 말을 들으라.
- 너를 사랑한다.   - 너는 반석이다.
- 너를 알았고 지었고 구별했고 세웠다(렘 1:5).
- 너는 내 자녀다.   - 신묘막측한 자라(시 139:14).
- 너는 나의 걸작품이다(엡 2:10).

상처 속에서 당신에게 역사하신 주님을 경험하라. 조용한 장소에서 시간을 가지라. 그리고 그분과 인격적인 관계를 맺어라.

성경의 진리를 받아들이고 선포하기

주님께서 행하시고, 말씀하신 것을 마음으로 느끼고 받아들이며 마음에 새겨야 한다. 그리고 성경에서 나에 대해 이야기하는 것을 세상과 나 자신에게 선포하라. 내면의 대화를 통해 하나님의 말씀에 기록된 바를 끊임없이 자기 자신에게 이야기하라는 것이다.

- 나는 하나님의 자녀다.
영접하는 자 곧 그 이름을 믿는 자들에게는 하나님의 자녀가 되는 권세를 주셨으니(요 1:12).

- 나는 참 포도나무의 가지요, 그리스도의 생명의 통로다.
나는 참 포도나무요 내 아버지는 농부라 나는 포도나무요 너희는 가지라 그가 내 안에, 내가 그 안에 거하면 사람이 열매를 많이 맺나니 나를 떠나서는 너희가 아무것도 할 수 없음이라(요 15:1, 5).

- 나는 그리스도의 친구다.
이제부터는 너희를 종이라 하지 아니하리니 종은 주인이 하는 것을 알지 못함이라 너희를 친구라 하였노니 내가 내 아버지께 들은 것을 다 너희에게 알게 하였음이라(요 15:15).

- 나는 열매 맺도록 그리스도께서 택하신 사람이다.
너희가 나를 택한 것이 아니요 내가 너희를 택하여 세웠나니 이는 너희로 가서 열매를 맺게 하고 또 너희 열매가 항상 있게 하여 내 이름으로 아버지께 무엇을 구하든지 다 받게 하려 함이라(요 15:16).

- 나는 의로운 종이다.
죄로부터 해방되어 의의 종이 되었느니라(롬 6:18).

- 나는 하나님의 아들이요, 하나님은 나의 영적인 아버지이시다.
무릇 하나님의 영으로 인도함을 받는 사람은 곧 하나님의 아들이라 너희는 다시 무서워하는 종의 영을 받지 아니하고 양자의 영을 받았으므로 우리가 아빠 아버지라고 부르짖느니라(롬 8:14-15).
너희가 다 믿음으로 말미암아 그리스도 예수 안에서 하나님의 아들이 되었으니(갈 3:26).

- 나는 그리스도와 공동 상속자요 하나님의 기업을 물려받을 자이다.
자녀이면 또한 상속자 곧 하나님의 상속자요 그리스도와 함께한 상속자니 우리가 그와 함께 영광을 받기 위하여 고난도 함께 받아야 할 것이니라(롬 8:17).

- 나는 하나님이 함께 거하는 성전이다. 하나님의 영과 하나님의 생명이 내 안에 거하신다.

너희는 너희가 하나님의 성전인 것과 하나님의 성령이 너희 안에 계시는 것을 알지 못하느냐(고전 3:16).

너희 몸은 너희가 하나님께로부터 받은 바 너희 가운데 계신 성령의 전인 줄을 알지 못하느냐 너희는 너희 자신의 것이 아니라(고전 6:19).

- 나는 주와 연합되었고 하나님과 한 영이다.

주와 합하는 자는 한 영이니라(고전 6:17).

- 나는 그리스도의 몸의 지체다.

너희는 그리스도의 몸이요 지체의 각 부분이라(고전 12:27).

- 나는 새로운 피조물이다.

그런즉 누구든지 그리스도 안에 있으면 새로운 피조물이라 이전 것은 지나갔으니 보라 새 것이 되었도다(고후 5:17).

- 나는 하나님과 화목되었으며 하나님은 나에게 화목하게 하는 직분을 주셨다.

모든 것이 하나님께로서 났으며 그가 그리스도로 말미암아 우리를 자기와 화목하게 하시고 또 우리에게 화목하게 하는 직분을 주셨으니(고후 5:18).

- 나는 하나님의 아들로 하나님의 유업을 이을 자다.

  그러므로 네가 이후로는 종이 아니요 아들이니 아들이면 하나님으로 말미암아 유업을 받을 자니라(갈 4:7).

- 나는 성도들과 동일한 시민이요, 하나님의 권속(식구)이다.

  그러므로 이제부터 너희는 외인도 아니요 나그네도 아니요 오직 성도들과 동일한 시민이요 하나님의 권속이라(엡 2:19).

- 나는 하나님의 택하신 자요 거룩하고 그의 긍휼과 사랑을 받는 사람이다.

  그러므로 너희는 하나님이 택하사 거룩하고 사랑받는 자처럼 긍휼과 자비와 겸손과 온유와 오래 참음을 옷 입고(골 3:12).

- 나는 빛의 아들이요 어둠의 자식이 아니다.

  너희는 다 빛의 아들이요 낮의 아들이라 우리가 밤이나 어둠에 속하지 아니하나니(살전 5:5).

- 나는 택하신 족속이요 왕 같은 제사장이요 거룩한 나라요 하나님의 소유된 백성이다.

  그러나 너희는 택하신 족속이요 왕 같은 제사장들이요 거룩한 나라요 그의 소유된 백성이니(벧전 2:9상).

- 나는 마귀의 원수다.

근신하라 깨어라 너희 대적 마귀가 우는 사자 같이 두루 다니며 삼킬 자를 찾나니(벧전 5:8).

- 나는 하나님께로서 난 자로 마귀가 나를 만지지 못한다.

하나님께로부터 난 자는 다 범죄하지 아니하는 줄을 우리가 아노라 하나님께로부터 나신 자가 그를 지키시매 악한 자가 그를 만지지도 못하느니라(요일 5:18).

- 나의 나 된 것은 하나님의 은혜다.

그러나 내가 나 된 것은 하나님의 은혜로 된 것이니(고전 15:10상).

내면의 변화를 점검하기(마음과 감정의 상태 점검)

과거의 상처를 직면하고, 감정을 이야기하고, 자신의 내적 맹세가 무엇인지 살피고, 용서하며 회개하고, 기억 가운데 함께하신 주님을 발견하고, 믿음으로 자신이 어떤 존재인지 확인했다면 일반적으로 자신이 그동안 했던 생각의 패턴과 관점이 변화된 것을 알 수 있다. 또한 상처와 아픔이 사라지게 된 것을 느끼게 된다.

주님이 말씀하시고 행하시는 것을 보고 듣고 체험한 뒤 믿음으로 받아들였다면, 대부분은 치유가 일어나고 부정적인 감정이 사라지며 기쁨과 감사를 경험하게 된다.

상처의 기억이 없었던 일처럼 완전히 사라진다는 말은 아니다. 기억은 여전히 남아 있지만 내면의 평안이 유지되고, 기쁨과 감사와 감격이 생기며, 고통 대신 안정감이 생길 것이다. 기억과 마음 가운데 이런 변화가 나타나는지를 점검해 보면 치유되었는지 여부를 확인할 수 있다.

기억을 해석하고 판단하고 이해하는 관점도 변화되는데, 성경의 진리를 기준으로 이해하고 판단하며 기꺼이 은혜를 베풀고 싶은 마음이 생길 것이다. 이와 같이 치유의 감격과 기쁨이 있고, 주님이 함께하심을 느끼고, 마음에 변화가 일어났다면 더 이상 과거의 상처가 자신에게 영향력을 미치지 않고 사라졌음을 믿으면 된다.

점검할 사항

- 기억 속에서 변함없이 주님이 말씀하시며 행하시는 것을 보고 있는가?
- 상처받은 경험을 떠올릴 때, 상처준 사람들을 미워하고 용서하지 않으려는 마음이 남아 있는가?
- 상처받은 상황이나 상처준 사람들의 모습이 전과 다르게 느껴지는가?
- 상처받은 상황과 관련된 사람들에 대한 기억이 여전히 고통스럽지만, 그럼에도 불구하고 주님이 나와 함께하신다는 믿음과 마음의 안정감을 유지할 수 있는가?

내면을 점검했는데도 여전히 불안하고 아프고 힘들다면, 그 문제를 처음부터 다시 다뤄야 할 수도 있다. 상처를 직면했지만 마음의 쓴 뿌리가 여전히 남아 있어 온전히 용서하지 못했거나 죄를 회개하지 않고 여전히 붙들고(사랑하고) 있다면, 그 상황 가운데 주님이 함께하시고 말씀하시는 것을 경험해도 온전한 치유가 일어나지 않았다는 것이다. 또한 이번에 다룬 상처가 다른 사건 때문에 생긴 상처와 긴밀하게 연결되어 있어서 온전한 변화가 일어나지 않는 경우도 있다. 그럴 때는 이번 상처와 관련되었지만 아직 다루지 않은 상처가 있는지 보여 달라고 기도하며 주님의 도움을 구해야 한다.

이런 경우, 직면의 단계에서부터 그 상황 속에서 주님을 경험하는 단계까지 다시 진행해야 한다. 어쩌면 그 과정을 몇 번씩 반복해야 할 수도 있다. 이런 시간들을 통해 삶(패턴)이 바뀌고 주님을 의지하며 그분과 동행하는 것이 자연스러워질 때 온전한 치유가 이루어졌다고 볼 수 있는 것이다. 이 과정은 다른 사람들과 함께해야 한다.

분노의 문제를 갖고 있는 사람은 먼저 주님으로부터 풍성한 것을 받고, 그 받은 것을 다른 사람들과 나누고, 자족하는 삶을 지속적으로 연습해야 한다.

두려움으로 위축되어 있는 사람은 주님의 사랑과 보호를 누리는 믿음을 회복하고, 자신에게 상처준 사람에게 빼앗긴 권위를 되찾는 과정을 밟고, 신뢰할 수 있는 사람들과 안전한 장소에서 건강한 관계를 지속적으로 경험해야 한다.

상실감으로 마음이 텅 빈 채 고립되어 살고 있는 사람은 자신에게 거절의 상처를 남기고 떠나간 사람들을 마음에서 완전히 떠나보내야 한다. 그리고 그 빈자리에 주님을 모시고, 그분과 인격적인 관계를 맺고 교제하며, 그분의 말씀으로 스스로를 격려하며 자신과 마음이 하나 되는 과정을 밟아야 한다(그런 다음에는 다른 사람들과 건강한 관계를 맺는 법도 배워야 한다).

수치심 때문에 자기 자신을 사랑하지 못하는 사람은 수치스러운 문제를 주님께 고백하며 그분의 십자가 은혜를 구해야 한다. 자신의 수치스러운 이야기를 신실한 사람들에게 말할 때 더 이상 수치심을 느끼지 않고, 그 문제에 대해 온전히 주님의 십자가를 의지할 수 있을 때까지 그 과정을 반복해야 한다.

다시 한 번 강조하지만 상처받은 기억 속에서 상처준 사람을 직면하고, 용서하고, 회개하고, 주님의 말씀으로 확증하는 과정은 필요한 만큼 반복해야 한다. 그래서 회복의 과정은 시간이 걸린다. 회복이 더딘 것 같고 아무것도 달라지지 않는 것 같다고 해서 조급할 필요는 없다. 주님이 결코 우리를 포기하지 않으시며, 끝까지 우리를 격려하고 힘주실 것이기 때문이다. 이것을 믿고 포기하지 않으면 반드시 참된 자유와 변화된 삶을 누리게 될 것이다.

우리는 연약한 존재이기에 변화의 과정을 걷다가도 다시 실수하고 또 상처받을 수 있다. 하지만 낙심하거나 절망하지 말고 지금까지 언급한 모든 과정을 꾸준히 밟아가면 된다.

주님의 은혜와 역사하심으로 온전한 치유와 회복, 변화가 일어날 때까지 멈추지 말고 다시 시작하고, 다시 나아가는 우리 모두가 되기를 소망한다.

안전한 사람들(공동체)과 함께하기

사랑하는 자들아 하나님이 이같이 우리를 사랑하셨은즉 우리도 서로 사랑하는 것이 마땅하도다(요일 4:11).

과거의 경험 가운데 하나님이 행하신 것을 경험하고 그분이 말씀하신 것을 믿음으로 선포했다면, 이제는 신뢰할 수 있는 안전한 사람들(공동체)과 함께 자신을 드러내고 서로의 필요한 부분을 채워야 한다. 거듭 말하지만 내면의 치유와 회복은 혼자서 할 수 있는 것이 아니다. 반드시 신뢰할 수 있는 사람들과 함께 차근차근 과정을 밟아나가야 한다.

내적 치유 강의를 듣거나 세미나에 참석하고 뜨겁게 기도하는 것도 중요하지만, 안전한 공동체(사람들) 안에서 자신의 연약함과 고통을 정직하게 나눠야 한다는 것도 기억하기 바란다.

공동체에서 자신의 이야기를 나누는 것은 과거의 상처를 직면하는 것이다. 그렇게 할 때 다음과 같은 유익을 얻을 수 있다.

- 이야기를 나누는 동안 다른 사람들의 집중적 관심(경청)을 받기 때문에, 지금까지 받아보지 못한 존중과 공감을 경험할 수 있다.
- 이야기를 나누면서 자연스럽게 내면이 정리되거나 미워하던 사람을 용서하게 되기도 한다.
- 다른 사람의 이야기를 듣는 시간을 통해 경청하고 공감하는 법

을 배울 수 있다.
- 다른 사람의 이야기를 들으면서 자신의 내재된 감정을 깨달을 수 있다.
- 다른 사람의 이야기 속에서 하나님이 자신에게 도전하시는 말씀을 받거나 주님의 음성을 듣고 깨닫는 일이 일어난다.

성령이 역사하시는 (회복그룹 같은) 공동체에서는 이런 영적, 정서적 변화들이 자연스럽게 일어난다. 상처가 사람들에 의해 주어지는 것처럼, 치유와 회복도 공감하고 격려하고 존중해주는 사람들(공동체)과 함께 있을 때 찾아오는 것이다.

이런 공동체(모임)는 섣부른 조언이나 대안을 나누는 대신 서로를 공감하고 이해함으로 함께 서 있는 자리다. 처음에는 부담없이 이야기할 수 있는 것부터 나누면 된다. 계속해서 자신의 이야기를 들어주고 격려해주고 비밀을 보호해주는 경험을 하다 보면, 자연스럽게 '여기는 정말 안전한 모임이구나'라고 인식하게 될 것이다. 그럴 때 마음속의 깊은 것을 나누면 놀라운 회복을 경험할 수 있다. 이런 공동체는 목회자나 인도자 혹은 사역자 혼자 만들 수 없다. 공동체에 소속된 모든 사람들이 함께 만들어가야 한다. 하지만 이와 같은 나눔의 공동체에서도 다음과 같이 주의해야 할 사항들이 있다.

자신의 이야기를 나누는 사람이 주의해야 할 것
- 자신의 입장에서만 이야기하라. "누가 이렇게 했다. 저렇게 했

다"라고 하면서 비난하지 말아야 한다. 그 모임은 남을 비난하는 자리가 아니라 자신의 상처와 잘못 그리고 죄를 고백하는 자리다.
- 자신이 받은 영향력과 그로 인한 현재 상태를 중심으로 나누는 것이 좋다.
- 모임 가운데 자신에게 상처준 사람을 아는 참석자가 있는지 세심하게 살펴야 한다.
- 특히 성적인 문제는 피해자와 가해자, 그리고 그들 주변의 여러 사람들이 연결되어 있기 때문에 구체적인 내용은 삼가는 것이 좋다. 성적인 문제는 전문적으로 상담 사역을 하는 사람과 함께 다뤄야 한다.
- 모임에서 나누는 내용에 대한 절대적인 비밀 보장이 있을 때에만 이야기하는 것이 현명하다. 그러나 죄와 잘못을 고백하는 것이 상처로부터 회복되는 과정에서 매우 중요한 요소라는 사실은 변함없다.

다른 사람의 이야기를 듣는 사람이 주의해야 할 것
- 반드시 비밀을 보장해야 한다. 당사자가 말하기 전에 다른 사람이 그 이야기를 꺼내서는 안 된다. 자신의 이야기를 나누는 사람들은 모두 상처와 아픔, 수치심과 싸우며 용기를 내서 말을 하는 것이다. 그런 사람에게 비웃고, 무시하고, 정죄하고, 딴청을 피우는 인상을 주면 자칫 심각한 상황에 빠질 수 있다.

- 이야기를 다 들은 뒤에는 서로 격려하며 십자가의 은혜를 선포해야 한다. 죄를 고백하는 것은 십자가의 은혜로 나아가는 과정이며 변화와 성장의 출발점이다. 주님을 찬양하고 사랑과 관심과 소망을 주는 말을 나눈 뒤, 기도로 마무리하는 것이 좋다.
- 모임을 마치고 자리를 떠날 때는 자신의 죄와 다른 사람이 고백한 모든 것을 그곳에 내려놓고 십자가에 못 박아라. 그러고 나서 홀로 주님 앞에 나아가 자신이 어떤 존재인지 확인하는 시간을 갖기 바란다.

공동체를 통해 얻어야 하는 건강한 자아를 위한 요소

하나님은 우리를 하나님의 형상으로 창조하셨다. 이 말은 우리가 다른 피조물과 달리 인격적(하나님의 형상) 존재라는 것을 뜻한다. 인격적 존재라는 것은 다른 사람들과 관계를 맺으며 살아가는 존재라는 뜻이다. 하나님은 우리가 관계를 통해 서로에게 보편적 욕구를 채워주며 살아가도록 창조하신 것이다. 뒤집어 생각해보면, 우리가 건강한 관계를 통해 서로의 보편적 욕구를 채워주지 않는다면 아무도 하나님이 창조하신 원래의 모습으로 살아갈 수 없다는 말이다.

그러므로 하나님이 원하시는 삶을 살기 원한다면 반드시 생존에 필요한 기본 욕구를 채움받아야 한다. 이것은 먼저 가정에서 부모가 채워줘야 하며, 살아가면서는 모든 관계와 소속된 모든 곳에서 누릴 수 있어야 한다. 그 세 가지 필수 요소가 바로 안정감과 중요감, 그리고 시간이다.

안정감의 요소

가장 대표적인 것은 육체적 안정감이다. 이것은 깨끗하고 조용하고 안정된 장소에서 먹고 마시며 서로 나눌 때 형성된다. 또한 손을 잡아주고, 등을 쓸어주며 격려하고, 안아주고 감싸주는 등의 신체 접촉도 필요하다.

정서적 안정감을 주기 위해서는 어떤 감정이든 표현할 수 있도록 받아주며 예측 가능하고, 평안하고, 행복하고, 친밀한 분위기를 조성해야 한다. 정신적 안정감도 있어야 한다. 그러려면 다른 사람의 생각을 듣고 자신의 의견과 생각을 자유롭게 나누어 서로를 이해하는 시간이 필요하다. 이와 같은 안정감은 지도하는 권위자가 합리적인 관점을 갖고 인내하며 지속적으로 비전과 도전의 기회를 제공할 때 얻을 수 있다.

영적 안정감을 공급받기 가장 좋은 곳은, 여러 사람이 정기적으로 함께 모여 찬양하고 기도하며 예배하는 공동체다. 규율을 최소화하고 자율적으로 운영하며 누구나 평안하고 안전하게 참여할 수 있어야 한다. 또한 권위적이거나 율법적이지 않은 사람들과 은혜와 사랑 안에서 관계할 수 있어야 한다.

다음은 영적 안정감을 줄 수 있는 공동체의 특징이다.

- 사람들의 무조건적인 수용과 집중적 관심을 받으며 특별한 시간을 통해 각자에게 집중적인 관심과 사랑을 전달할 수 있다.
- 권위자(부모, 교사, 목회자)의 결정과 판단에 대해 자유롭게 반대 의견을 표현할 수 있다.
- 지극히 개인적인 이슈와 관심사(학교 성적, 친구 관계, 취미, 헤어스타일, 패션 등)까지 서로 나눌 수 있다.
- 소풍이나 여행같은 정기적인 이벤트를 통해 좋은 추억을 서로 공유할 수 있다.
- 얼굴, 신체의 일부, 성격의 닮은 점이나 함께한 경험으로 언제나 서로의 가족 됨을 확인할 수 있다(특히 가정의 경우).
- 누구나 쉽게 참여하며 재미있게 즐길 수 있는 놀이나 운동, 취미 활동을 정기적, 비정기적으로 제공한다.
- 어린아이에서부터 노인 그리고 권위자까지 체면이나 겉치레, 남의 눈을 의식하는 것을 벗어던지고 기꺼이 망가질 수 있는 유쾌하고 흥겨운 분위기를 경험할 수 있다.
- 위로와 격려를 주는 감동적인 이벤트를 통해 안정감을 누릴 수 있다.

이런 공동체를 통해 안정감의 요소(특히 정서적인 면)를 채움받지 못하면, 정서적 불안정을 겪게 되고 '사랑받는 존재, 의미 있는 존재'가 되기 위해 충동적인 삶을 살게 된다.

수 있어야 한다. 그 세 가지 필수 요소가 바로 안정감과 중요감, 그리고 시간이다.

안정감의 요소

가장 대표적인 것은 육체적 안정감이다. 이것은 깨끗하고 조용하고 안정된 장소에서 먹고 마시며 서로 나눌 때 형성된다. 또한 손을 잡아주고, 등을 쓸어주며 격려하고, 안아주고 감싸주는 등의 신체 접촉도 필요하다.

정서적 안정감을 주기 위해서는 어떤 감정이든 표현할 수 있도록 받아주며 예측 가능하고, 평안하고, 행복하고, 친밀한 분위기를 조성해야 한다. 정신적 안정감도 있어야 한다. 그러려면 다른 사람의 생각을 듣고 자신의 의견과 생각을 자유롭게 나누어 서로를 이해하는 시간이 필요하다. 이와 같은 안정감은 지도하는 권위자가 합리적인 관점을 갖고 인내하며 지속적으로 비전과 도전의 기회를 제공할 때 얻을 수 있다.

영적 안정감을 공급받기 가장 좋은 곳은, 여러 사람이 정기적으로 함께 모여 찬양하고 기도하며 예배하는 공동체다. 규율을 최소화하고 자율적으로 운영하며 누구나 평안하고 안전하게 참여할 수 있어야 한다. 또한 권위적이거나 율법적이지 않은 사람들과 은혜와 사랑 안에서 관계할 수 있어야 한다.

다음은 영적 안정감을 줄 수 있는 공동체의 특징이다.

- 사람들의 무조건적인 수용과 집중적 관심을 받으며 특별한 시간을 통해 각자에게 집중적인 관심과 사랑을 전달할 수 있다.
- 권위자(부모, 교사, 목회자)의 결정과 판단에 대해 자유롭게 반대 의견을 표현할 수 있다.
- 지극히 개인적인 이슈와 관심사(학교 성적, 친구 관계, 취미, 헤어 스타일, 패션 등)까지 서로 나눌 수 있다.
- 소풍이나 여행같은 정기적인 이벤트를 통해 좋은 추억을 서로 공유할 수 있다.
- 얼굴, 신체의 일부, 성격의 닮은 점이나 함께한 경험으로 언제나 서로의 가족 됨을 확인할 수 있다(특히 가정의 경우).
- 누구나 쉽게 참여하며 재미있게 즐길 수 있는 놀이나 운동, 취미 활동을 정기적, 비정기적으로 제공한다.
- 어린아이에서부터 노인 그리고 권위자까지 체면이나 겉치레, 남의 눈을 의식하는 것을 벗어던지고 기꺼이 망가질 수 있는 유쾌하고 흥겨운 분위기를 경험할 수 있다.
- 위로와 격려를 주는 감동적인 이벤트를 통해 안정감을 누릴 수 있다.

이런 공동체를 통해 안정감의 요소(특히 정서적인 면)를 채움받지 못하면, 정서적 불안정을 겪게 되고 '사랑받는 존재, 의미 있는 존재'가 되기 위해 충동적인 삶을 살게 된다.

중요감의 요소

중요감은 자신이 얼마나 유능하며 영향력이 있는 사람인지 격려해주고 용기를 심어줄 때 형성된다. 즉, 자신을 '인정받고 가치있는 존재'로 느껴야 한다는 것이다.

힘과 권위와 지위를 부여해줄 때도 중요감이 극대화되는 것을 볼 수 있는데, 이것은 중요감을 형성하는 요소 중에 '자율성'이 있기 때문이다. 그래서 비난받지 않는 상황에서 자신이 원하는 것을 선택하고(예를 들어 자신의 진로나 지망 학과를 선택하는), 그것을 하게 해주며, 할 수 있다고 격려하면 중요감이 형성된다. 위축되지 않고 자유롭게 행동하면서 자신의 감정과 생각을 자유롭게 표현할 수 있기 때문이다. 그러므로 말이나 눈치로 다른 사람이 원하는 바를 강요하거나 통제하지 않아야 한다.

자신이 바라는 것을 추구하고 성취하기 위해 스스로를 통제하고 조절하는 것도 중요감을 형성하는 필수 요소다. 목표를 이루기 위해 시간을 관리하고 생활을 절제하며 해야 할 것과 하지 말아야 할 것을 조절하는데 긍정적인 경험을 하게 되면 중요감이 더 깊어진다. 또한 어려운 상황에서 감정의 문제나 현실적 한계를 극복해서 더 좋은 성과를 낼 때도 자신감이 생긴다.

하지만 반대로 원하는 바를 다른 사람이 채워주거나(과잉보호) 채워주지 않으면(결핍) '현실 수용 불가능' 증상이 나타나 중요감을 잃어버릴 수도 있다. 통제와 절제에 실패하는 것도 자신에 대한 신뢰를 무너뜨려 스스로를 좋은 사람으로 인정하지 못하게 된다. 중요감의 요소(특히 정신적인 부분과 정체성과 관련된 영역)를 채우지 못하면, 자신이 중요한 사람이라는 것을 증명하기 위해 생존 경쟁적인 삶을 살게 되고 결국 자신을 파괴하며 인생을 낭비할 수밖에 없다.

시간적 요소

안정감과 중요감이 채워지는 정도는 시간의 양에 비례한다. 성경에서 사용하는 크로노스와 카이로스의 두 가지 시간 개념을 통해 성경적 관점에서 시간의 요소를 살펴보자.

크로노스(kronos)는 흘러가는 연대기적 시간 개념이다. 예를 들면 하루 24시간이나 1년 365일과 같은 것이다. 이것을 안정감과 중요감에 적용하면 다음과 같이 설명할 수 있다. 가족, 특히 부모와 친구들이 보편적이고 기본적인 욕구를 넉넉히 채워준 시간의 양이다.

성장 과정에서 안정감과 중요감을 누리는 시간이 많으면 건강한 정체성을 갖게 된다. 어린 시절에 부모와 애착관계를 형성하는 것은 매우 중요하다(0-6세). 이 시기에 부모와 단절되거나 애착시간을 갖지 못하면 성인이 된 후에 성격이나 대인관계 영역에서 문제가 발생한다. 안정감과 중요감 대신 상처받는 시간이 많아져서 자아개념이 깨어지는 것이다.

카이로스(kairos)의 시간 개념은 '특별한 사람들과의 의미 있는 일이나 만남'을 표현하는 시간 개념이다. '의미 있는 경험, 즐거웠던 기억, 마음을 따뜻하게 해주는 추억' 같은 특수한 시간을 나타낼 때 사용한다. 예수님을 인격적으로 만나고, 성령 충만을 경험하고, 사랑하는 사람들과 행복한 시간을 지속적으로 경험하는 것도 여기 해당된다. 그렇기 때문에 건강한 공동체에서 의미 있는 경험(기도회, 하나 되는 체험 등)을 함께하며 특별한 것을 공유하는 것도 중요감과 안정감을 풍성하게 채울 수 있는 좋은 방법이다.

안정감과 중요감의 요소처럼 사람의 보편적이고 기본적인 욕구들은 한두 번 혹은 단시간에 채울 수 있는 것이 아니기 때문에 시간이 매우 중요하다. 이것을 통해 자신과 타인에 대한 신뢰와 확신, 믿음이 생기며, 이것을 동반할 때 치유와 회복이 더 잘 이루어지며 더 견고하게 세워진다.

회복의 과정 정리

	용서와 치유	회개와 변화(마음,생활)	하나님 안에서 신분 확증, 선포
하나님과 하는 회복과정	과거 직면 타인과 만남	현재 직면 자신과 자신과의 만남	미래 소망, 확신 하나님과 만남
	기억의 그림 직면하기 상처 말하기 용서하기 풀어줌, 놓아줌	행동과 감정 생각으로 지은 죄 고백하기 부모의 죄 대신 고백하기 내적 다짐과 맹세, 거짓신념 찾기 거짓신념 십자가에서 파하기 (악한 영 대적) 현 삶을 돌이키기	기억의 그림에서 주님 발견하기 주님의 행하심 보고, 음성듣기 말씀의 진리 선포하기 진리의 말씀으로 확증하며 살기
사람과 하는 회복과정	상처를 말함	상처로 인한 행동과 내적 증상들을 나눔	주 안에서 내가 누구인지 나눔
	나눔, 경청 무비판적 수용 무조건적인 사랑 은혜를 체험	자각하기 시인, 직면하기 회개 실행 과정으로 나가기 진리를 체험	주님 재 경험하기 재 양육받기 새로운 삶 재 구조화하기 회복, 성화
	거짓신념 찾기	새로운 진리 찾기	새로운 진리 선포 확증

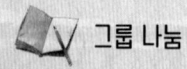 그룹 나눔

① 하나님이 안아주시고 만져주시고 품어주시는 것을 상상해보라.
② 다섯 가지 사랑의 언어 중 당신이 하나님에게 받은 것은 무엇인가?
③ 하나님이 당신에게 말씀하신 진리가 무엇인지 나눠라.
④ 당신이 주로 했던 내면의 대화는 무엇인가?
　그것은 어떤 사건과 연결되어 있는가?
⑤ 당신이 갖고 있는 내적 맹세는 무엇인가?
　그것은 어떤 사건과 연결되어 있는가?
⑥ 당신이 믿고 있는 거짓말이나 거짓신념은 무엇인가?

참고 도서

『기독교 상담과 가족치료』 vol 1-4 브루스 리치필드 & 넬리 리치필드 | 예수전도단

『기억상자 속의 나』 프랑크 & 캐서린 파비아노 | 예수전도단

『자유케 된 자아』 탐 마샬 | 예수전도단

『내면으로부터의 치유』 탐 마샬 | 예수전도단

『축복의 선물』 게리스 맬리 & 존 트렌트 | 요단

『지상에서 가장 안전한 곳』 래리 크랩 | 요단

『수치심의 치유』 존 브래드 쇼 | 한국기독교상담연구원

『분노』 레스 카터 & 프랭크 미너스 | 은혜

『결혼건축가』 래리 크랩 | 두란노

『사랑의 5가지 언어』 게리 채프먼 | 생명의말씀사

마음이 아픈 사람들에게 들려주는
치유와 회복이야기

내면이
아름다운
사람 만들기

지은이　　김요나단

2016년 6월 23일 1판 1쇄 펴냄
2022년 9월 7일 1판 6쇄 펴냄

펴낸곳　　도서출판 예수전도단
출판 등록　1989년 2월 24일(제2-761호)
주소　　　서울특별시 강서구 양천로 424
　　　　　　가양역 데시앙플렉스 지식산업센터 530호
전화　　　02-6933-9981 · **팩스** 02-6933-9989
이메일　　ywampubl@gracemedia.co.kr
홈페이지　www.ywampubl.com

ISBN 978-89-5536-511-5

책값은 뒤표지에 있습니다.